北京市社会科学基金研究基地重点项目

Information Asymmetry
and Fiscal Policy

信息不对称与财政政策选择

赵晓军◎著

北京大学出版社
PEKING UNIVERSITY PRESS

图书在版编目(CIP)数据

信息不对称与财政政策选择/赵晓军著. —北京：北京大学出版社，2019.11
ISBN 978-7-301-30864-6

Ⅰ.①信… Ⅱ.①赵… Ⅲ.①财政政策–研究–中国 Ⅳ.①F812.0

中国版本图书馆 CIP 数据核字（2019）第 225552 号

书　　　　名	信息不对称与财政政策选择 XINXI BU DUICHEN YU CAIZHENG ZHENGCE XUANZE
著作责任者	赵晓军　著
责任编辑	裴　蕾
标准书号	ISBN 978-7-301-30864-6
出版发行	北京大学出版社
地　　　　址	北京市海淀区成府路 205 号　100871
网　　　　址	http://www.pup.cn　新浪微博:@北京大学出版社
电子信箱	zpup@pup.cn
电　　　　话	邮购部 010-62752015　发行部 010-62750672　编辑部 010-62752021
印　刷　者	三河市博文印刷有限公司
经　销　者	新华书店
	720 毫米×1020 毫米　16 开本　12.50 印张　252 千字 2019 年 11 月第 1 版　2019 年 11 月第 1 次印刷
定　　　　价	38.00 元

未经许可，不得以任何方式复制或抄袭本书之部分或全部内容。
版权所有，侵权必究
举报电话：010-62752024　电子信箱：fd@pup.pku.edu.cn
图书如有印装质量问题，请与出版部联系，电话：010-62756370

序　言

　　信息不对称是人类社会普遍存在的一种现象，学术界对信息不对称的研究起始于 Mirrlees(1971)，在这篇文章中，Mirrlees 教授从政府最优非线性税收的角度刻画了政府与居民之间的信息不对称问题。从此以后，经济学界涌起研究信息经济学的热潮，时至今日，方兴未艾。以 Akerlof、Spence 和 Stiglitz 为代表的学者们，继 Mirrlees 之后，对信息经济学进行了深入研究，并且提出了信息不对称对经济社会产生的两种主要的负面影响：在宏观上的表现为市场的逆向选择，微观上的表现为微观行为道德风险。

　　为了最大程度消除上述两种由信息不对称带来的负面影响，学者们发展了委托-代理模型，通过寻求最优的委托合同来解决问题。这方面的杰出学者较多，如 Laffont、Tirole、Martimont 等，他们的工作使得委托-代理理论被应用于经济学的方方面面。最优合同理论进一步发展为一个相对独立的学术领域——机制设计。Maskin、Mayerson、Hurwitz 等学者在这一领域做出了基础性贡献。通过他们的研究，我们更加清楚地了解了信息经济学的内涵和如何有效解决信息不对称带来的效率损失。当前，关于信息经济学的最新研究领域集中在动态契约领域，涌现出了很多优秀的研究成果。

　　如果将政府和居民视为博弈的双方，那么此时政府和居民之间的关系可通过委托-代理模型刻画，而政府的最优政策就是二者之间的最优委托合同。二者之间的博弈可以通过一个 Starkelberg 博弈来描述：政府给出政策，居民在这一政策下优化自身行为，得出依赖于政策的福利函数，政府再通过选择最优政策来优化社会福利函数（整体居民福利的某种加总）。目前信息经济学领域对政府财政政策最为关注。本书重点考察在信息不对称环境下，政府财政政策的表现，以及这些表现对整体经济的作用。

　　本书首先介绍了必要的背景和数学基础理论，然后重点讲述了静态和动态 Mirrlees 理论，提出解决信息不对称环境下经济个体福利优化问题的新方法，并在新的方法下，指出静态和动态的 Mirrlees 模型在劳动收入税上具有一致性。接下来本书从两个方面拓展了动态 Mirrlees 理论：一是内生能力演化，本书指出此时居民可通过投资教育提升自己的劳动能力，并进一步探讨此时的最优财政政策结构；二是在分权的框架下考虑最优财政政策，此时存在多重信息不对称结构，财政政策的多元化和层次化是研究的重点。接下来，基于居民偏好的不同结构，本书细致讨论了不同居民偏好下的最优财政政策，在某些特殊的偏好下，财政政策得以简化。最后，本书将能力进行连续化假设，同时进一步创新了优化方法，新方法的应用清晰地展现了信息不对称对经济的影响，并使我们得以考察政策的极限情况。

  本书的内容适合于对信息经济学领域感兴趣的研究生和教研人员阅读，读者应了解基础的动态优化知识以及信息经济学知识。由于笔者才疏学浅，书中难免存在种种错误，希望广大读者不吝赐教，作者将不胜感激。

赵晓军
2018 年 10 月于燕园

目 录

序言
第 1 章 概述与背景 ··· 1
- 1.1 写作背景 ··· 2
- 1.2 文献回顾 ··· 11
- 1.3 本书创新之处 ··· 21
- 1.4 章节安排 ··· 22

第 2 章 数学基础知识 ··· 24
- 2.1 Lagrange 泛函 ··· 24
- 2.2 对偶方法 ··· 29
- 2.3 激励相容约束下的动态优化问题 ··· 38

第 3 章 静态与动态的 Mirrlees 理论 ··· 47
- 3.1 静态情形 ··· 48
- 3.2 动态情形 ··· 51
- 3.3 税收政策实施 ··· 56
- 3.4 信息混同指标 ··· 58
- 3.5 最优税收的数值模拟结果 ··· 62
- 3.6 税负承担人群 ··· 66
- 3.7 本章小结 ··· 67

第 4 章 内生能力演化下的公共财政理论 ··· 68
- 4.1 内生能力演化机制模型 ··· 68
- 4.2 计划者经济的求解 ··· 69
- 4.3 分散经济中的政策设计 ··· 75
- 4.4 本章小结 ··· 83

第 5 章 财政分权下的最优财政政策 ··· 84
- 5.1 基本模型设定 ··· 85
- 5.2 计划者经济模型求解 ··· 87
- 5.3 分权体制下的实现 ··· 89
- 5.4 模拟计算结果 ··· 93
- 5.5 本章小结 ··· 97

第 6 章　财富关注与最优财政政策 ··· 99
6.1　引言 ·· 99
6.2　NDPF 模型的基本设置 ··· 101
6.3　带有财富关注的经济 ··· 103
6.4　最优税收 ·· 105
6.5　本章小结 ·· 108

第 7 章　信息分离偏好下的零劳动收入税 ······································ 109
7.1　引言 ·· 109
7.2　模型基本设置 ·· 110
7.3　最优性条件 ·· 111
7.4　最优税收法则 ·· 112
7.5　本章小结 ·· 116

第 8 章　能力连续状态下的最优财政政策 ······································ 117
8.1　引言 ·· 117
8.2　基本框架 ·· 118
8.3　改进问题的最优性条件 ··· 121
8.4　原问题与改进问题等价性证明 ··· 128
8.5　最优税收规则及应用 ··· 147
8.6　本章小结 ·· 161

第 9 章　稳态下的极限财政政策 ··· 163
9.1　引言 ·· 163
9.2　基本设置 ·· 164
9.3　最优性条件 ·· 166
9.4　最佳的税收规则和长期行为 ··· 170
9.5　本章小结 ·· 175

第 10 章　结论与展望 ··· 177
10.1　提出并应用 Lagrange 泛函方法 ······································· 177
10.2　最优的财政政策设计 ·· 178
10.3　信息不对称框架下的拓展研究 ··· 178
10.4　个体偏好对财政政策的影响研究 ······································· 179
10.5　连续信息下的财政政策研究 ··· 179
10.6　不足之处和若干可继续研究的方向 ····································· 180

参考文献 ··· 181

表 格 目 录

1-1 我国现行税种 ··· 5
1-2 政府间税权安排 ··· 5
3-1 $\theta \in [7,17]$ 人群税收百分比随 σ 变化 ·················· 66
3-2 $\theta \in [7,17]$ 人群税收百分比随 α 变化 ·················· 66
3-3 γ 与 π_t 之间的关系 ································· 67
4-1 中间能力层占 90% 时 α_t 与 t 的关系 ···················· 75
4-2 包含均值长度为 8 的能力区间涵盖的人群百分比 ················ 75

插 图 目 录

1-1 改革开放以来我国的财政收支变化 ··················· 4
1-2 1985—2018 年我国公共财政用于教育的支出 ············· 6
1-3 我国教育投入的主要来源 ······················· 7
3-1 静态 Mirrlees 模型最优劳动收入税与能力的关系 ··········· 50
3-2 动态 Mirrlees 模型最优劳动收入税和能力的关系 ··········· 55
3-3 动态 Mirrlees 模型最优资本收入税率与劳动能力的关系 ········ 56
3-4 动态 Mirrlees 模型最优消费和有效劳动供给与劳动能力的关系 ····· 59
3-5 $\lambda(\theta'_t, \bar{\theta}'_{-t}, \theta_t, \bar{\theta}_{-t})$ 的空间立体图像 ·················· 60
3-6 $\lambda > 0$ 区域随 σ 的变化趋势 ····················· 60
3-7 信息混同指数 I 的综合影响因素 ··················· 61
3-8 福利与信息混同指数的关系 ····················· 62
3-9 资本收入税率与劳动能力关系随时间变化趋势 ············· 63
3-10 资本收入税率与劳动能力关系随 σ 的变化趋势 ············ 63
3-11 资本收入税率与劳动能力关系随 α 的变化趋势 ············ 64
3-12 劳动收入税与劳动能力关系随时间的变化趋势 ············· 64
3-13 劳动收入税与劳动能力关系随 σ 的变化趋势 ············· 65
3-14 劳动收入税与劳动能力关系随 α 的变化趋势 ············· 65
4-1 教育的公共投资和私人投资与劳动能力的关系 ············· 73
4-2 教育的公共投资与劳动能力的关系随时间变化的趋势 ·········· 74
4-3 资本收入税率与劳动能力的关系随时间变化的趋势 ··········· 81
4-4 劳动收入税与劳动能力的关系随时间变化的趋势 ············ 82
4-5 信息混同指标和福利水平与时间的关系 ················ 82
5-1 中央政府资本收入税与居民劳动能力的关系 ·············· 94
5-2 中央政府劳动收入税与居民劳动能力的关系 ·············· 95
5-3 中央政府转移支付比率与地方政府私有信息的关系 ··········· 96
5-4 地方政府资本收入税率与劳动能力的关系 ··············· 97
5-5 地方政府劳动收入税率与劳动能力的关系 ··············· 97

8-1 凸空间和非凸空间 ································· 120
8-2 存在或不存在 IC 约束时最优化问题 P_0 的可能的解 ············ 120
8-3 连续信息状态下的唯一解 ····························· 120
8-4 递减的资本收入税率 ································ 157

第1章 概述与背景

政府的最优财政政策起源于最优税收问题，一直是经济学关注的重点。根据 Kocherlakota(2005a) 的总结，当前经济学理论界关于最优税收问题的研究有两种方法：一种是 Ramsey 方法，另一种就是信息不对称下的最优税收理论。Ramsey 方法是将最优税收政策视为课税者与政府之间的 Starkelberg 博弈的均衡策略，通常称为次优 (Second Best) 税收政策。这种理论的缺陷就是预先假定税收的形式，并且假定税收不依赖于历史状态，这严重背离了现实的税收政策形式。信息不对称下的最优税收理论以 Mirrlees(1971) 为起始，研究在课税者具有个人劳动能力且为私有信息的情况下，如何将对课税者的激励与税收政策联系起来。在 Golosov et al.(2003) 以前，关于这一领域的研究长期停留在静态的框架下，其基本结论为对课税者的税收与其劳动能力成倒 S 形的 Logistic 曲线。Golosov et al.(2003)首创将 Mirrlees(1971) 的静态模型动态化，并利用对偶方法得到"逆欧拉方程"(Inverse Euler Equations)，由此得到当消费与劳动能力在效用函数中可分时，必须对资本收入课税。这一结论改变了人们长期以来对于资本收入税的认识，为资本收入税提供了理论支持。

自 Mirrlees 教授 1971 年发表文章"An Exploration in the Theory of Optimal Income Taxation"以来，信息不对称在经济学中获得了广泛的应用，大量才华横溢的经济学家投身于此领域，其中以 Akerlof、Spence 和 Stiglitz 为优秀代表，而 Laffont 是信息不对称在经济学应用领域的集大成者。他们的著作集中反映了对信息获取和处理的研究是人们研究与了解经济运行的关键所在。终于在 1996 年，Mirrlees 和 Vickrey 因其在不对称信息条件下对激励理论做出的奠基性的贡献而获得诺贝尔经济学奖。而时隔 5 年后，2001 年诺贝尔经济学奖又颁给了 Akerlof、Spence 和 Stiglitz。自此以后，经济学界对于信息不对称在经济运行中的应用给予了极大的热情。如果我们从"委托-代理"的视角来看待税收问题，则最优的税收政策就是设计一种机制，能最大限度地激励代理者，从而推进社会福利的优化。因此，机制设计对于最优税收理论起着决定性的作用。正因为如此，2007 年诺贝尔经济学奖再次颁发给 Maskin、Mayerson 和 Hurwitz，他们因为在机制设计理论的奠基性工作而获奖。这将经济学界对于信息不对称的关注热情推向了前所未有的高度，一大批就此方面的研究成果应运而生。目前关于信息经济学的最新研究热点集中于动态契约 (Dynamic Contract) 部分，而本书的研究恰恰是动态契约理论的一个应用专题。

本章主要介绍本书的写作背景和必要的文献综述。通过对中国目前财税情况的浏览，笔者特选了几个方面构成本书的行文背景。文献综述主要集中于四个方面：第一，动态经济学最优化方法综述；第二，不对称信息下的动态最优税收理论综述；第三，教育的私人投资与公共投资理论综述；第四，财政分权的理论综述。后三个方面也是本章所研究的三个专题。最后，笔者罗列了本章的创新点。

1.1 写作背景

自从1994年我国的分税制改革后，关于信息不对称在经济学中的应用，尤其在税收政策方面的应用引起了我国学者的高度关注。王雍君(1995)、郭庆旺(1995)分别对最优税收理论进行了介绍，他们的文献集中于介绍次优的最优税收理论。邓力平(1998)首次向国内的学者介绍了Mirrlees的工作，指出现代最优税收理论关注的重点，将国内关于最优税收理论的研究兴趣转移到不对称信息的角度。自那以后，一大批国内学者就各种情形下，应用不对称信息经济学的知识对我国的税收政策进行评价。本书就是在这样的背景下写作而成，旨在对中国现有的税收政策进行必要的评价。

在不对称信息情形下研究最优税收问题，关键是要正确处理优化问题的激励相容约束。为此，本书首先简述动态经济学中的优化方法。其次分若干专题评述我国的财政现状，特别是分税制改革后我国的财政状况。最后，笔者将对现状进行简要评述，引出本书的立论之基。

1.1.1 动态经济学的优化方法

自从Ramsey(1928)以来，动态经济学一直受到经济学界的广泛关注。近一个世纪以来的宏观经济学研究框架是建立在Ramsey模型框架的基础之上的。目前求解Ramsey模型的方法有最优控制原理和动态规划方法，前者得到的优化条件称为Hamilton系统，后者的优化条件为HJB(Hamilton-Jaccobi-Bellman)方程。

最优控制原理是20世纪初由苏联数学家Pontryagin(庞特里亚金)首次提出的，其方法是让控制变量变分，引起目标泛函的变化，通过精细地估计目标泛函的变化值，得到动态优化问题的等价命题——庞特里亚金最大值原理(Pontryagin Maximum Principle)，求解最大值原理所导出的静态问题，得到优化问题的一阶条件，即Hamilton系统。动态规划方法是由美国数学家Bellman提出的，当一个动态优化问题存在递归结构时，利用最优化原理，目标泛函的全程优化等价于每一子阶段优化的递归组合。根据这一原理，Bellman将具备递归结构的动态优化问题分成多阶段考虑，采用倒推的思路求解原优化问题，得到HJB方程。当优化问题具备递归结构时，这两种方法得到的最优条件是一致的；但当外部条件发生变化时，动态规划的方法不再有效，此时应该考虑使用庞特里亚金最大值原理来求解。

无论是最优控制原理还是动态规划方法，在动态经济学的应用上都需要进行修改。当状态变量和控制变量受到的约束增加时，传统的优化方法不再奏效，需要对它们进行修改。一般而言，当优化问题除了动态约束，仅对控制变量有简单约束时，利用庞特里亚金最大值原理还是可行的，此时的优化解一般具有 Bang-Bang[①]特点。当状态变量和控制变量联合受到简单的代数约束时，可采用将最优控制原理和 Kunn-Tucker 定理合并使用，来寻找最优化条件。动态规划方法在经济学上的应用就更受限制了，它要求优化问题必须要有递归结构，实际上就排除了具备时间不一致结构的经济优化问题。一个著名的例子就是在次优税收政策中，很多情况下的税收政策是时间不一致的。当我们将时间一致性约束加入原优化问题时，无论采用以上的哪两种优化手段，都是无法求解的，此时需要改进传统的优化方法。[②]还有一种额外约束，就是本书研究的重点——激励相容约束，这是在不对称信息下的动态优化问题所特有的约束。传统的优化方法已然没有太多的参考价值，因为此时的 IC 约束具有多维特点，它不再仅仅是一两个约束的问题，而是无穷个甚至是连续统的约束。并且，此时的优化问题一般不再具备递归结构。

目前，处理激励相容约束的方法有三种：第一，将激励相容约束转化成普通的微分约束，从而利用最优控制原理得到最优化条件。Mirrlees(1971) 就是采用一阶条件来替换激励相容约束，从而得到最优化条件。第二，利用特殊的对偶方法，避开对激励相容条件的讨论。这种方法最早由 Rogerson(1985a) 发现，Golosov et al.(2003) 推广了这种做法。第三，Lagrange 泛函方法，这是本书首次提出的方法，它实际上是将传统的 Lagrange 方法推广到函数空间，结合 Kunn-Tucker 定理，得到最优化条件。Mirrlees(1971) 的方法实质上扩大了预算约束集合，因为一阶条件本质上是必要性条件，所以用它替换激励相容约束，扩大了约束的范围。Rogerson(1985a) 的对偶方法由于避开了对激励相容约束的讨论，得到的最优化条件是不完全的。因此 Golosov et al.(2003) 只得到关于最优的投资–消费的跨期一阶条件，而没有得到消费–劳动的期内一阶条件。本书即将介绍的 Lagrange 泛函方法，克服了以上两种做法的缺陷，给出了最合适的最优化条件。因此，对于经济学优化方法的改进，成为本书的第一个立论之基。

1.1.2 我国的财政现状

一国的财政状况，与这个国家的税收政策是紧密联系的。中华人民共和国成立以来，我国税收制度的建立和发展可以分为四个阶段，即中华人民共和国成立初期确立新的税收制度阶段 (1950—1957 年)、计划经济体制下税制阶段 (1958—1978

[①] 指控制变量只在边界值上不断跳动的最优解。
[②] 这一部分的工作笔者正在进行，目前已解决。因与本书讨论的问题无关，故不进行深入探讨。

年)、改革开放初期税改阶段 (1979—1983 年)、分税制改革阶段 (1994 年至今)。特别是改革开放以来,我国的财政收入和支出无论从规模上,还是从结构上都有很大提升,税收政策基本上具备调节经济运行的功能 (见图 1-1)。虽然近年来我国的综合国力不断提升,公共支出结构也基本建立,但是分税制改革后仍存在如下一些问题:第一,税收的种类繁杂,有相重合的税种,并且财政分权结构不合理,财权和事权界限不明晰;第二,教育的公共投资问题,合理分配不同等级的教育投资、合理体现教育投资的社会功能有待完善;第三,现有的分权制财政结构使得我国大部分县、乡财政吃紧,县、乡财政寸步难行,财政收入虚报、谎报的情形时有发生。而这三个方面,就构成本书立论的现实基础。

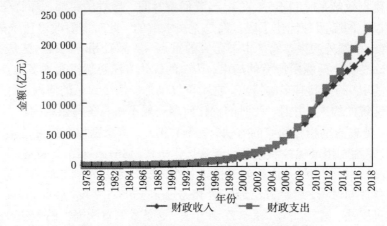

图 1-1　改革开放以来我国的财政收支变化

资料来源:wind。

1.1.2.1　我国目前税种及征收状况

我国 1994 年的税制改革贯彻以下指导思想:第一,统一税法,简化税制。将复杂、重复、性质类似的税种合并简化,以增加税制的透明度,降低征管成本,提高征缴效率,为公平创造前提。第二,公平税负,促进竞争。在统一税制的基础上,对各类企业和各种经营按统一的税法征税,均衡税收负担,以充分发挥市场对经营的指导作用。第三,规范收入分配方式,理顺收入分配关系,在此基础上,中央和地方合理分权。通过税制调整,规范国家和企业、中央和地方错综复杂的收入分配格局和分配方式,为企业进入市场、独立经营、公平竞争创造条件。我国现有的税种如表 1-1 所示。表中所示的只是各大类的税种,要具体细分起来,种类将非常繁杂,并且存在某些税种的重复收税,如增值税和营业税同时针对企业征收,但企业的增值和营业是同时进行的,如果征收两种税,无异于对同一经济行为征收两次不同的税,这一方面增加了税收的难度,另一方面给部分企业逃税埋下了伏笔。所以，进一步合并税种将是我国下一阶段税收政策改进的任务之一。同时在税收的征收管理上，并没有实现真正的分权，地方上得到的税收往往是很难征收的部分，国税部分的征收要相对容易很多。对于国税和地税共同征收的部分采用传统的七(国税)三(地税)比例分成，但大部分地方政府的公共财政支出远远大于其财政收入，加上财政的转移支付制度不完善，无形中造成地方政府的财政压力。部分地方政府为了缓解压力，开拓各种渠道增加预算外财政收入，如大范围提高地价，征收土地出让金①；利用公共部门权力牟利；私设小金库等。同时由于我国干部考察制度中一个重要的考核指标为当地的经济发展水平，部分地方政府领导为了完成既定的财政收入增长任务，虚报财政收入数据，用新债填旧债等方法层出不穷。同时为了政绩工程，浪费公共财政支出，加剧了公共财政支出的不合理。

表 1-1 我国现行税种

税种类别	税种名称
一、商品税	增值税、消费税、烟叶税、关税
二、所得税	企业所得税、个人所得税
三、财产税	房产税、契税
四、资源税	资源税、城镇土地使用税、土地增值税、耕地占用税
五、特定目的税	固定资产投资方向调节税、城市维护建设税、印花税、车船使用税、船舶吨税、车辆购置税、环境保护税

注：2016 年 5 月 1 日，我国全面实行营业税改增值税，从此营业税永久地退出历史舞台；而《中华人民共和国环境保护税法》已由中华人民共和国第十二届全国人民代表大会常务委员会第二十五次会议于 2016 年 12 月 25 日通过，自 2018 年 1 月 1 日起施行，环境保护税登上历史舞台。

因此，合理的财政分权和转移支付制度对于我国的经济运行至关重要。根据张恒龙和陈宪(2006)的研究，结合美国和一些欧洲国家的财政分权实践，笔者列出了一个如表 1-2 的财政分权框架，表中给出各种税种和税率的决策部门，同时给出税收的征缴部门，以期对我国的分税制税收实践提供有益的决策支持。

表 1-2 政府间税权安排

税种类别	税基决定权	税率决定权	征缴与管理
关税	中央	中央	中央
公司所得税	中央	中央	中央
个人所得税	中央	中央、省、县	中央
财产税	中央	中央、省	中央
增值税	中央	中央	中央
利润税	中央	中央	中央
高度污染税	中央	中央	中央

① 作者认为这是造成我国房地产价格居高不下的一个重要原因。

续表

税种类别	税基决定权	税率决定权	征缴与管理
中度污染税	中央、省、县	中央、省、县	中央、省、县
低度污染税	县	县	县
商业税	省	省	省
土地税	中央	县	县

1.1.2.2 我国教育的公共投资

我国教育投资状况的深刻变化和教育事业的快速发展，是在经济体制改革和教育体制改革过程中实现的。党的十七大报告提出要优先发展教育、建设人力资源强国，因此，增加教育的投入来提升我国的人力资本，是我国科教兴国的重要举措。我国现在教育体制的基本形式是政府作为主体、社会共同参与的办学体制。在形成新办学体制的同时也形成了相应的教育投资体制和教育经费筹措体制。正是在社会经济快速发展和教育体制深刻变革的基础上，教育投资比例发生积极变化，教育投资来源呈现多样化，教育投资筹措新格局初步形成，教育投资分配逐渐趋于合理。

自改革开放以来，我国公共财政用于教育的支出逐年增加。如图1-2所示，自从1994年分税制改革后，我国公共财政用于教育的支出大幅增加，从1993年的754.9亿元增加到1994年的1018.78亿元。截至2018年，公共财政用于教育的投入已经接近35 000亿元。

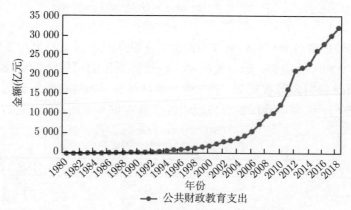

图1-2 1980—2018年我国公共财政用于教育的支出

资料来源：wind。

教育经费的来源：

从20世纪50年代到70年代末，我国教育投资是由国家财政和各地方财政进行管理的，投资渠道基本是单一的。进入80年代以后，随着经济体制和教育体制改革的不断深入，以及教育规模的扩大，教育投资的需求量大大超越国家财政的承受能力。为了开辟教育投资来源和改善教育资源的利用状况，我国逐步形成了以各级财政拨款和征收用于教育的税费为主，辅之以向学生收取学杂费、校产收入、社会集资和建立教育基金等多渠道筹资的教育投资新格局。

20世纪80年代后期，中央提出以财政拨款为主，财、税、费、产、社、基多渠道筹措教育经费体制，经过三十余年的努力，多渠道筹措教育经费的格局正在逐步形成（图1-3）。截至"九五计划"结束的2000年，在我国教育经费总量中，预算内教育经费占54.19%；各级政府征收用于教育的税费占7.38%；国有企业办学经费占3.53%；勤工俭学及社会服务收入占1.48%；社会团体及个人办学经费占2.23%；社会捐集资占2.96%；学杂费占15.45%；学校其他自筹收入占12.78%。然而进入新世纪以后，伴随着社会经济的不断发展以及对于高素质人才的需求的不断提高，政府对于教育领域的投入力度也持续加大，这表现在：在2000年以后，国家财政性教育经费（包含预算内教育经费）占社会总教育经费投入的比重呈逐步上升趋势。截至2017年，国家财政性教育经费占社会总教育经费投入的比重上升至80.37%。预算内教育经费占社会总教育经费投入的比重上升至70.3%。与此相对应的是，社会团体及个人办学经费占社会总教育经费投入的比重呈逐年下降趋势，在2017年只达到了0.53%。

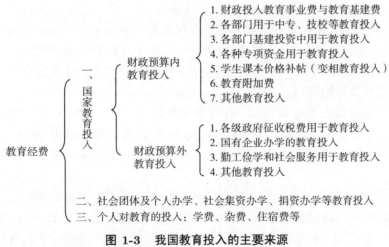

图1-3　我国教育投入的主要来源

同时，教育部公布的最新数据显示：2018年全国教育经费总投入为46135亿元，比上年增长8.39%。在各级教育经费投入中，义务教育投入最多、占比最大；学前教育投入较2017年增长最多。同时，普通高中的教育经费总支出增幅最高。根据统计，教育经费总投入在学前教育、义务教育、高中阶段教育、高等教育和其他教育间的分配为：3672 亿元、20858 亿元、7184 亿元、12013 亿元、2408 亿元，比上年增长分别为 12.79%、7.73%、8.23%、8.15%、9.45%。这体现出政府部门对于教育领域的重视程度正在不断加深。

教育市场的形成：

目前我国教育的公共财政投入主要在全日制教育的学校，其他社会资金投资教育的领域集中在职业教育。全日制教育的对象为不参加工作的人员，其自身的教育投入主要来源于家庭投入；职业教育的对象一般为在职人员，或培训目的单一、具备自有投资教育能力的人群。民营资本和职业教育的发展，一方面带来教育市场的繁荣，同时也带来我国教育市场格局的新变化。随着中国人口结构的调整和国内市场消费的升级，教育消费在中国家庭消费支出的比重越来越大，中国教育市场也保持着良好的发展态势。据预计，至 2020 年我国教育市场的总体规模将达到 3.36 万亿元，复合增速为 12%。目前，我国的教育市场主要以职业教育培训市场为主，其新的增长点主要体现在学前教育、K12 课外辅导、在线教育培训三个方面。

首先，在学前教育培训方面，从国家政策方面，据财政部披露的 2018 年中央财政预算显示，2018 年教育支出预算为 1711.22 亿元，比 2017 年执行数增加 105.01 亿元，增幅为 6.5%。而其中以普通教育中的学前教育增幅最大，较上一年度增长 35.6%。2015 年国家宣布全面放开二孩政策，2016 年全国总出生人口达 1786 万人，达到 2000 年以来的巅峰。预计到 2020 年学前教育适龄人口将超过 1.2 亿人，这也为学前教育的发展提供了良好的人口规模基础。

其次，在 K12 课外辅导方面，鉴于中国教育体制对学习成绩的重视，课后辅导的市场空间很大。据统计，截至 2017 年 12 月 31 日，中国有超过 10 万家 K12 课外辅导服务供应商，市场格局仍相对分散。根据在校学生整体人数及人均消费额度，预计整体市场规模到 2020 年将超过 5000 亿元。

最后，在在线教育培训方面，在线教育市场潜力巨大。2018 年在线教育的市场规约为 2351 亿元，预计 2019 年将达到 2727 亿元，增长率达 16%。中国在线教育用户市场庞大，技术手段尚未成熟，在线教育市场远未饱和，未来发展潜力巨大。

教育市场繁荣的同时也带来了很多社会问题，公共资本的参与呼之欲出。目前，许多国家重点高校也逐步参与了一些教育市场实践，在取得收益的同时，带来了巨大的社会效益。未来的教育市场应该由公共政策来进行规范，考虑到教育产品的特殊性，建议公共投资渐进深入。公共财政的教育投资如何在全日制教育和职业教育中进行分配？职业教育培训能不能放手于市场？如何关注少数的尖端教育？这些将构成本书研究的第二个专题——内生能力演化下的公共财政理论。在这一部分，本书将通过设定模型，给出公共财政投资于不同种类教育的比例，考察教育公共投资的特点。

1.1.2.3 我国县、乡财政困境

自 1994 年财税体制改革以来，在总体财政形势好转的背景下，县、乡财政形势却令人担忧，在全国大范围的地区，县、乡财政持续出现严重的入不敷出。目前，县、乡财政收支活动具有很大的隐蔽性，财政账面上的数据根本无法反映县、乡财政运行的真实状况。这使我们很难了解县、乡财政收支的情况。

目前我国县、乡财政困境的表现有：第一，财政收支严重失衡，财政赤字过大。在 20 世纪 90 年代中期，我国县、乡财政困难已有所显现。随着农村税费改革的不断推进，县、乡财政困难进一步加剧。县、乡财政收支缺口，不仅形成了大量的显性财政赤字，而且形成了一定的隐性财政赤字。特别是隐性财政赤字大大掩盖了县、乡财政困难的程度，甚至在一定程度上还推动了其财政支出的非理性扩张，从而进一步加剧了财政困难。第二，债务负担沉重，财政风险加大。由于财政收支严重失衡，县、乡只能通过借债满足支出的需要，这必然导致其债务负担不断加重。按照农业部 2006 年上半年的抽样调查，中国乡村一级的债务估计有 4 000 亿元，平均每个乡负债 400 万元。债务负担已成为县、乡可持续发展的潜在隐患，有些专家甚至把它称为危害我国经济发展和社会安全的"头号杀手"。第三，农村公共品的供给严重短缺。目前县、乡财政基本上属于"吃饭"财政，用于农村社会事业发展的资金极其有限。与城市相比，我国农村公共品的提供不仅总量不够，而且质量不高。具体表现在：一是城市化的生活设施如供气、供水、供热等在农村发展缓慢。二是农村基础设施严重不足，农村生态环境恶化。三是农村教育、农村社会保障、农村科技和法律等公共品远远不能满足农村发展的需要。可以说，城乡公共品提供的差距不仅没有缩小，反而有所扩大，使二元结构愈加明显，离新农村建设的目标相距更远。第四，财政基本保障能力低。一是财政欠发工资严重。对贫困地区而言，甚至连人的基本工资都难以保证。二是政府机构运行困难。政府机构正常运行所需的公用经费缺口较大，有些贫困县甚至连基本的水费、电费、话费都解决不了。三是社会事业发展缺乏资金来源。义务教育、医疗卫生等所需支出大多靠赤字安排，影响基层财政职能的发挥。

造成县、乡财政困境的原因有：第一，县、乡财政收入增长乏力。首先是县、乡经济发展落后，导致财政收入增长乏力。一直以来，我国农村经济的发展远远落后于城市经济的发展，同时农村非农业经济规模相对较小，盈利能力差，财政贡献小，使其财政收入缺乏稳定的来源。其次是取消农业税带来的负面影响。在农村税费改革前，县、乡财政收入主要有两大来源，即农业税收和工业税收。但随着农村税费改革进一步推进，来自农业的税收逐步减少，使以农业为主的县、乡财政"寸步难行"。最后是地方税体系不完善。按分税制体制的基本要求，各级政府应拥有相对独立的税种，但目前我国地方政府还缺乏这一基本权力。全面取消农业税后，

由于地方税种类不全，地方特别是县、乡财政无主体税种，导致财政收入规模日趋缩小。第二，财政供养人员数量和工资标准的双增长，导致县、乡财政支出压力大。虽然国家三番五次精简政府机构，但从近几年的情况看，机构臃肿、人员庞大的状况依旧没有得到根本改变。县、乡政府机构林立，财政供养人口不断增加，使人员包袱成为县、乡财政最大的压力。2005 年县、乡财政供养人员占全国地方财政供养人员的 71.4%。另外近几年国家实行工资改革，大幅提高了财政供养人口的工资标准，导致县、乡财政收入的增长根本不能满足财政供养人员的工资增长。第三，县、乡财政体制不完善。现行财政体制不完善是形成我国县、乡财政困难的根源。分税制体制改革取得了很大的成功，但也出现了一些问题：财权层层向上集中，事权则逐级下放，这必然导致县、乡财政困难。

1.1.3 对现状的思考

通过对我国财政现状的简单总结，笔者认为，导致目前我国财政问题的根本原因在于没有充分发挥财政政策对于经济的激励功能。为了体现这一功能，笔者将统一在动态 Mirrlees 模型框架下考虑。根据我国财政运行的现状，笔者节选了以下三个专题进行深入研究。

第一，从优化和简化税制方面来进行研究。从我国现行的税制结构来看，税种过于复杂，税率的设置也不够合理。本书通过深入研究不对称信息下的最优税收理论，给出合理的税收政策设计，让税收政策发挥两方面的作用：一是调节经济活动，激励经济个体，从而提高社会福利；二是简化税收种类，将税收政策做到最简约的形式。经典的税收理论指出：要达到经济的最优分配水平，对应的最优税收政策不是唯一的，而是一系列税收政策的组合。这样，本书采用较弱的假设，设置一种最简的税收政策，这样的政策在不减少经济效率的同时，节约了税收征收和管理上的成本。同时，本书指出对最大的税收主体的把握将是对整个财政收入来源的把握。根据 Mirrlees(1971) 的结论，这个最大的税收承担者就是中等能力人群。所以，大力发展中产阶级这一政策无论是从政治稳定的角度来考虑，还是进一步从财政结构稳定的角度来说，都是正确的。

第二，本书就目前我国教育市场存在的问题进行了研究。教育的本质在于提高经济个体的劳动能力，是提高人力资本的重要方式。根据激励的最优税收理论，最终达到的社会状态应该是绝大部分的劳动能力集中在中等能力层次，这样的人力资本分布结构对于财政稳定是最优的。这就要求教育的公共投资集中在加强社会中等能力教育上，这样形成了如下公共资本的教育投资递进模式：首先，集中力量提升社会低能力人群素质，使之达到中等能力范围；其次，提升原中等能力人群素质，使之达到高能力；最后，高能力者由于不再具备比较优势，必定再次提升自己的能力。经过一轮教育投资，整个社会能力格局发生变化：对中等教育的大量投资，使得具备中等能力的人群比例扩大；对高能力者的教育投资主要来源于其自身，随着原有中等能力者不断接受高等教育，高等能力人士的数量不断增长。如此递进的教育投资，最终将极大地减少社会的能力差异，从而降低信息不对称程度，提高社会福利。此外，本书提出了信息不对称指数，该指数将有效地代表信息不对称水平。

第三，从我国的县、乡财政困境看，我国的分权制税收体制没有真正体现税收的激励功能。现有的县、乡财政数据存在虚报的问题，只有合适的分权，才能遏制这种虚报的现象。本书给出分权框架下，不对称信息的最优税收模型，通过求解该模型，得出最优的国税与地税的税率，以及最优的转移支付。通过合理设计分权的政策，切断虚报，维持我国县、乡财政的良性发展。笔者衷心希望本书的研究结论能对我国的分权政策产生积极的作用。

1.2 文献回顾

在本部分中，笔者将对现有的相关文献进行综述。具体分为四个方面：一是动态经济学最优化方法的综述；二是不对称信息下动态最优税收理论的综述；三是人力资本私人与公共的投资方面的文献综述；四是财政分权的文献综述。

1.2.1 动态经济学最优化方法综述

动态经济学的最优化方法分为最优控制和动态规划两类基本方法。面对状态变量和控制变量约束的增加，传统的最优化方法不再奏效，从 20 世纪 80 年代开始，又出现了对偶方法。对偶方法分为两类：一是针对状态变量和控制变量的凸锥边界约束，这方面的研究最初源于 Civitanic and Karatzas(1992)；二是针对激励相容约束，由 Rogerson(1985a) 提出的另一种形式的对偶方法来处理此类约束。本书提出了一种解决激励相容约束的新方法——Lagrange 泛函的方法，其实在 Golosov et al.(2003) 中已经隐约地提到 Lagrange 泛函，但是那篇文章并没有对其进行深入讨论。本书在 Lagrange 泛函的基础上，针对激励相容约束问题，提出了一种新的度量信息不对称程度的指标，从而全面地处理不对称信息下的动态经济优化问题。下面分类别就动态经济学的最优化方法进行综述。

1.2.1.1 传统的优化方法

动态优化方法起源于数学界的一个古老问题，就是最小曲面问题。这个问题可以表述成标准的动态优化问题，对于此问题的解决，逐渐引出了最优控制原理。早在 20 世纪初，苏联一批杰出的数学家就物理学中经常碰到的动态优化问题，进行了数学上的探讨，其中以 Pontryagin 最为杰出，他在数学界首次严格地证明了动态优化的最大值原理，从而成功地开创了最优控制的理论。他的相关研究成果总结在《最佳过程的数学理论》这本著作里。当这本书于 1962 年出版时，Pontryagin 已年近花甲，在这本书里，他不仅深刻描述了最优控制原理，同时还将他的理论与 Bellman 的动态规划原理进行了比较。

动态优化问题的另一种解决方法就是 Bellman 的动态规划方法，当动态优化问题具备递归结构时，可以采用 Bellman(1958) 提出的方法。Bellman 是一位美国数学家，在 20 世纪五六十年代在美国的 Bell 实验室工作，当时工程上的运筹问题成为 Bellman 所在小组的研究课题之一。Bellman 等人经过研究，终于找到一种区别于最优控制原理的最优化方法——动态规划方法。动态规划方法利用最优化原理，将原优化问题拆分为各子阶段优化问题的递归组合，从而采用一种"倒推"思想，解决最优控制问题。从理论上讲，两种方法对于处理具备递归结构的动态优化问题是一致的。但是，计算机技术的革新使得动态规划在程序上更容易与计算机结合，于是逐渐导致了两种方法的分离。目前，最优控制原理往往只是理论工作者手中的工具，而动态规划则成为实践工作者手中强大的武器。

近代动态经济学的研究起始于 Ramsey(1928)，他用一个简单的动态优化模型描述了一个经济个体在资本积累的情形下，对其一生的折现总效用极大化的问题，给出了最优的消费-投资策略。值得注意的是，最早在数学领域的一篇关于动态优化方法的文章发表于 1926 年，而短短两年之后，它在经济学上就得到了巨大的应用。Ramsey 模型自创立以来，对宏观经济学产生了深刻的影响，近一个世纪以来，动态经济学的发展都是基于 Ramsey 模型的框架。非常可惜的是，这样优秀的经济学家英年早逝，他留给世人的文章仅有三篇，但都是惊世之作。自 Ramsey 去世以后，经济学界在感慨他杰出贡献的同时，也发现 Ramsey 模型还有一些未解决的问题。如 Ramsey 模型最优路径的收敛问题、最优消费路径的平滑问题等。存在这些问题并不奇怪，因为在 Ramsey 那个年代，数学界对于最优控制的理解也不是很深刻，所以在应用上也会存在问题，但这并没有影响 Ramsey 模型的传播。终于 Cass(1965,1966) 和 Koopmans(1965) 解决了 Ramsey 模型的最优路径收敛问题，并被总结于"大道定理"(Turnpike Theorem) 中。最优消费路径的平滑问题，在 20 世纪 70 年代也被经济学家解决了。至此，Ramsey 模型在理论上得到完全的认可，现在通常称之为 Ramsey-Cass-Koopmans 模型，以表彰 Cass 和 Koopmans 的贡献。从此以后，Ramsey 模型以前所未有的速度在经济学界传播，至今已渗透到经济学的各个分支中。

动态经济学中还经常用到动态规划的方法，最早使用动态规划方法的经济学文献已不可考，Stokey et al.(1989) 将经济学中应用到的动态规划方法进行了总结。在这部《经济学动态的递归方法》(Recursive Methods in Economic Dynamics，简称 RMED) 中，作者将动态经济问题分为确定性和随机情形进行分别论述，讨论动态规划方法在经济学中的应用，推导结果的过程中用到了相当艰深的数学知识。这部著作对经济学的贡献是有目共睹的。目前，动态经济学中动态规划方法被集中应用在一些离散的模型中。连续的模型除了像 Merton 模型那样具备随机微分方程约束的，绝大部分都利用最优控制原理求解。

1.2.1.2 对偶方法

对偶原理是凸分析中的一个概念，最初的表述为：任何一个闭凸集合都可以由自身边界的切平面切割而成。最优化理论的发展是与凸分析息息相关的，所以在最优化理论当中，对偶原理常常被表述为：在既定约束指标下对于目标泛函的极大 (极小) 问题，可以转化为固定目标泛函对约束指标的极小 (极大) 问题。这是对偶原理在优化问题中的应用之一，随着优化理论的不断发展，对偶原理已经大大超过其原始定义了，甚至在不满足凸集的情形下，也存在相应的对偶方法。目前，描述对偶原理的具体方式种类繁多，从更广泛的意义上说，将一个原本比较复杂的问题转化为一个较为简单的等价问题 (或者为必要问题) 都可以认为是对偶原理的体现，而转化后的问题就是原问题的对偶问题。这样的表述，既包括了古典经济学中的对偶方法，也包括了即将介绍的两类对偶方法。

动态经济学对偶方法的一个基本应用就是处理复杂的状态和控制变量非动态约束。最早考虑在有投资约束下，代表性消费者的最优消费和投资策略的有 Levhari and Srinivasan(1969)、Brock and Mirman(1972)，他们采用动态规划方法求解得到最优化条件。之后 Bourguignon(1974) 和 Merton(1975) 在各自设定的框架下计算了单位劳动力资本存量 (Per Capita Capital) 的极限分布。之后 Obstfeld(1994) 考虑了风险冲击对经济增长的影响。然而，所有以上作者采用动态规划方法得到的高度复杂的 HJB 方程，均没有办法得到显示解。Civitanic and Karatzas(1992) 采用一个带有投资约束情形下的对偶方法，得到优化问题的显示解。之后 Cuoco(1997)、Cuoco and Civitanic(1998) 利用这种方法研究了收入分配问题。Roche(2003) 利用这种方法考虑了借贷约束情形下的不确定投资问题，给出了显示解，得到确定的预警性储蓄 (Precautionary Savings) 显示表达式。

这类对偶方法的一个重要做法就是通过构造特殊的随机折现因子 (Stochastic Discounter Factor) 来替代原问题的复杂约束，使得原有的动态约束与投资约束一起转化为一个较为简单的静态的积分约束，从而简化原问题，再利用对偶原理和鞅表示定理得到原问题最优路径的显示解。这其中一个关键点就是关于伪价格 (Pseudo Price) 向量的讨论，Zhao and Gong(2007) 对此进行了全面的总结，如有进一步兴趣，可参考这篇论文。

自从 Mirrlees(1971) 以来，不对称信息在经济学得到广泛的应用，这其中一个重要的模型就是委托–代理模型。委托–代理模型一般涉及对代理人激励相容约束的处理,由于传统博弈论中碰到的激励相容约束比较简单,对它们的处理一般是在求解模型前,通过简单的分析,排除非积极约束后再来求解优化问题。这种做法的致命缺陷就是不能处理高维激励相容约束,如果优化问题为多期,这种方法就无能为力。Rogerson(1985a) 考虑了一个多期 (大于三期) 的委托—代理模型,他采用对偶方法避开了对于激励相容约束的讨论,从而得到最优性条件。Golosov et al.(2003) 采用 Rogerson 的方法,得到了"逆欧拉方程",其和 Rogerson(1985a) 得到的最优化条件是等同的。这类对偶方法具备传统对偶方法的特点,原问题往往就是资源约束下的效用最大化问题,对偶问题就是保证效用水平下的最少资源消耗问题。不同于传统方法的是,Rogerson(1985a) 考虑对于最优路径的条件扰动,使之满足扰动的跨期效用不变,利用扰动为 0 时最优的条件,得到原问题的最优化条件。这种方法在 Rogerson(1985a) 和 Golosov et al.(2003) 中得以应用,使其避开了对于激励相容条件的讨论,因此他们只能得到最优的跨期条件,无法得到最优的期内条件。当控制变量增加或效用函数更一般时,他们的对偶方法并不能避开对于激励相容约束的讨论。虽然如此,这类对偶方法对于一大类特殊约束的动态经济学优化问题的解决有启发作用,笔者正在进行相关方面的整理工作,来扩展这类对偶方法在经济学中的应用。

1.2.1.3 Lagrange 泛函方法

Lgrange 泛函的方法是本书首次提出的一种动态优化方法,它在本书中被应用于处理多个激励相容约束。事实上,这一方法的应用领域应该不止于此,它基本上涵盖了以往所碰到的种种动态经济学优化问题。Zhao and Gong(2010a) 最近的工作论文"The Time Inconsistent Policy and the Resolutions",也是应用 Lagrange 泛函的方法来解决带有时间一致性约束的优化问题。这一方法是传统 Lagrange 乘子方法在函数空间的推广,所以凡是可以用 Lagrange 函数解决的问题,都可以统一到 Lagrange 泛函的框架中。Lagrange 泛函方法突破了传统的最优控制方法不方便处理不确定情形下的动态最优化问题的限制,它能够很方便地处理一般的随机约束问题。笔者正在总结 Lagrange 方法的应用范围,目前已解决了非随机约束和离散的随机约束优化问题,工作就是将其拓展至连续情形下的随机约束,从现有的结论来看,与离散情形的差别很大。关于 Lagrange 方法的进一步描述,请参见本书第 2 章。

1.2.2 不对称信息下动态最优税收理论综述

不对称信息下动态最优税收理论开始于 Golosov et al.(2003) 的研究,截至目前,国际上关于这一领域的研究文献只有寥寥数篇。下面就各个方面具有代表性的文献进行逐一评述。Golosov et al.(2003) 首次将 Mirrlees(1971) 提出的静态模型动态化,并给出了部分的最优化条件。他的文章标题为"Optimal Indirect and Capital

Taxation"，据笔者对文章的粗浅理解，这里的"Indirect"应该是"间隔"的意思，和文章中的"Wedge"的意义相同。指的是在不对称信息下，最优的消费-投资策略与没有不对称信息时的差异，而这就是扭曲性税收的根源。在这篇文章中，作者首先利用 Rogerson(1985a) 的对偶方法得到最优的消费-投资策略，进而推出"逆欧拉方程"，指出对资本进行扭曲型税收的必要性。其次，作者在效用函数关于不同种商品不可分的情况下证明了一致商品税定理 (Uniform Commodity Taxation Theorem)，拓展了 Atkinson and Stiglitz(1976, 1980) 的结论。但是原文的缺陷也是比较明显的，首先原文没有指出最优的劳动收入税，因而无法同静态的 Mirrlees 模型进行比较。众所周知，Mirrlees(1971) 描述的是静态的模型，没有资本积累，就没有可能对资本收入收税。从这一点来说，Golosov et al.(2003) 的研究并没有彻底地拓展 Mirrlees(1971) 的模型，他仅是借用 Mirrlees(1971) 的模型来描述自己的新结论。其次，Zhao and Gong(2009) 通过深入研究发现，Golosov 所利用的对偶方法根本无法得到类似于 Mirrlees(1971) 的结论，所以要改进 Golosov et al.(2003) 的结论，必须使用新方法来求解不对称信息下动态经济学优化问题，这就导致了本书中 Lagrange 方法的产生。

Golosov et al.(2003) 同时指出，在不对称信息下得到的最优化条件不能简单地通过在分散经济中设置扭曲性税收达到，其通过一个简单的两期模型，指出税收机制设计的复杂性。Kocherlakota(2005a) 设计了一种对资本收入连续、对劳动收入不连续的税收机制，使得在分散经济中达到在不对称信息下得到的最优化条件。在 Kocherlakota(2005b) 中，他还设计了一种依赖于前一期税基变量的税收机制，得到一种期望为 0 的税率。[①] 本书在较弱的假设下，设计了一套对税基变量连续可微的税收机制，并得到了与 Mirrlees(1971) 的文章一致的结论，从而简化税收政策。由于 Golosov et al.(2003,2006a) 和 Kocherlakota(2005a,2005b) 都没有计算出消费-劳动的期内最优化条件，对劳动收入税也没有正确的表述，因此在最优税收制度的设计上就难免有些吃力。

近期的研究除了集中在资本收入税上，还有关于其他类型的税收的研究，如 Farhi and Werning(2005) 关于不动产税收的研究，在信息不对称的框架下，他们得到的结论令人惊讶：最优的不动产税收为负，即应该对不动产进行补贴。同时他们指出，政府对于穷人的补贴力度要高于富人。同样，在他们的框架中，也没有关于劳动收入税的描述，事实上对于不动产的补贴恰恰来源于劳动收入税。如果能进一步得到关于劳动收入税的结论，将大大丰富这篇文章的结果。

同时，Dacosta and Werning(2005) 在不对称信息的框架中考虑了通货膨胀税。在这篇文章中，作者设定经济个体的能力是固定的，但为私有信息，偏好是不确

---

① 在 Zhao and Gong(2009) 最近的工作论文中，利用 Lagrange 方法重新考虑了这个问题，发现很有可能这一结论是错误的。

定的，但不为私有信息。消费者面临财富积累约束和资产平衡约束。通过对于偏好的假设，他们得到了如下结论：Friedman 法则是最优的货币政策。而这些对偏好设置的条件，同时也能用在其他的约束中，同样使 Friedman 法则是最优的，如现金优先 (Cash-in-Advance) 约束等。他们同时指出若经济个体的能力是异质的 (Heterogeneous)，此时最优货币政策会导致福利的损失，并且此时的利率为正。这是不对称信息在货币经济学中的应用，与传统的理论不同，这篇文章得出结论：在不对称信息下，货币不再具备中性。而在新古典模型中，无论是 Cash-in-Advance 约束、Shopping Time 约束，还是 Sidrausky 模型，都能够得到货币中性的结论。

最近关于不对称信息下动态最优税收的研究考虑了政府具备自己的效用函数，并将此理论用于政治经济学研究。Golosov et al.(2009) 讨论了最优的政策设置问题，文章中设置了一个具有自身效用函数的政府，经济个体具备私有信息，在此条件下考虑政府的最优政策设计。由于这篇文章更加偏重于机制设计方面，偏离本书主题太远，故不进行深入讨论。总之，不对称信息下的动态经济最优理论目前已经拓展到多个领域，因此有必要对其基本方法进行总结，以期更大范围地拓展它的应用范围。当年 Golosov et al.(2003) 发表后，著名经济学家 Acemonglu 曾经称这篇文章为"宏观经济学的未来"，可见经济学界对于这一领域的重视。

1.2.3　人力资本理论综述

本书研究的第二个专题就是教育的公共资本投入，考虑对于人力资本提升的两种投入途径：自身的投资和公共财政的投资。选择的视角是从信息不对称下的最优税收理论开始，着眼于最优的公共投资与私人投资比例，以及公共教育投资在不同人群中的划分问题，对公共教育投资的递进方式进行研究。本书在研究公共政策的同时，充分考虑到公共政策的激励效应，恰如 Mirrlees(1971) 的文章，最优的劳动收入税具备激励经济个体的作用，本书得到的最优公共教育投资模式也具备激励社会群体的作用。为此，首先简述人力资本理论方面的文献。

人力资本理论源于威廉·佩第提出的"劳动价值论"，佩第在其著作中提到"劳动是财富之父，自然是财富之母"。之后斯密在《国民财富的性质和原因的研究》(简称《国富论》) 中把资本划分为固定资本和流动资本，而他所讲的固定资本就包含了人的劳动能力。萨伊在斯密的基础上做了进一步分析，提出了教育是一种资本，能促进生产力的发展。马歇尔的《经济学原理》指出"所有的投资中，具有最优价值的是对人本身的投资"。可以看出，在早期的经济学研究中，已朦胧产生人力资本的概念。但是受当时的经济发展限制，劳动力在生产中的作用还不能同其他资本相提并论，古典经济学家未能集中论述人力资本理论及相关问题。有关人力资本的理论散落于古典经济增长理论中。

20 世纪 50 年代后期，随着科技进步对经济发展的重要性的增加，人力资源在生产中的地位发生了很大变化。这时，一些经济学家根据这些变化开始对人力资本进行系统研究。1935年美国经济学家沃尔什第一次正式提出"人力资本"概念，他在《人力资本论》中通过将个人教育费用和个人收益相比较来计算教育的经济效益。人力资本理论在20世纪60年代逐步完善起来，其主要代表人物是舒尔茨和贝克尔。舒尔茨在1960年出任美国经济学会会长时发表了题为"论人力资本投资"的演讲，系统论述了人力资本理论，并引起轰动他本人被奉为"人力资本理论之父"，并获得了1979年的诺贝尔经济学奖。瑞典皇家科学院在颁奖公告中指出，舒尔茨是"人力资本"研究的先驱者。贝克尔与舒尔茨一起被列为西方人力资本理论的创始人，贝克尔的著作《人力资本》(1964)被西方学术界认为是"经济思想史中人力资本投资革命的起点"。该书用现代经济学方法对人类行为进行了普遍分析，对人力资本问题进行了继往开来的研究。

20世纪80年代以来，随着人们对于增长问题研究的深入，人力资本被认为是影响经济增长的一个重要因素。Romer和Lucas对这一领域进行了基础的研究工作。从20世纪80年代开始，以Romer的"收益递增和经济增长"和Lucas的"论经济发展机制"为标志的新增长理论的出现为人力资本理论增添了新的内容。其核心在于修改了古典模型中的生产函数，并在其中加入了知识和人力资本投入。1986年，Romer发表文献"收益递增与经济增长"，建立了简单的两时期和两部门模型。他在此模型中，将知识作为主要的独立因素纳入生产函数中，使之成为增长模型的内生变量，同时又把知识分为一般知识和专业知识。一般知识产生外部效应，使所有企业都能获得规模收益，专业知识产生内部效应，只给个别企业带来垄断利润。因此，知识是当代经济增长的主要源泉。

在两部门模型中，Romer将投入的人力资本区分为物质劳动(L)(或称原始劳动)和具有专业化知识的人力资本(H)两种形式，认为只有人力资本才能促进经济增长。1990年，他又建立了一个包括最终产品、中间产品和研究开发三部门在内的增长模型，从规模报酬不变的柯布-道格拉斯函数中推导出如下结论：人均收入的增长率与社会投入研究与开发的人力资本比重成正比，与人力资本研究与开发的边际生产率成正比，与时间贴现率成反比。Romer通过"收益递增型增长模式"，指出特殊知识和专业化人力资本是经济增长的主要因素，指出技术进步和资本积累的相关性，经济增长速度在世界范围内的差异性，认为国际贸易可以促进知识在世界范围内的迅速积累，通过传播知识可以提高穷国的生产效率，节约其研发费用，间接增加其国内的资本积累。

1988年，Lucas发表文章"论经济发展的机制"，提出两个经济增长模型——两资本模型与两商品模型。这两个模型都是表示人力资本积累的增长模型，不同的是，两资本模型强调人力资本积累是通过劳动者脱离生产过程到学校去学习来形成的，它所产生的是内部效应；两商品模型则强调劳动者的时间全部用于商品生产，表明人力资本是通过边干边学形成的，它所产生的是外部效应。在这个基础上，Lucas 提出了解释"亚洲四小龙增长奇迹"的分析框架：发展中国家必须通过大力提高人力资本积累来吸引国际资本，并在国际贸易中集中有限资源生产具有人力资本优势的产品，并通过扩大经济开放度引进先进设备和先进技术；在地区经济增长中，劳动力质量比数量更为重要，贫困地区应加大人力资本投资力度，不断提高本地人力资本水平。

可以看到，新增长理论与人力资本理论的结合，更好地解释了现实，提供了发展思路，为人们在实践中正确认识人力资本在经济增长中的作用以及调整经济增长速度、预测经济增长趋势等提供了新的方法和工具。但是一味地从经济增长的角度看待人力资本问题在经济学研究中是否视野有些狭隘？本书试图从最优税收的角度给出人力资本积累的另一个解释，当然本书的结论并没有违背人力资本对经济增长的促进作用。

1.2.4 财政分权理论综述

本书的第三个专题就是在财政分权的框架中引入不对称信息，考虑最优的税收和转移支付政策。为此，需要对现有的有关财政分权的文献进行综述。财政分权理论是在美国经济学家 Tiebout(1956) 发表论文"地方支出的纯粹理论"之后逐渐走向成熟的。此后西方学术界围绕财政分权是否有利于提高公共资源配置的效率、是否有助于限制政府规模、财政分权对政府间职能分配的影响等问题展开了激烈的争论，并产生了一系列理论成果，从而构成当代西方财政分权理论。

1.2.4.1 Tiebout 的财政分权理论

最早在这方面作出开创性贡献的是美国经济学家 Tiebout。他在一系列严格的假设条件下，提出了财政分权模型。Tiebout 认为在人口流动不受限制、存在大量辖区政府、各辖区政府税收体制相同、辖区间无利益外溢、信息完备等假设条件下，各辖区政府提供的公共产品和税负组合不尽相同。各地居民可以根据各辖区政府提供的公共产品和税负组合，来自由选择那些最能满足自己偏好的地方定居。居民们可以从不能满足其偏好的地区迁出，并迁入满足其偏好的地区居住。形象地说，在选择能满足其偏好的公共产品与税负的组合时，居民们通过"用脚投票"(Vote by Foot) 展现其偏好并做出选择哪个政府的决定。

尽管 Tiebout 的"用脚投票"模型是以一系列严格的假设条件为前提的，但其对现实的解释还存在一定的不足。但正如 Musgrave(1987) 所言：模型中的受益范围与财政辖区空间安排的配合提供了一个效率规则，也提出了一个类似于市场的实施机制，解决了公共产品供给中的难题。该模型有两点独到之处：其一，财政分权是实现公共资源有效配置的可能途径。在模型中存在大量辖区政府，这些政府可以提供不同的公共产品与税负的组合，居民可以自由流动，在迁徙的过程中显示其偏好并找到适合的消费组合。公共产品供求均衡的形成不再依赖于个人的偏好是否可以观察，因为用脚投票既能使居民显示其偏好，又能满足居民多样的偏好。其二，财政分权所产生的政府间财政竞争提高了公共产品供给的效率。在 Tiebout 模型中，各个辖区政府如同市场上的供应商，各自提供不同的公共产品并明确其价格-税负，如果辖区数量足够多，居民将面临一组广阔而连续的消费选择集。居民如同购买商品的消费者，自由选择可以最大限度地满足自己偏好的公共产品并为此纳税，从而解决了公共产品供给与公共支出融资的问题，实现公共资源的均衡配置。

Tiebout 模型说明提供公共产品供给的政府层级十分重要，由地方政府分散提供公共产品不仅可行而且有效，因为用脚投票的结果是具有相同偏好的居民聚集到同一辖区内，实现公共资源的最优配置。而且，居民的迁徙也向辖区政府发出了取舍的信号，尽管任何一个地方政府因为公共服务低效而失去所有居民的可能性微乎其微，但这种类似于市场竞争的机制将促使各辖区政府采用各种财政手段，竭力提供最佳的公共支出与税负组合，以避免那些具有较高税收负担能力的居民和掌握经济发展所需资本的投资者离开，同时吸引发展本地经济所需的各种资源。该模型为财政分权和财政竞争提供了坚实的理论依据。此后，大量关于财政分权和财政竞争的文献相继涌现。

1.2.4.2 Oates 的财政分权理论

从居民偏好的表达途径和效率来看，财政分权有着明显的优势。如果一个国家只由中央政府负责提供公共产品，那么满足居民需求偏好的途径只有直接民主制或代议制，也就是用手投票。而在中央政府和地方政府分工提供公共产品的条件下，满足居民需求偏好的途径除了用手投票的政治途径，还有用脚投票的自由选择方式。此时的地方政府不仅需要争取选民的政治选票，以获得继续执政的权利，而且，还面临如何争取居民的货币选票，以维持地方政府本身的存在和运转的压力。因此，地方政府比中央政府具有更大的激励去改善公共服务。

Oates(1985) 比较了由中央政府集中供应和地方政府分散供应公共产品的效率，并提出分权定理：对于某种公共产品来说，关于这种公共品的消费被定义为，是遍及全部地域的所有人口子集的，并且，关于该物品的每一个产出量的提供成本无论对中央政府，还是对地方政府来说都是相同的，那么让各地方政府将帕累托有效的产出量提供给其选民，则总是要比由中央政府向全体选民提供任何特定的并且一致的产出量有效得多。据此，引申出的结论是，中央政府只应提供具有广泛的偏好相同的公共产品，因为中央政府无法了解全国所有居民对公共产品千差万别的需要，而地方政府则具有独到的优势来掌握这些信息。当人口的异质性很强，居民需求偏好的差异性很大时，地方政府在公共产品供给上的效率优势就更加明显。

1.2.4.3 不对称信息下的财政分权理论

美国经济学家 Stigler(1988) 认为与中央政府相比，地方政府更接近本地居民，更了解辖区内选民的效用和需求。同时，在一个国家内，不同的人们有权对不同数量和种类的公共产品进行投票选择。人们在全国寻找地方政府所提供的公共服务与所征收的税收之间的一种精确组合，使自己的效用最大化。人们在某一区域工作和居住，接受当地政府的管辖，是因为当地政府提供的公共服务与税收组合符合自己效用最大化的目标。从长期来看，用脚投票将使整个社会福利最大化。

美国学者 Tresch(1990) 则从信息不完备和不确定性的角度，提出偏好误识理论，质疑中央政府能否完全了解社会福利函数偏好序，以此论证财政分权的合理性。他假定某一个社会提供的公共产品只会让一部分人受益，人们在经济活动中并不具有完全和确定的信息，而且总体上人们又是风险回避型的。在不完全信息条件下，中央政府提供公共产品失误的可能性很大，地方政府相对于中央政府更了解本地居民的消费偏好。厌恶风险的居民更倾向于让地方政府来提供这种公共产品。随着信息经济学的发展，人们对政府决策所面临的不确定性和信息约束有了更深刻的认识，可以说各级政府间财政分工，或财政分权正是人们弥补单一中央政府在复杂性和不确定性面前，理解力和计算力不足的必然选择。

诺贝尔经济学奖得主哈耶克的有关论述帮助人们从认识论的角度来理解财政分权。他指出人类所具有的构成性局限，以及知识分工决定了并不存在全知全能的社会计划者。任何人都不可能获得关于所有其他人需求的完备知识，在某些特定问题上，最终的判断只能依靠个人的自由选择，所谓"如人饮水，冷暖自知"，所以不能依靠一个集权的中央政府来处理社会经济事务，而必须把决策权赋予那些最为熟悉特定情况的行为人。这些分析为财政分权提供了认识论基础。

1.2.4.4 中国学者的工作

自从中国分税制改革以来，国内学者研究财政分权的热情高涨，Lin 等 (2002) 认为中国的市场化改革本身就是一个放权的过程，而分权只是放权的一个手段，中国在此之后财政体制安排的演化是内生于中国的放权历程和转型路径的。陈抗等 (2002) 认为 1994 年分税制改革对地方税源的集权上收促使地方政府伸出攫取之手，人民的福利下降。Lin and Liu(2000) 采用中国 28 个省份的横截面数据，研究了 1970—1993 年财政分权对人均 GDP 的影响，认为 20 世纪 80 年代中期以来的财政分权提高了经济效率，促进了中国经济的增长。张晏和龚六堂 (2005) 也从财政分权的角度研究了我国的经济增长，并将其提出的理论模型与实际进行拟合。Gong and Zou(2003) 给出了一个财政分权的理论模型，提出了一个内生经济增长的模型，得到最优的中央政府转移支付为 0 的结论。本书拟从不对称信息的视角考察财政分权的问题，将得到的结论与上述文献比较，并对中国的分权制税收提供建议。

1.3 本书创新之处

本书在不对称信息下研究动态最优税收理论，主要的创新点有以下几个方面：

第一，给出不对称信息下动态最优税收问题的统一处理方法。不对称信息下的经济优化问题根本在于对激励相容约束的处理。Mirrlees(1971) 采用一阶条件来简化激励相容约束，Golosov et al.(2003) 采用 Rogerson(1985a) 所介绍的对偶方法来避开对激励相容约束的讨论，其本质上是一种"设而不求"的做法。Golosov et al.(2003) 只得到关于最优的投资-消费的跨期一阶条件，而没有得到消费-劳动的期内一阶条件，但这两个一阶条件是计算最优税收的根本。因此 Golosov et al.(2003) 采用的对偶方法无法得到最优的劳动收入税，从而无法同静态的 Mirrlees 模型进行比较。同时，Golosov et al.(2003) 采用对偶方法处理问题，受到效用函数的限制，当消费与劳动不再可分时，他的方法就不能应用。本书采用 Lagrange 泛函的方法，统一处理了激励相容约束，并给出各种情形下的一阶条件，从而能将动态最优税收结果与静态的 Mirrlees 模型进行比较，得出最优劳动收入税在动态和静态两种情形下是一致的这个结论。

第二，给出分散经济中税收政策的统一设计。动态最优税收理论在不对称信息情形下的一般逻辑是：首先利用显示原理 (Principle of Revelation) 来说明不对称信息下的经济均衡分配是可以采用向计划者的直接汇报机制 (Direct Report Mechanism) 得到；其次在直接汇报机制下求解均衡分配，这一步可视为不对称信息下的计划者经济分配；最后通过在分散经济中设计税收机制，来达到直接汇报机制下的最优均衡分配。以上最后一步是动态最优税收理论的关键，通常被称为植入 (Implementation) 过程。Golosov et al.(2003,2006a)、Kocherlakota(2005a) 都分别就植入过程进行了深入研究，其基本结论认为：与传统的税收机制不同，新的税收机制关于税基变量具有非线性、历史状态依赖等特点。Kocherlakota(2005a) 给出了一个两期模型，设计了一种对资本连续，对有效劳动不连续的税收机制；在 Kocherlakota(2005a,2005b) 中，Kocherlakota 还针对一类特殊的最优均衡分配解给出了依赖于前一期税基变量的税收机制。以上学者的结论很好地解释了税收政策的复杂性，比较好地拟合了美国的税收政策。本书不同于以上学者的植入方法，在较弱的假设下，得出一种最少税基的关于税基变量连续可微的税收机制，并且此种税收机制不依赖于税基变量的历史状态。因此本书的植入方法更为简洁，在实际操作中有一定的应用价值。

第三，根据本书提出的 Lagrange 方法，进一步分析激励相容约束，构建反映信息不对称程度的指标，完成对信息不对称的刻画。同时，本书指出了构建的指标所具备的特点，并给出这一指标的比较静态分析。政府可以通过构建相关政策来降低信息不对称指数，从而提高社会福利水平。信息不对称指数的创建，将为本书研究政府教育公共投资提供合适的工具，通过教育的公共投资，政府进一步了解经济个体的能力，从而降低信息不对称程度，提高社会福利。本书在研究分权问题的时候也将考虑中央政府如何通过转移支付政策了解和激励地方政府，从而进一步了解地方政府的偏好，降低信息不对称程度，提高整体福利。

第四，给出内生能力演化机制下的最优税收。当前关于动态 Mirrlees 模型的研究还没有将私有信息引入内生演化机制，本书引入内生能力演化机制，旨在研究如何通过公共投资与税收的激励作用，来普遍提高社会平均工作能力，从而达到社会福利的更大化。本书的内生能力指经济个体的劳动能力，它是私有信息，可以通过私人投资与公共投资共同来提升，从而增加产出。此时的税收政策有两方面的考虑：一是税收的激励作用，产生类似于 Mirrlees 的倒 S 形曲线的边际劳动收入税；二是考虑到公共投资对劳动能力的增加功用，税收收入也需要进一步提高，因此会在资本收入税上有所修正。在这一部分，本书提出教育公共投资与能力的反Logistic 曲线，得到递进式教育公共投资的方式。

第五，给出在分权体制下的最优税收。采用 Gordon(1983)、Persson and Tabellini (1996) 和 Gong and Zou(2003) 的关于财政分权的模型，在不对称信息下，给出最优的均衡分配，而后在分权的框架下考虑最优税收问题。在最优税收的设计中考虑中央税收和地方税收两种机制、中央政府对地方政府的转移支付等，效用函数建立在个体消费、地方政府花费和劳动的基础上，得出最优的国税和地税税率、最优的转移支付。

1.4 章节安排

根据行文逻辑，本书的章节安排如下：第 2 章着重分析 Lagrange 方法，介绍本书相关的数学背景知识。在第 3 章中，本书利用 Lagrange 方法求解一般的不对称信息下的最优税收问题，给出最优税收政策设计，同时构建信息不对称指数分析其特点。在第 4 章中，本书分析了内生能力演化的动态最优税收问题，指出教育公共投资的必要性和最优形式。在第 5 章中，本书利用分权框架分析动态最优税收问题，得到最优的国税和地税比率，最优的中央政府对地方政府的非零转移支付。接下来在第 6 章和第 7 章中，本书考虑特殊的经济个体偏好对最优财政政策的影响。在第 6 章中，本书考虑了一个对于财富关注的偏好，该偏好会削弱对社会过度积累的惩罚力度，因此会减少资本收入税的征收。在第 7 章中，本书考虑了一个关于信息分离的效用函数，指出此时的最优劳动收入税为 0。在第 8 章中本书用新的优化方法处理了连续状态下的 Mirrlees 问题，并给出此时的最优财政政策；在此基础上，本书分离了信息不对称对经济运行的影响 (水平效应和激励效应)，并在第 9 章中考察了极限时期的最优财政政策。最后在第 10 章中对全文进行总结和展望。

第 2 章 数学基础知识

本章将介绍动态宏观经济学中处理各种附加约束的普遍方法：Lagrange 泛函方法和对偶方法。由于 Lagrange 泛函方法是传统 Lagrange 函数的推广，与普通优化方法不同的是所有的相关概念都将建立在函数空间，因此在介绍 Lagrange 泛函方法之前，必须引入相关的函数空间概念。对偶方法在经济学中得到了比较广泛的应用，尤其在静态优化时有很多具体的应用例子，如"效用极大化 ↔ 花费极小化，利润最大化 ↔ 成本极小化"。然而这些简单的对偶概念在动态优化中略显不足，需要对对偶的概念进行深化。本章将主要介绍两种对偶方法，一种是由 Civitanic 和 Karatzas(1992) 发展的从改变动态约束集的角度出发，得到原问题的对偶问题；另一种是由 Rogerson(1985a,1985b) 发展的对偶方法，利用资源花费极小化的原理来得到对偶问题，从而使原问题得到部分求解。[①]最后，本章将利用上述两种方法求解激励相容约束下的动态规划问题，并评价两种方法的优劣。

2.1 Lagrange 泛函

Lagrange 泛函作为普通 Lagrange 函数的推广，是构建在函数空间的概念，可以视其为函数的函数。在静态或一般动态的优化中，通常构建 Lagrange 函数后就需要对相应的状态和控制变量进行求导，并令其为 0，从而得到优化问题的一阶条件。因此，如何对 Lagrange 泛函进行类似的微分至关重要。本章采用 Frechet 微分构建泛函的微分概念。

2.1.1 Frechet 微分

设 $(X, \|\cdot\|_X)$ 和 $(Y, \|\cdot\|_Y)$ 为两个函数空间，令 N 为从 X 到 Y 的线性映射的全体组成的集合。记 Λ 为从 X 到 Y 的一个连续映射，称 Λ 在点 x 处为 Frechet 可微，意指存在 $A \in N$，使得

$$\Lambda(x') - \Lambda(x) = A(x' - x) + o(\|x' - x\|_X), \quad 对任意 x' \in U(x) \tag{2.1}$$

其中 $U(x)$ 为点 x 在空间 X 的邻域，算子 A 被称为 Λ 在 x 点的 Frechet 导数，记为 $\delta_x \Lambda$。当对任意 $x \in X$，Λ 都是可微的，则称 Λ 为处处可微的连续映射，简称可

[①] 事实上，这种对偶方法不是万能的，能应用的范围相当狭窄。当条件发生微小变动时，这种方法就不能应用。同时，由此种对偶方法得到的必要条件并不是原问题的所有必要条件。

微映射。注意 Frechet 微分仅是欧氏空间普通微分概念的推广，当 $Y = \mathbb{R}$ 时，称 Λ 为函数空间 X 的泛函。下面列举一些 Λ 的重要性质。

命题 2.1 设 $\Lambda: X \to \mathbb{R}$ 是从函数空间 X 到实数 $\mathbb{R}$ 的可微泛函，若存在 $x^* \in U(x^*)$，使得对任意 $x \in U(x^*)$，有 $\Lambda(x) \leqslant \Lambda(x^*)$ 或 $\Lambda(x) \geqslant \Lambda(x^*)$，则

$$\delta_{x^*}\Lambda = 0 \tag{2.2}$$

证明 这个结论很简单，就是欧式空间优化问题的一阶条件，在此省略其证明。 □

例 2.1 当 $X = C[0,1]$ 为 $[0,1]$ 闭区间上的所有连续实函数组成的函数空间，泛函 Λ 定义为 $\Lambda(x) = f(x(1/2))$，其中 f 为 $\mathbb{R}$ 到 $\mathbb{R}$ 的可微映射，则

$$\delta_x\Lambda(\eta) = f'(x(1/2))\eta(1/2), \quad 对任意 \eta \in X$$

因为 $\delta_x\Lambda$ 也是泛函，从命题 2.1 可得：若 $\delta_x\Lambda = 0$ 则有

$$f'(x(1/2))\eta(1/2) = 0, \quad 对任意 \eta \in X$$

因为 η 的任意性，得到 $f'(x(1/2)) = 0$。

例 2.2 设 X 为概率空间 $(\Omega, \mathcal{F}, \mu)$ 上可积函数的全体构成的函数空间，f 为 $\mathbb{R}$ 到 $\mathbb{R}$ 的可微映射。$\Lambda(x) = \int f(x)\mathrm{d}\mu$，于是

$$\delta_x\Lambda(\eta) = \int f'(x)\eta \mathrm{d}\mu, \quad 对任意 \eta \in X$$

同样，$\delta_x\Lambda = 0$ 意味着 $f'(x) = 0$。

例 2.3 设 X 为 $(\Omega, \mathcal{F}, \mathcal{F}_t, \mu)$ 上平方可积随机过程的全体构成的函数空间，$\mathcal{F}_t$ 为随机事件流，并且 $\mathcal{F} = \bigcup_{t=1}^{\infty} \mathcal{F}_t$。$f_t$ 为 $\mathbb{R} \times \mathbb{R}$ 到 $\mathbb{R}$ 的可微映射。$\Lambda(x) = E\left(\sum_{t=1}^{\infty} f_t(x_t, y)\right)$，$y \in \mathcal{F}$。于是

$$\delta_{x_t}\Lambda(\eta) = \int \frac{\partial f_t(x_t, y)}{\partial x_t}\eta \mathrm{d}\mu, \quad 对任意 \eta \in \mathcal{F}_t$$

$\delta_{x_t}\Lambda = 0$ 意味着 $E_t\left(\dfrac{\partial f_t(x_t, y)}{\partial x_t}\right) = 0$。

在下面的叙述中，如没有特别指出，将 Λ 视为空间 X 的泛函。针对泛函 Λ，类似于欧式空间函数，可以定义凹凸性。

定义 2.1 设 Λ 为 X 上的一个泛函, 若对任意 $x,y \in X$, 以及任意的 $\lambda \in [0,1]$, 都有

$$\Lambda(\lambda x + (1-\lambda)y) \leqslant (\geqslant) \lambda \Lambda(x) + (1-\lambda) \Lambda(y)$$

则称泛函 Λ 为凸 (凹) 的。若 $x \neq y$ 且 $\lambda \in (0,1)$, 上式为严格不等式, 则称 Λ 为严格凸 (凹) 的。

在欧式空间中, 若凸 (凹) 函数是可微的, 则可以用可微的观念重新表述凸 (凹) 的概念。在函数空间也有类似的表述。

命题 2.2 若 Λ 为空间 X 上的可微凸 (凹) 泛函, 则对任意 $x,y \in X$, 有

$$\Lambda(x) - \Lambda(y) \geqslant (\leqslant) \delta_x \Lambda(x-y)$$

证明 这个命题也是比较明显的结论, 其证明雷同于 $X = \mathbb{R}^n$, 在此省略。

2.1.2 Lagrange 泛函

Lagrange 泛函对应着有约束条件优化问题。在静态和非随机情形下, Lagrange 函数的构建是比较容易的, 通常的做法就是让每一个约束带有一个乘子, 与目标函数相加得到 Lagrange 函数。Lagrange 泛函也将采用这种思路, 与非随机情形不同的是, 此时相加的函数为随机变量, 因此就需要对此函数求期望, 形成 Lagrange 泛函。由于本书是在离散时间的框架下讨论的, 所以本小节就以离散的随机增长模型为例, 介绍 Lagrange 泛函。

首先定义基本空间 $\mathbb{N}_T \times \Omega$, 其中 $\mathbb{N}_T = \{1, \cdots, T\}$, Ω 为样本空间。$(\Omega, \mathcal{F}, \mu)$ 是概率空间, 配备递增的事件流 $\mathbb{F} = \{\mathcal{F}_t : t \in \mathbb{N}_T\}$。$\mathcal{F}$ 是所有子事件集 $\mathcal{F}_t$ 的并, μ 为 Ω 的一个概率测度, 定义一列函数空间如下:

$$M_t = \{x: \Omega \to \mathbb{R}, x \text{ 有界并且 } x \in \mathcal{F}_t\}, \quad t \in \mathbb{N}_T \tag{2.3}$$

在 M_t 上配备范数 $\|x\| = \max_{\omega \in \Omega} |x(\omega)|$, 容易证明 $(M_t, \|\cdot\|)$ 为 Banach 空间。

考虑如下的动态优化问题:

$$\mathbf{P1}: \max_{x_{t+1} \in M_t, u_t \in M_t} E\left[\sum_{t=1}^T \beta^{t-1} f(x_t, u_t)\right] \tag{2.4}$$

受约束于

$$x_{t+1} = g(x_t, u_t, \varepsilon_t, t), \quad t = 1, \cdots, T. \quad x_1 \text{ 给定} \tag{2.5}$$

变量 x_t 和 u_t 分别代表状态和控制变量, $\beta \in (0,1)$ 为折现因子, $\varepsilon_t \in M_t$ 是随机扰动。f, g 都是关于变量 (x, u) 是连续可微的凹函数。为求解 **P1**, 定义如下的

Lagrange 泛函

$$\mathcal{L}(x,u,z) = E\left[\sum_{t=1}^{T}\beta^{t-1}f(x_t,u_t)\right] + \sum_{t=1}^{T}\beta^{t-1}\langle z_t, g(x_t,u_t,\varepsilon_t,t) - x_{t+1}\rangle \tag{2.6}$$

其中 $z_t \in M_t$ 是相应的 Lagrange 乘子，$\langle \cdot, \cdot \rangle$ 为内积符号，其定义为 $\langle x, y\rangle = E(xy) = \int xy\mathrm{d}\mu$。在上述定义下有如下的命题：

命题 2.3 如果 $(x^*_{t+1}, u^*_t), (t=1,\cdots,T)$ 是问题**P1**的一个解，则存在 $z^*_t \in M_t, (t=1,\cdots,T)$ 使得 $(x^*_{t+1}, u^*_t, z^*_t)$ 是泛函 $\mathcal{L}(x,u,z)$ 的一个鞍点(Saddle Point)。也即，存在 $\varepsilon > 0$，使得

$$\mathcal{L}(x^*, u^*, z) \geqslant \mathcal{L}(x^*, u^*, z^*) \geqslant \mathcal{L}(x, u, z^*) \tag{2.7}$$

对任意的 $x \in B(x^*, \varepsilon), u \in B(u^*, \varepsilon)$ 和 $z \in B(z^*, \varepsilon)$。其中 $B(x^*, \varepsilon), B(u^*, \varepsilon)$ 和 $B(z^*, \varepsilon)$ 分别是以 x^*, u^* 和 z^* 为中心，半径为 ε 的球形邻域。

证明 因为 (x^*_{t+1}, u^*_t) 为问题**P1**的解，则它们满足预算约束 $x^*_{t+1} = g(x^*_t, u^*_t, \varepsilon_t, t)$，所以有

$$\mathcal{L}(x^*, u^*, z) = \mathcal{L}(x^*, u^*, z^*) = E\left[\sum_{t=1}^{T}\beta^{t-1}f(x^*_t, u^*_t)\right] \tag{2.8}$$

于是 (2.7) 式左边的不等式成立。接下来证明右边不等式，记

$$M = \prod_{t=0}^{T} M_t \times \prod_{t=1}^{T} M_t, \quad N = \prod_{t=1}^{T} M_t,$$

其中 M_0 的定义是常值函数空间。定义

$$\Lambda_1: \quad \Lambda_1(x,u) = E\left[\sum_{t=1}^{T}\beta^{t-1}f(x_t,u_t)\right] \tag{2.9}$$

$$\Lambda_2: \quad \Lambda_2(x,u)_{t+1} = g(x_t,u_t,\varepsilon_t,t) - x_{t+1}, \quad t=1,\cdots,T-1 \tag{2.10}$$

由于 f, g 都是关于 x, u 是可微的，因此 $\Lambda_1: M \to \mathbb{R}$ 和 $\Lambda_2: M \to N$ 都是可微泛函。

对任意的 $z \in N$，定义

$$\mathcal{L}(x,u,z) = \Lambda_1(x,u) + \langle z, \Lambda_2(x,u)\rangle \tag{2.11}$$

f, g 关于 (x, u) 是凹的，所以 Λ_1 和 Λ_2 关于 (x, u) 也是凹的。Frechet 微分 $\delta_{x^*, u^*}\Lambda_1$ 是从 M 到 $\mathbb{R}$ 的线性泛函，利用 Rieze 表现定理，存在 $\eta^* \in M$ 使得对于任意 $\xi \in M$，有

$$\delta_{x^*, u^*}\Lambda_1(\xi) = \langle \eta^*, \xi\rangle \tag{2.12}$$

另一方面，$\delta_{x^*,u^*}\Lambda_2$ 是从 M 到 N 的线性映射，令 A 为此算子的伴随算子，因而 A 就是从 N 到 M 的线性映射，满足对任意 $\xi \in M$ 和 $\zeta \in N$，有

$$\langle \zeta, \delta_{x^*,u^*}\Lambda_2(\xi)\rangle = \langle A(\zeta), \xi\rangle \tag{2.13}$$

从 Torres (1990)，容易证明 $\eta^* \in Im(A)$，因此选择 $z^* \in N$，使得 $A(-z^*) = \eta^*$，于是有

$$\mathcal{L}(x, u, z^*) = \Lambda_1(x, u) + \langle z^*, \Lambda_2(x, u)\rangle \tag{2.14}$$

为方便表述，简记 $m = (x, u) \in M$，从 Λ_1 的凹性，结合命题 2.2 可得

$$\Lambda_1(m^*) - \Lambda_1(m) \geqslant \delta_{m^*}\Lambda_1(m^* - m) = \langle \eta^*, m^* - m\rangle \tag{2.15}$$

利用 $A(-z^*) = \eta^*$ 替换 (2.15) 式的 η^*，得到

$$\langle \eta^*, m^* - m\rangle = \langle A(-z^*), m^* - m\rangle = \langle -z^*, \delta_{m^*}\Lambda_2(m^* - m)\rangle \tag{2.16}$$

由于 $\langle z^*, \Lambda_2(m)\rangle$ 关于 m 也是凹的，同样利用命题 2.2 得到

$$\langle z^*, \Lambda_2(m^*)\rangle - \langle z^*, \Lambda_2(m)\rangle \geqslant \langle z^*, \delta_{m^*}\Lambda_2(m^* - m)\rangle \tag{2.17}$$

因为 $\Lambda_2(m^*) = 0$，(2.17) 式简写为

$$\langle z^*, \Lambda_2(m)\rangle \leqslant \langle -z^*, \delta_{m^*}\Lambda_2(m^* - m)\rangle \tag{2.18}$$

结合 (2.15) 式和 (2.16) 式，可得

$$\Lambda_1(m^*) - \Lambda_1(m) \geqslant \langle z^*, \Lambda_2(m)\rangle \tag{2.19}$$

移项后，注意 $\Lambda_2(m^*) = 0$，结合 (2.14) 式，得到

$$\mathcal{L}(x^*, u^*, z^*) \geqslant \mathcal{L}(x, u, z^*) \tag{2.20}$$

于是命题得证。 □

利用命题 2.3 和 Frechet 微分，可得动态优化问题**P1**的一阶条件为 $\delta_{x,u}\mathcal{L}(x, u, z) = 0$，考虑到原问题的结构，一阶条件等价于

$$\delta_{x_{t+1}}\mathcal{L}(x, u, z) = 0, \quad t = 1, \cdots, T \tag{2.21}$$

和

$$\delta_{u_t}\mathcal{L}(x, u, z) = 0, \quad t = 1, \cdots, T \tag{2.22}$$

从 (2.21) 式得到

$$\int (z_t - \beta(f_x(t+1) + z_{t+1}g_x(t+1)))\eta \mathrm{d}\mu = 0, \text{ 对任意} \eta \in M_t$$

若采用条件期望算子 E_t, 则上式可以表达成

$$z_t = \beta E_t \left[f_x(t+1) + z_{t+1}g_x(t+1) \right] \tag{2.23}$$

同理, 从 (2.22) 式最终得到

$$f_u(t) + z_t g_u(t) = 0. \tag{2.24}$$

于是 (2.23) 式和 (2.24) 式构成最优化问题**P1**的一阶条件。

以上仅就离散时间的随机增长问题引出 Lagrange 泛函方法。事实上, 在处理各类型约束上, Lagrange 方法都有优势。本书研究不对称信息下的最优化问题, 本质上在于对激励相容约束的处理, 其也是可以应用 Lagrange 泛函方法的。由于其应用范围较广, 不能一一列举, 所以本书关于此种方法的介绍就此搁笔。如有进一步学习兴趣的读者, 可以参考 Zhao and Gong(2010a) 关于时间一致性约束处理方法的工作论文。

2.2 对偶方法

本节将主要介绍两种对偶方法, 一种是由 Civitanic and Karatzas(1992) 发展的, 另一种是由 Rogerson(1985a,1985b) 发展的。它们都是处理附加约束的可行方法, 但又都有各自的缺陷。由于以上学者所处理的问题都较为复杂, 在本节的介绍中, 将采用新的较为简单的例子来说明他们的方法。在介绍 Civitanic and Karatzas(1992) 的对偶方法时, 采用传统的连续时间 Ramsey 模型; 在介绍 Rogerson(1985a,1985b) 的对偶方法时, 将描述两个带附加约束的离散时间例子。本节将简要介绍他们方法的关键部分, 并作相关的评述。

2.2.1 动态向静态约束过渡的对偶方法

本小节以及下一小节的标题基本代表了各类对偶方法的主要特点, 在本小节以传统的连续时间 Ramsey 模型为例, 介绍 Civitanic and Karatzas(1992) 的对偶方法。本小节的例子在 Roche(2003) 中也有提及, 但没有进行深入分析。

传统的 Ramsey 模型是如下的动态优化问题。

$$\mathbf{P2:} \max_{c_t, k_t} \int_0^\infty \mathrm{e}^{-\rho t} u(c_t) \mathrm{d}t \tag{2.25}$$

其中 ρ 是时间贴现因子, 受约束于

$$\dot{k}_t = f(k_t) - c_t, \quad k_0 \text{给定} \tag{2.26}$$

为引入 Civitanic and Karatzas(1992) 的对偶方法，首先介绍资本的伪价格 (Pseudo Price)，设 $v(t) \geqslant 0$ 为伪价格，记所有的伪价格函数组成如下的函数空间：

$$\mathcal{V} = \{v : (0, \infty) \to [0, \infty)\} \tag{2.27}$$

在资产的伪价格 $v(t)$ 下，生产的利润为

$$e(v_t) = \max_{k_t} f(k_t) - v(t)k_t \tag{2.28}$$

以 $v(t)$ 为资产的价格，定义如下的折现因子：

$$\pi_v(t) = \exp\left(-\int_0^t v(s)\mathrm{d}s\right) \tag{2.29}$$

于是 $\pi_v(t)k_t$ 为资本的现值，对其进行微分得到

$$\frac{\mathrm{d}\left(\pi_v(t)k_t\right)}{\mathrm{d}t} = \pi_v(t)\dot{k}_t - v(t)\pi_v(t)k_t \tag{2.30}$$

将 (2.26) 式代入 (2.30) 式，得到

$$\mathrm{d}\left(\pi_v(t)k_t\right) = \pi_v(t)\left(f(k_t) - v(t)k_t - c_t\right)\mathrm{d}t \tag{2.31}$$

对 (2.31) 式进行 $(0, \infty)$ 上的积分，得到

$$\lim_{t \to \infty} \pi_v(t)k_t = k_0 + \int_0^\infty \pi_v(t)\left(f(k_t) - v(t)k_t - c_t\right)\mathrm{d}t \tag{2.32}$$

利用非彭齐 (Non-Ponzi) 条件 $\lim_{t \to \infty} \pi_v(t)k_t \geqslant 0$[①]和 (2.28) 式中 $e(v_t)$ 的定义，得到

$$\int_0^\infty \pi_v(t)\left(c_t - e(v_t)\right)\mathrm{d}t \leqslant k_0 \tag{2.33}$$

(2.33) 式表明在折现因子 $\pi_v(t)$ 的情况下，一生的折现消费不超过初始资本加上一生的生产利润。设问题 **P2** 关于消费过程 c_t 的可行集合为 $\mathcal{C}_1$，有如下的命题。

命题 2.4 对于消费过程 c_t，若存在 $v^*(t) \in \mathcal{V}$ 使得

$$\int_0^\infty \pi_{v^*}(t)\left(c_t - e(v_t^*)\right)\mathrm{d}t = k_0 \tag{2.34}$$

则 $c(t) \in \mathcal{C}_1$，并且此时的资本有如下表达式：

$$k_t = \pi_{v^*}^{-1}(t)\int_t^\infty \pi_{v^*}(s)\left(c_s - e(v_s^*)\right)\mathrm{d}s \tag{2.35}$$

---

① 即生命结束时折现资产非负。

证明 参考 Zhao and Gong(2007) 中的定理 3.1。 □

根据上述命题和 Zhao and Gong(2007) 中的相关论证，可以构建如下关于问题P2的对偶问题P2(Dual)。

$$\textbf{P2(Dual):} \quad \min_{v_t} \max_{c_t} \int_0^\infty e^{-\rho t} u(c_t) dt \tag{2.36}$$

受约束于

$$\int_0^\infty \pi_v(t)(c_t - e(v_t)) dt = k_0 \tag{2.37}$$

上述优化问题是一个静态优化问题，可以采用 Lagrange 泛函的方法来求解。定义如下 Lagrange 泛函：

$$\mathcal{L}(c, \psi, v) = \int_0^\infty \left(e^{-\rho t} u(c_t) - \psi \pi_v(t) c_t \right) dt + \psi k_0 + \psi \int_0^\infty \pi_v(t) e(v_t) dt \tag{2.38}$$

利用 Frechet 微分 $\delta_c \mathcal{L} = 0$ 得到如下一阶条件：

$$u'(c_t) = \psi \exp \left(\int_0^t (\rho - v(s)) ds \right)$$

对上式微分得到

$$\frac{\dot{c}_t}{c_t} = -\frac{u'}{c u''}(v(t) - \rho) \tag{2.39}$$

再根据 (2.28) 式，得到

$$v(t) = f'(k_t)$$

代入 (2.39) 式得到

$$\frac{\dot{c}_t}{c_t} = -\frac{u'}{c_t u''}(f'(k_t) - \rho) \tag{2.40}$$

这和我们采用最优控制原理得到的一阶条件是一致的。事实上，Lagrange 泛函对 v 的 Frechet 微分得到的一阶条件也是 $v(t) = f'(k_t)$，因为这个例子比较简单，所以没有进一步好的结论。在 Roche(2003) 和 Zhao et al.(2007) 中考虑的是一个随机情形下带生产的投资组合问题，并且相应的资产有附加约束，本书仅是描述这种方法，所以并没有深入介绍相关的内容。在下一小节的介绍中，也将采用简单的例子描述方法。

2.2.2 最小化资源对偶方法

最小化资源对偶方法是经济学中常用对偶方法的推广。在"效用极大化 ↔ 花费极小化，利润最大化 ↔ 成本极小化"中，"花费极小化"和"成本极小化"都是最小化资源的具体体现。本小节引用两个动态的例子，介绍 Rogerson(1985a,1985b) 提出的对偶方法。

为了与本书的后续章节保持连贯，在下述例子中将描述带有私有劳动能力信息的计划者经济。设经济个体的效用函数 $u(c,l)$ 建立在消费 c 和劳动时间 l 上，其中劳动时间 $l = y/\theta$，y 为有效劳动，θ 为个人的劳动能力，为经济个体的私有信息。在每一期，假设经济个体总量是测度为 1 的连续统。其中每个经济个体劳动能力都独立同分布。这样，由大数定理可得关于经济个体指示性变量 $\chi(\theta_j)$ 的加总满足

$$\sum_j \chi(\theta_j) = E[\chi(\theta)] = \int \chi(\theta) \mathrm{d}\mu \tag{2.41}$$

其中 μ 是能力 θ 的像空间 Θ 的一个测度。考虑一个持续 T 期的经济，此时经济个体能力 $\theta_t(\omega)$ 是概率空间 $(\Omega, \mathcal{F}, \mu)$ 上的随机过程，$\{\mathcal{F}_t\}_{t=1}^T$ 为相应的事件流。在不引起歧义的情况下，假设 Θ^T 为 $\theta_t(\omega)$ 的像空间，其中测度 μ 在 Θ^T 上的诱导测度仍然记为 μ，能力过程 $\theta_t(\omega)$ 简记为 θ，$\theta = (\theta_1, \cdots, \theta_T)$ 代表经济个体一生的能力序列。

计划者的生产函数建立在资本 K_t 和社会总体有效劳动上 $Y_t = \int y_t(\theta) \mathrm{d}\mu$，即计划者 t 期的产出 $Q_t = F(K_t, Y_t)$。计划者负责安排资本投入，指定有效劳动供给，来组织生产；同时，分配消费品给经济个体；目的是极大化社会福利。这就需要计划者了解每个人的能力情况，在下文中，将经济个体劳动能力分为完全信息情形和非对称信息情形，分别对应经济个体能力对计划者公开或不完全公开的情况，本节考虑的例子是在完全信息下的情形。为了方便与本书其他模型进行比较，首先考虑完全信息下无附加约束的模型。

此时计划者在资本积累的约束下极大化社会福利。如下文没有特别说明，本书的社会福利函数是每个经济个体福利的加总。完全信息下无附加约束的模型如下：

$$\mathbf{P3}: \max_{c_t, y_t, K_{t+1}} \sum_j \sum_{t=1}^T \beta^{t-1} u(c_t(\theta_j), y_t(\theta_j)/\theta_t^j) =$$

$$\max_{c_t, y_t, K_{t+1}} E\left[\sum_{t=1}^T \beta^{t-1} u(c_t(\theta), y_t(\theta)/\theta_t)\right] \tag{2.42}$$

受约束于

$$K_{t+1} = F(K_t, \int y_t(\theta) \mathrm{d}\mu) + (1-\delta)K_t - \int c_t(\theta) \mathrm{d}\mu, \quad K_1 \text{给定} \tag{2.43}$$

问题**P3**的解法比较简单，其一阶条件是

$$u_c(t) = \beta(F_k(t) + 1 - \delta) E_t(u_c(t+1)) \tag{2.44}$$

$$\frac{u_l(t)}{\theta_t} = F_y(t) u_c(t) \tag{2.45}$$

本书不重点研究上述系统解的性质。为了叙述带附加约束的优化问题,有必要对问题P3的解进行简要的描述。设上述问题的最优解为 (c_t^*, y_t^*) 的解,则能力为 θ 的人一生的折现效用为

$$U(\theta) = \sum_{t=1}^{T} \beta^{t-1} u(c_t^*(\theta), y_t^*(\theta)/\theta_t)$$

$U(\theta)$ 是随机变量,假设它的值域为 $[\underline{W}, \overline{W}]$,并且为连续型分布。记 $\underline{W} < W_0 < \overline{W}$,则 $\Pr(U(\theta) < W_0) > 0$,表明整体人群中福利水平低于 W_0 的人有正测度。于是若在问题P3中加入如下附加约束:

$$\sum_{t=1}^{T} \beta^{t-1} u(c_t(\theta), y_t(\theta)/\theta_t) \geqslant W_0, \ 任意 \theta \in \Theta^T \quad (2.46\text{-}1)$$

此时的解将具有新的不同的特征。问题P3加入这个约束后形成的问题记为问题P4,它的正规表述如下:

$$\mathbf{P4}: \max_{c_t, y_t, K_{t+1}} \sum_{j} \sum_{t=1}^{T} \beta^{t-1} u(c_t(\theta_j), y_t(\theta_j)/\theta_t^j) =$$

$$\max_{c_t, y_t, K_{t+1}} E\left[\sum_{t=1}^{T} \beta^{t-1} u(c_t(\theta), y_t(\theta)/\theta_t)\right] \quad (2.46\text{-}2)$$

受约束于

$$K_{t+1} = F(K_t, \int y_t(\theta) d\mu) + (1-\delta)K_t - \int c_t(\theta) d\mu \quad (2.47)$$

和

$$\sum_{t=1}^{T} \beta^{t-1} u(c_t(\theta), y_t(\theta)/\theta_t) \geqslant W_0, \quad 任意 \theta \in \Theta^T, \quad K_1 给定 \quad (2.48)$$

由以上的论证可得问题P4的解一定不同于问题P3,并且在P4中,将有正测度的 $\theta \in \Theta^T$ 使得附加的不等式约束成为积极约束,因此问题P4是完全信息下附加约束的非平凡情况,分析它的解是有意义的。不等式 (2.46-1) 表明计划者期望全体社会居民都超过最低的福利标准 W_0,通过上述分析可看出,问题P4产生的社会总体福利将严格小于问题P3产生的福利水平。因此,从福利最大化的角度来看,P3更具有优势,也即它更具备效率。而P4的附加约束表明计划者从社会公平的角度考虑问题,该约束所诱导的解更具公平性。下面就问题P4采用最小化资源的对偶方法来求解,得到其一阶条件。

为了介绍最小化资源对偶方法,首先引入如下的函数空间,设

$$M_t = \{u 有界并且 u \in \mathcal{F}_t\}, \quad t = 1, \cdots, T \quad (2.49)$$

设 $(c_t^*, y_t^*, K_t^*)_{t \leqslant T}$ 为**P4**的最优解，$t < T$ 时考虑如下的扰动，设 $\xi_t, \eta_t, \xi_{t+1}, \eta_{t+1}$ 分别为 $c_t, y_t, c_{t+1}, y_{t+1}$ 在最优解时的扰动，χ_t 为 t 期总体资源的扰动。满足以下两个要求：

(1) 保持从 t 期到 $t+1$ 期跨期效用和无变化；

(2) 保持在 $t+2$ 期的资本 K_{t+2} 无变化。

其中扰动 χ_t 为常数，$\xi_t, \eta_t \in \mathcal{F}_t$ 和 $\xi_{t+1}, \eta_{t+1} \in \mathcal{F}_{t+1}$。这一调整所花费的资源是从 t 期到 $t+1$ 期资源的花费，其数量为

$$R_t = \chi_t + F(K_t^*, \int y_t^*(\theta) \mathrm{d}\mu) - F(K_t^*, \int (y_t^*(\theta) + \eta_t) \mathrm{d}\mu) + \int \xi_t \mathrm{d}\mu \tag{2.50}$$

为了保证 K_{t+2}^* 无变化，在 $t+1$ 期时必须通过 c_{t+1}^* 和 y_{t+1}^* 的调整达到

$$F\left(K_{t+1}^* + \chi_t, \int (y_{t+1}^*(\theta) + \eta_{t+1}) \mathrm{d}\mu\right) + (1-\delta)\chi_t - \int \xi_{t+1} \mathrm{d}\mu =$$
$$F(K_{t+1}^*, \int y_{t+1}^*(\theta) \mathrm{d}\mu) \tag{2.51}$$

于是问题**P4**的最小化资源的对偶问题为

$$\textbf{P4(Dual)}: \min_{\chi_t, \xi_t, \eta_t, \xi_{t+1}, \eta_{t+1}} R_t \tag{2.52}$$

受约束于

$$u(c_t^*(\theta) + \xi_t, (y_t^*(\theta) + \eta_t)/\theta_t) + \beta u(c_{t+1}^*(\theta) + \xi_{t+1}, (y_{t+1}^*(\theta) + \eta_{t+1})/\theta_{t+1}) =$$
$$u(c_t^*(\theta), y_t^*(\theta)/\theta_t) + \beta u(c_{t+1}^*(\theta), y_{t+1}^*(\theta)/\theta_{t+1}) \tag{2.53}$$

和

$$F(K_{t+1}^* + \chi_t, \int (y_{t+1}^*(\theta) + \eta_{t+1}) \mathrm{d}\mu) + (1-\delta)\chi_t - \int \xi_{t+1} \mathrm{d}\mu =$$
$$F(K_{t+1}^*, \int y_{t+1}^*(\theta) \mathrm{d}\mu) \tag{2.54}$$

根据 Zhao and Gong(2010e) 的工作论文，可得如下命题。

命题 2.5 若问题**P4**的最优解 c_t^*, y_t^*, K_t^* 为内点解，则 $(0,0,0,0,0)$ 为对偶问题**P4(Dual)**的最优解。

这个命题的证明雷同于下一节的相关命题，在此不做证明。下面就利用 Lagrange 泛函的方法得到对偶问题**P4(Dual)**的一阶条件。设 $z_{t+1} \in M_{t+1}, \lambda \in \mathbb{R}$，定

义如下的 Lagrange 泛函：

$$\mathcal{L} = R_t + \langle \lambda, F(K_{t+1}^* + \chi_t, \int (y_{t+1}^*(\theta) + \eta_{t+1}) \mathrm{d}\mu) \rangle + \qquad (2.55)$$
$$\langle \lambda, (1-\delta)\chi_t - \int \xi_{t+1} \mathrm{d}\mu \rangle +$$
$$\langle z_{t+1}, u(c_t^*(\theta) + \xi_t, (y_t^*(\theta) + \eta_t)/\theta_t) \rangle +$$
$$\langle z_{t+1}, \beta u(c_{t+1}^*(\theta) + \xi_{t+1}, (y_{t+1}^*(\theta) + \eta_{t+1})/\theta_{t+1}) \rangle^{①}$$

利用命题 2.5 和 Frechet 微分的概念，得到

$$\delta_{\chi_t}\mathcal{L} = \delta_{\xi_t}\mathcal{L} = \delta_{\eta_t}\mathcal{L} = \delta_{\xi_{t+1}}\mathcal{L} = \delta_{\eta_{t+1}}\mathcal{L} = 0$$

以上的 Frechet 导数都是在 $(\chi_t, \xi_t, \eta_t, \xi_{t+1}, \eta_{t+1})$ 等于 $(0,0,0,0,0)$ 时的值，这些等式具体展开如下：

$$\lambda = -\frac{1}{F_k(t) + 1 - \delta}, \qquad (2.56)$$

$$\int \frac{\eta}{u_c(t)} \mathrm{d}\mu + \langle z_{t+1}, \eta \rangle = 0, \text{ 对任意} \eta \in M_t, \qquad (2.57)$$

$$-\int \frac{\lambda}{\beta} \frac{\eta_1}{u_c(t+1)} \mathrm{d}\mu + \langle z_{t+1}, \eta_1 \rangle = 0, \text{ 对任意} \eta_1 \in M_{t+1}, \qquad (2.58)$$

$$-F_Y(t) \int \xi \theta_t / u_y(t) \mathrm{d}\mu + \langle z_{t+1}, \xi \rangle = 0, \text{ 对任意} \xi \in M_t, \qquad (2.59)$$

$$-F_Y(t+1) \int \frac{\lambda}{\beta} \frac{\theta_{t+1}}{u_y(t+1)} \xi_1 \mathrm{d}\mu + \langle z_{t+1}, \xi_1 \rangle = 0, \text{ 对任意} \xi_1 \in M_{t+1} \qquad (2.60)$$

由于 $M_t \subseteq M_{t+1}$，从 (2.57) 式和 (2.58) 式得到

$$\frac{1}{u_c(t)} = \frac{1}{\beta(F_k(t) + 1 - \delta)} E_t \left(\frac{1}{u_c(t+1)} \right) \qquad (2.61)$$

这就是著名的"逆欧拉方程"，与 Golosov et al.(2003) 得到的一阶条件相同。同时，由 (2.59) 式得到

$$-u_y(t)/\theta_t = F_Y(t) u_c(t) \qquad (2.62)$$

这个等式表达消费和劳动在最优时的同期替代关系，而"逆欧拉方程"表达的是消费和投资的跨期替代关系。由方程 (2.61) 和方程 (2.62) 组成的系统构成问题**P4**的一阶条件，由 zhao and Gong(2010e) 中的列举可知，上述系统一般是呈现多解的。于是全面解决**P4**还需要考虑附加约束 (2.48) 式。此时的求解过程相当复杂，一般采用待定系数法猜解，并无常规可循。只有在极少数情况下能够幸运地找到显示解。

---

① 这个 Lagrange 泛函省略了所有与 $(\chi_t, \xi_t, \eta_t, \xi_{t+1}, \eta_{t+1})$ 无关的常值。

从上述例子可看出，最小资源对偶方法采用对附加条件设而不求的方式，因此，缺乏对附加条件紧约束的考察。在某些情况下，此类对偶方法可以在一定程度上对附加约束进行简单处理。下面再列举一个"福利不断提高"约束的例子，它的处理方式将略有不同。为此，设 $T=\infty$ 引入生命无限期模型**P5**。

$$\mathbf{P5}: \max_{c_t, y_t, K_{t+1}} E\left[\sum_{t=1}^{\infty} \beta^{t-1} u(c_t(\theta), y_t(\theta)/\theta_t)\right] \tag{2.63}$$

受约束于

$$K_{t+1} = F(K_t, \int y_t(\theta)\mathrm{d}\mu) + (1-\delta)K_t - \int c_t(\theta)\mathrm{d}\mu, \quad K_1 \text{给定} \tag{2.64}$$

和

$$\sum_{\tau=t+1}^{\infty} \beta^{\tau-t-1} u(c_\tau(\theta), y_\tau(\theta)/\theta_\tau) \geqslant \sum_{\tau=t}^{\infty} \beta^{\tau-t} u(c_\tau(\theta), y_\tau(\theta)/\theta_\tau), \quad \text{任意} \theta \in \Theta^\omega \text{①} \tag{2.65}$$

采用与上述一样的最小资源对偶方法，采用在最优解的扰动 $(\chi_t, \xi_t, \eta_t, \xi_{t+1}, \eta_{t+1})$，满足：

(1) 在 t 期和 $t+1$ 期时的效用无变化；

(2) 保持在 $t+2$ 期的资本 K_{t+2} 无变化。

这两个要求比处理**P4**时相应的调整要严格，采用与**P4**对偶一样的方式，可得如下的对偶问题。

$$\mathbf{P5(Dual)}: \min_{\chi_t, \xi_t, \eta_t, \xi_{t+1}, \eta_{t+1}} R_t \tag{2.66}$$

受约束于

$$u(c_t^*(\theta) + \xi_t, (y_t^*(\theta) + \eta_t)/\theta_t) = u(c_t^*(\theta), y_t^*(\theta)/\theta_t), \tag{2.67}$$

$$u(c_{t+1}^*(\theta) + \xi_{t+1}, (y_{t+1}^*(\theta) + \eta_{t+1})/\theta_{t+1}) = u(c_{t+1}^*(\theta), y_{t+1}^*(\theta)/\theta_{t+1}), \tag{2.68}$$

和

$$F(K_{t+1}^* + \chi_t, \int (y_{t+1}^*(\theta) + \eta_{t+1})\mathrm{d}\mu) + (1-\delta)\chi_t - \int \xi_{t+1}\mathrm{d}\mu =$$

$$F(K_{t+1}^*, \int y_{t+1}^*(\theta)\mathrm{d}\mu) \tag{2.69}$$

(2.67) 式和 (2.68) 式表明 t 期和 $t+1$ 期的效用在调整后无变化，(2.69) 式保证了 $t+2$ 期的资本 K_{t+2} 无变化。在此我们不加证明地描述一个类似于命题 (2.5) 的结论。

---

① 此处的 Θ^ω 指以 Θ 为底空间的无穷序列空间。

命题 2.6 若问题**P5**的最优解 c_t^*, y_t^*, K_t^* 为内点解，则 $(0,0,0,0,0)$ 为对偶问题**P5(Dual)**的最优解。

命题 2.6 的证明与命题 2.5 不同，证明的细节决定了**P5(Dual)**的约束条件不同于**P4(Dual)**。它们之间的细微差别将在下一节的相关命题中展开说明，这里先假定其正确。设 $\lambda \in \mathbb{R}, z_t \in M_t$，和 $z_{t+1} \in M_{t+1}$，定义如下的 Lagrange 泛函：

$$\mathcal{L} = R_t + \langle \lambda, F(K_{t+1}^* + \chi_t, \int (y_{t+1}^*(\theta) + \eta_{t+1}) \mathrm{d}\mu) \rangle + \tag{2.70}$$

$$\langle \lambda, (1-\delta)\chi_t - \int \xi_{t+1} \mathrm{d}\mu \rangle +$$

$$\langle z_t, u(c_t^*(\theta) + \xi_t, (y_t^*(\theta) + \eta_t)/\theta_t) \rangle +$$

$$\langle z_{t+1}, u(c_{t+1}^*(\theta) + \xi_{t+1}, (y_{t+1}^*(\theta) + \eta_{t+1})/\theta_{t+1}) \rangle$$

同 (2.55) 式类似，在以上的 Lagrange 泛函的定义中省略了一切与 $\chi_t, \xi_t, \eta_t, \xi_{t+1}, \eta_{t+1}$ 无关的部分。由 Frechet 微分可得如下的一阶条件。

$$\lambda = -\frac{1}{F_k(t) + 1 - \delta}, \tag{2.71}$$

$$\int \frac{\eta}{u_c(t)} \mathrm{d}\mu + \langle z_t, \eta \rangle = 0, \text{ 对任意} \eta \in M_t, \tag{2.72}$$

$$-\lambda \int \frac{\eta_1}{u_c(t+1)} \mathrm{d}\mu + \langle z_{t+1}, \eta_1 \rangle = 0, \text{ 对任意} \eta_1 \in M_{t+1}, \tag{2.73}$$

$$-F_Y(t) \int \xi \theta_t / u_y(t) \mathrm{d}\mu + \langle z_t, \xi \rangle = 0, \text{ 对任意} \xi \in M_t, \tag{2.74}$$

$$-\lambda F_Y(t+1) \int \frac{\theta_{t+1}}{u_y(t+1)} \xi_1 \mathrm{d}\mu + \langle z_{t+1}, \xi_1 \rangle = 0, \text{ 对任意} \xi_1 \in M_{t+1}, \tag{2.75}$$

从 (2.72) 式和 (2.74) 式，(2.73) 式和 (2.75) 式分别得到

$$-u_y(t)/\theta_t = F_Y(t)u_c(t), \quad -u_y(t+1)/\theta_{t+1} = F_Y(t+1)u_c(t+1) \tag{2.76}$$

这表明**P5**的一阶条件中劳动的消费的同期边际替代率和完全信息下无附加约束的问题**P3**是一致的。在 (2.73) 式中令 $\eta_1 = z_t/z_{t+1}\eta_2$，代入得到

$$-\lambda \int \frac{z_t}{z_{t+1}} \frac{\eta_2}{u_c(t+1)} \mathrm{d}\mu + \langle z_t, \eta_2 \rangle = 0, \text{ 对任意} \eta_2 \in M_{t+1} \tag{2.77}$$

令 $\eta_2 = \eta$，结合 (2.72) 式得到

$$\frac{1}{u_c(t)} = \frac{1}{F_k(t) + 1 - \delta} E_t \left(\frac{z_t}{z_{t+1}} \frac{1}{u_c(t+1)} \right) \tag{2.78}$$

比较 (2.78) 式和 (2.61) 式，可以看出两个关于消费和投资的跨期替代关系是不同的，也即问题**P4**和**P5**对于经济的扭曲作用是不同的。两个问题的差异在于附加约

束的不同,并且P5的对偶问题可通过求解一阶条件得到唯一解[①],但是P4的一阶条件组成的动力系统却对应多重解。这也是两个问题的另一个较大的差异。

通过对P5的研究,我们可以发现尽管最小资源对偶方法对附加约束采用"设而不求"的方式,但是所构造的对偶问题中已经包含附加约束的一切要求。因此,此类对偶方法更适合于处理类似P5问题。然而这样的巧合并不是经常发生的,一般而言,由于没有严格处理附加约束,最小资源对偶方法所得到的一阶条件系统是多解的,出现唯一解的情形非常之少。下一节将附加约束体现为激励相容约束,此时最小资源对偶方法所得到的一阶条件是不完全的,更无法得到一阶条件系统了。虽然如此,此类对偶方法在动态经济学的应用还是较广泛的。根据所要解决的问题和研究角度的不同,可以利用最小资源对偶方法得到关于某一方面的一阶条件。

2.3 激励相容约束下的动态优化问题

本节首先在很宽泛的框架下引入激励相容约束下的动态优化问题,然后分别使用最小资源对偶方法和 Lagrange 方法来求解,最后比较二者的结果,得出 Lagrange 方法要优于最小资源对偶方法的结论。下面,先引入基本的优化问题。

2.3.1 激励相容约束下的基本优化问题

设有 A 和 B 两种类型的决策者,A 具有分配资源的能力,B 拥有自己的私有信息,并且对 A 不公开。A 和 B 在 Golosov at.al.(2003) 分别代表社会计划者和经济个体,在 Rogerson(1985a,1985b) 中分别代表委托者和代理者。在下面的表述中,称 A 和 B 分别为计划者和经济个体。计划者在分配资源时要求经济个体汇报自己的私有信息,这被称为"说真话"策略。这种表述起源于 Mirrlees(1971,1976) 和 Diamond and Mirrlees(1986)。

和上一节的假设相同,假设经济个体分布在 $[0,1]$ 闭区间上。对于任意经济个体 $j \in [0,1]$,设他在 t 期具有私有信息 θ_t^j。并假设 θ_t^j 对于不同个体 j 是独立同分布的,随机过程 $\{\theta_t\}_{1 \leqslant t \leqslant T}$ 定义在概率空间 $(\Omega, \mathcal{F}, \mu)$ 上,对于递增的事件流 $\mathcal{F}_t$ 是适应的。$\mathcal{F}$ 定义为所有事件流的并,即 $\mathcal{F} = \bigcup_{t=1}^{T} \mathcal{F}_t$。

在 t 期具有私有信息 θ 的经济个体通过分配 (x,u) 得到 $f(x,u,\theta,t)$ 的回报。其中 x 是状态变量,可表示资源;u 是控制变量,通常体现为消费和劳动。计划者

[①] 可以证明,由P5对偶问题的一阶条件系统唯一对应一个最优解。求解的关键在于 z_t 和 z_{t+1} 在组成的动力系统中是不可消除变量,而P4中却可以消去 z_{t+1} 而不影响动力系统。

希望极大化社会福利，也即

$$\max_{x_t^j, u_t^j} \sum_{j \in [0,1]} \sum_{t=1}^{T} \beta^{t-1} f(x_t^j, u_t^j, \theta_t^j, t) = \max_{x_t, u_t} E_\theta \left[\sum_{t=1}^{T} \beta^{t-1} f(x_t, u_t, \theta_t, t) \right] \quad (2.79)$$

其中 E_θ 是基于随机过程 $\{\theta_t\}_{1 \leqslant t \leqslant T}$ 的期望算子，$\beta \in (0,1)$ 为折现因子。此时有两种形式的约束，一类是资源约束：

$$x_{t+1} = g(x_t, \Lambda(u_t, \theta_t), t); \quad t = 1, \cdots, T \quad (2.80)$$

其中 $\Lambda(u_t, \theta_t) = (\Lambda_1(u_t, \theta_t), \cdots, \Lambda_m(u_t, \theta_t))$ 是随机变量 u_t 和 θ_t 的泛函，可以视为个体信息和资源分配对整体资源积累的加总效应。

另一个重要的约束就是激励相容 (Incentive Compatible, IC) 约束，计划者需要经济个体汇报自己的私人信息用以分配资源。汇报策略采用函数 $\sigma: \Theta^T \to \Theta^T$ 表示，汇报策略的全体记为 Σ。在策略 σ 下，私有信息序列为 $\theta \in \Theta^T$ 的经济个体事后折现效用为

$$W(\sigma, \theta) = \sum_{j=1}^{T} \beta^{t-1} f(x_t(\sigma(\theta)), u_t(\sigma(\theta)), \theta_t, t) \quad (2.81)$$

若令 σ^* 为"说真话"策略，即 $\sigma^*(\theta) = \theta$ 对任意 $\theta \in \Theta^T$，于是 IC 约束为

$$W(\sigma^*, \theta) \geqslant W(\sigma, \theta) \text{ 对任意 } \theta \in \Theta^T, \sigma \in \Sigma \quad (2.82)$$

结合 (2.79) 式、(2.80) 式和 (2.82) 式，可以得到激励相容约束下的动态优化问题**P6**如下。

$$\textbf{P6:} \max_{x_t, u_t} E_\theta \left[\sum_{t=1}^{T} \beta^{t-1} f(x_t, u_t, \theta_t, t) \right] \quad (2.83)$$

受约束于 (2.80) 式和 (2.82) 式，并且初始状态变量 x_1 给定。为简化问题，假设 $x_t \in \mathbb{R}$ 和 $u_t \in \mathbb{R}^n$。下面分别利用对偶方法和 Lagrange 泛函方法求解这个问题。

2.3.2 对偶方法求解

为了方便地利用对偶方法，需要对问题**P6**进一步进行假设。假设

$$f(x, u, \theta, t) = f_1(x, u_1, t) + f_2(x, u_{-1}, t) \quad (2.84)$$

其中 $u_{-1} = (u_2, \cdots, u_n) \in \mathbb{R}^{n-1}$，这样假设的目的是造成一个与私有信息独立的控制变量。只有这样，对偶方法才能奏效。和上一节采用的对偶方法一样，假设 $(x_t^*, u_t^*) : t = 1, \cdots, T$ 为**P6**的最优解，采用和上节一样的函数空间 M_t。考虑 t 期资源的总体扰动 χ_t，ξ_t 和 ξ_{t+1} 分别代表对控制变量 $u_{1,t}^*$ 和 $u_{1,t+1}^*$ 的扰动，其他最优解不变动，保证下面两个条件成立：

(1) 从 t 期到 $t+1$ 期时的两期折现效用无变化；

(2) 保持在 $t+2$ 期的资本 K_{t+2} 无变化。

这一变化耗费的资源将是

$$R_t = \chi_t + g(x_t^*, \Lambda(u_t^*, \theta_t), t) - g(x_t^*, \Lambda(u_{1,t}^* + \xi_t, u_{-1,t}^*, \theta_t), t) \tag{2.85}$$

因此，可以构建如下**P6**的资源最小对偶问题**P6(Dual)**。

$$\textbf{P6(Dual)}: \min_{\chi_t, \xi_t, \xi_{t+1}} R_t \tag{2.86}$$

受约束于

$$g(x_{t+1}^* + \chi_t, \Lambda(u_{1,t+1}^* + \xi_{t+1}, u_{-1,t}^*, \theta_{t+1}), t+1) = g^*(t+1) \tag{2.87}$$

和

$$f_1(x_t^*, u_1^*(t) + \xi_t, t) + \beta f_1(x_{t+1}^* + \chi_t, u_{1,t+1}^* + \xi_{t+1}, t+1) = f_1^*(t) + \beta f_1^*(t+1) \tag{2.88}$$

其中 $g^*(t+1), f_1^*(t)$ 和 $f_1^*(t+1)$ 分别代表相应最优解的值。下面证明的命题，将原问题和对偶问题联系起来。

命题 2.7 若问题 **P6** 的最优解 x_t^*, u_t^* 为内点解，则 $(0,0,0)$ 为对偶问题 **P6 (Dual)** 的最优解。

证明 采用反证法。否则，存在 χ_t, ξ_t, ξ_{t+1} 使得 $R_t < 0$，由以上构造的扰动将形成一条新的路径：

$$u_1^*(1), \cdots, u_1^*(t-1), u_{1,t}^* + \xi_t, u_{1,t+1}^* + \xi_{t+1}, \cdots, u_1^*(T),$$
$$x_1^*, \cdots, x_t^*, x_{t+1}^*, \cdots, x_T^*$$

u_{-1}^* 无变化，首先指出上面的路径是可行路径。它们显然满足资源积累方程 (2.80)。主要证明其满足 IC 约束 (2.82) 式。设在新路径能力为 θ 的个体在汇报策略为 σ 下的事后折现效用为 $W_{\text{new}}(\sigma, \theta)$，在最优路径上的相应量为 $W_{\text{opt}}(\sigma, \theta)$。由 (2.88) 式可得

$$W_{\text{new}}(\sigma^*, \theta) = W_{\text{opt}}(\sigma^*, \theta) \tag{2.89}$$

由于最优路径为可行路径，于是得到

$$W_{\text{opt}}(\sigma^*, \theta) \geqslant W_{\text{opt}}(\sigma, \theta) \text{ 对任意} \sigma \in \Sigma, \theta \in \Theta^T \tag{2.90}$$

由于

$$W_{\text{opt}}(\sigma, \theta) = f_1(x_t^*(\sigma(\theta)), u_1^*(t)(\sigma(\theta)), t) +$$
$$\beta f_1(x_{t+1}^*(\sigma(\theta)), u_{1,t+1}^*(\sigma(\theta)), t+1) + W_-^*$$

其中 W_-^* 表示 $W_{\text{opt}}(\sigma,\theta)$ 中除去 (2.90) 式右边前一部分的剩余部分。由对偶问题的设定，W_-^* 没有发生任何变化，它仅与 σ,θ 有关，可以记为 $W_-^*(\sigma,\theta)$。记

$$W_+^*(\sigma,\theta) = f_1(x_t^*(\sigma(\theta)), u_{1,t}^*(\sigma(\theta)) + \xi_t, t) + \\ \beta f_1(x_{t+1}^*(\sigma(\theta)) + \chi_t, u_{1,t+1}^*(\sigma(\theta)) + \xi_{t+1}, t+1)$$

再由式 (2.88)，可得

$$W_+^*(\sigma,\theta) = f_1(x_t^*(\sigma(\theta)), u_{1,t}^*(\sigma(\theta)), t) + \beta f_1(x_{t+1}^*(\sigma(\theta)), u_{1,t+1}^*(\sigma(\theta)), t+1)$$

而

$$W_{\text{new}}(\sigma,\theta) = W_+^*(\sigma,\theta) + W_-^*(\sigma,\theta) = W_{\text{opt}}(\sigma,\theta) \tag{2.91}$$

由 (2.89) 式至 (2.91) 式，最终得到

$$W_{\text{new}}(\sigma^*,\theta) \geqslant W_{\text{new}}(\sigma,\theta) \text{ 对任意} \sigma \in \Sigma, \theta \in \Theta^T \tag{2.92}$$

于是新路径为可行解。并且由于 (2.88) 式，得到新路径所产生的福利和最优路径产生的福利水平一样。但是由假设 $R_t < 0$，即说明可以采用更加节约资源的方式达到与最优路径相同的福利水平，说明 x_t^*, u_t^* 不为最优解。这与题设矛盾，于是命题成立。

注 2.1 命题 2.5、命题 2.6 和命题 2.7 的证明思路相同，关键在于证明调整后的新路径是可行解，满足各类附加约束。命题 2.7 的成立严重依赖于 f 对 u_1 和私有能力 θ 可分，如果两者不可分，则以上的对偶方法不能成立。这个关键点在于 (2.91) 式不能成立。同时，由上述命题可看出，若 f 存在 k 个控制变量和私有能力 θ 可分，则就对应 k 个控制变量的扰动构成的对偶问题。它可以得到关于这 k 个变量的一阶条件。

在通常的应用中，f 常被解释为效用函数，它是消费 c、有效劳动 y 和私有能力 θ 的函数。一般地，

$$f(c, y, \theta) = u(c) - v(y/\theta)$$

在这样的情形下，以上的对偶方法可以得到关于消费的一个一阶条件。然而，不能得到关于有效劳动的一阶条件。

接下来定义 Lagrange 泛函，定义 $\lambda \in \mathbb{R}, z_{t+1} \in M_{t+1}$，和上节一样摒除一些与优化无关的常量，得到

$$\mathcal{L} = R_t - \lambda g(x_{t+1}^* + \chi_t, \Lambda(u_{1,t+1}^* + \xi_{t+1}, u_{-1,t}^*, \theta_{t+1}), t+1) + \\ \langle z_{t+1}, f_1(x_t^*, u_1^*(t) + \xi_t, t) + \beta f_1(x_{t+1}^* + \chi_t, u_{1,t+1}^* + \xi_{t+1}, t+1) \rangle \tag{2.93}$$

利用 Frechet 微分，对 $\mathcal{L}$ 关于 χ_t, ξ_t, ξ_{t+1} 分别进行微分得到

$$1 - \lambda g_x(t+1) + \beta \langle z_{t+1}, f_{11}(t+1) \rangle = 0, \tag{2.94}$$

$$-\left\langle \sum_{j=1}^m g_{\Lambda_j}(t) \delta_{u_1} \Lambda_j(t), \eta \right\rangle + \langle z_{t+1}, f_{12}(t)\eta \rangle = 0 \text{ 对任意} \eta \in M_t \tag{2.95}$$

和

$$-\lambda \left\langle \sum_{j=1}^m g_{\Lambda_j}(t+1) \delta_{u_1} \Lambda_j(t+1), \phi \right\rangle + \beta \langle z_{t+1}, f_{12}(t+1)\phi \rangle = 0 \text{ 对任意} \phi \in M_{t+1} \tag{2.96}$$

其中 f_{1i} 表示 f_1 对第 i 个变量的偏导，由 (2.94) 式和 (2.96) 式得到

$$\lambda = \frac{1}{g_x(t+1) - \left\langle \sum_{j=1}^m g_{\Lambda_j}(t+1) \delta_{u_1} \Lambda_j(t+1), f_{11}(t+1)/f_{12}(t+1) \right\rangle} \tag{2.97}$$

在 (2.95) 式中令 $\eta = \eta'/f_{12}(t)$，在 (2.96) 式中令 $\phi = \phi'/f_{12}(t+1)$，分别得到

$$-\left\langle \sum_{j=1}^m \frac{g_{\Lambda_j}(t)}{f_{12}(t)} \delta_{u_1} \Lambda_j(t), \eta' \right\rangle + \langle z_{t+1}, \eta' \rangle = 0 \text{ 对任意} \eta' \in M_t \tag{2.98}$$

和

$$-\lambda \left\langle \sum_{j=1}^m \frac{g_{\Lambda_j}(t+1)}{f_{12}(t+1)} \delta_{u_1} \Lambda_j(t+1), \phi' \right\rangle + \beta \langle z_{t+1}, \phi' \rangle = 0 \text{ 对任意} \phi' \in M_{t+1} \tag{2.99}$$

利用 $M_t \subseteq M_{t+1}$，得到

$$\left\langle \sum_{j=1}^m \frac{g_{\Lambda_j}(t)}{f_{12}(t)} \delta_{u_1} \Lambda_j(t), \eta \right\rangle = \frac{\lambda}{\beta} \left\langle \sum_{j=1}^m \frac{g_{\Lambda_j}(t+1)}{f_{12}(t+1)} \delta_{u_1} \Lambda_j(t+1), \eta \right\rangle \text{ 对任意} \eta \in M_t \tag{2.100}$$

记 w_t^{j*} 为线性泛函 $\delta_{u_1} \Lambda_j(t)$ 的尼兹表现元 (Rieze Representative)，根据尼兹定理，(2.100) 式可改写为

$$\int \sum_{j=1}^m \frac{g_{\Lambda_j}(t)}{f_{12}(t)} w_t^{j*} \eta \mathrm{d}\mu = \frac{\lambda}{\beta} \int \sum_{j=1}^m \frac{g_{\Lambda_j}(t+1)}{f_{12}(t+1)} w_{t+1}^{j*} \eta \mathrm{d}\mu \text{ 对任意} \eta \in M_t$$

这就意味着

$$\sum_{j=1}^m \frac{g_{\Lambda_j}(t)}{f_{12}(t)} w_t^{j*} = \frac{\lambda}{\beta} E_t \left[\frac{g_{\Lambda_j}(t+1)}{f_{12}(t+1)} w_{t+1}^{j*} \right] \tag{2.101}$$

利用 (2.97) 式，将 λ 代入得到扩展的"逆欧拉方程"，将得到与 Golosov et al.(2003) 的模型基本一致的结论。此处，由于效用函数允许状态变量的进入，得到的结论要比 Golosov et al.(2003) 更加丰富。但是这仅仅解决与私有信息可分控制变量的跨期最优化条件，对于那些与私有信息相依的控制变量，没有办法通过对偶方法得到它们的最优化条件。为解决这个难题，我们采用 Lagrange 泛函方法求解问题**P6**。

2.3.3 Lagrange 泛函求解

仔细考察问题**P6**，其约束为两类：一类为资源约束，另一类为 IC 约束。为构建 Lagrange 泛函，首先对 IC 约束构建 Lagrange 乘子，事实上，IC 约束可以改写为

$$\sum_{j=1}^{T} \beta^{t-1} f(x_t(\theta), u_t(\theta), \theta_t, t) \geqslant \sum_{j=1}^{T} \beta^{t-1} f(x_t(\theta'), u_t(\theta'), \theta_t, t) \text{ 对任意} \theta, \theta' \in \Theta^T \tag{2.102}$$

令 $\lambda_t \in \mathbb{R}$ 为资源约束 (2.80) 式的 Lagrange 乘子，$\lambda(\theta', \theta): \Theta^T \times \Theta^T \to \mathbb{R}$ 为 (2.102) 式的 Lagrange 乘子，并且假设 $\lambda(\theta', \theta) \in \mathcal{F} \times \mathcal{F}$。定义 Lagrange 泛函如下：

$$\mathcal{L} = E_\theta \left[\sum_{t=1}^{T} \beta^{t-1} f(x_t, u_t, \theta_t, t) \right] + \sum_{t=1}^{T} \beta^{t-1} \lambda_t (g(x_t, \Lambda(u_t, \theta_t), t) - x_{t+1}) +$$
$$E_{\theta', \theta} \left[\lambda(\theta', \theta) \sum_{t=1}^{T} \beta^{t-1} (f(x_t(\theta), u_t(\theta), \theta_t, t) - f(x_t(\theta'), u_t(\theta'), \theta_t, t)) \right] \tag{2.103}$$

通过对 $\mathcal{L}$ 关于 x, u 的 Frechet 导数，我们不难得到如下命题。

命题 2.8 问题**P6**的最优一阶条件为

$$\lambda_t = \beta \Big\{ \lambda_{t+1} g_x(t+1) + E[(1 + E_{\theta'}[\lambda(\theta', \theta)]) f_x(t+1)] -$$
$$E[\lambda(\theta', \theta) f_x(t+1, \theta'_{t+1})] \Big\} \tag{2.104}$$

和

$$\lambda_t \sum_{j=1}^{m} g_{\Lambda_j}(t) w_{ij}(t) =$$
$$-(1 + E_t[E_{\theta'} \lambda(\theta', \theta)]) f_{u^i}(t) + E_t[E_{\theta'}[\lambda(\theta, \theta') f_{u^i}(t, \theta'_t)]] \tag{2.105}$$

其中 $f_x(t), g_x(t)$ 表示相应的偏导数在 t 时刻的取值，$f_x(t, \theta'_t) = f_x(x_t(\theta), u_t(\theta), \theta_t, t)$。$w_{ij}(t)$ 为线性泛函 $\delta_{u^i} \Lambda_j(t)$ 的尼兹表现元。

这个命题的证明较为简单，在此省略。上述的 f 形式太一般，下面给出具体的两类型 f 来得到比较有意义的结论。

情形 2.1　假定 $f(x_t(\theta), u_t(\theta), \theta'_t, t) = f(x_t(\theta), u_t(\theta), \theta_t, t)v(\theta_t, \theta'_t)$，其中 $v(\theta_t, \theta_t) = 1$。此时令

$$\lambda(\theta, \theta_t) = 1 + E_{\theta'}[\lambda(\theta', \theta) + \lambda(\theta, \theta')v(\theta_t, \theta'_t)]$$

将 (2.104) 式和 (2.105) 式重写得到

$$\lambda_t = \beta[\lambda_{t+1} g_x(t+1)] + \beta E[\lambda(\theta, \theta_t) f_x(t+1)] \tag{2.106}$$

和

$$\lambda_t \sum_{j=1}^{m} g_{\Lambda_j}(t) w_{ij}(t) = -E_t[\lambda(\theta, \theta_t)] f_{u^i}(t) \tag{2.107}$$

若定义

$$\phi_i = \frac{f_{u^i}}{\sum_{j=1}^{m} g_{\Lambda_j} w_{ij}} \quad \text{和} \quad \psi_i = g_x - \frac{f_x}{f_{u^i}} \sum_{j=1}^{m} g_{\Lambda_j} w_{ij}$$

则以上两个一阶条件进一步简化为

$$\lambda_t = \beta[\lambda_{t+1} E[\psi_i(t+1)]], \tag{2.108}$$

$$\lambda_t = -E_t[\lambda(\theta, \theta_t)] \phi_i(t) \tag{2.109}$$

于是得到如下的推论。

推论 2.1　在情形 1 的假设下，问题 P6 最优的一阶条件是

$$\phi_i(t) = \beta \frac{E_{t+1}[\lambda(\theta, \theta_{t+1})]}{E_t[\lambda(\theta, \theta_t)]} \phi_i(t+1) E[\psi_i(t+1)] \tag{2.110}$$

并且

$$\phi_i = \phi_j, \quad i, j = 1, \cdots, n \tag{2.111}$$

(2.110) 式描述的是资源的投资和在 u^i 上的消费在最优路径上的边际替代关系。(2.111) 式表明在最优路径上，u^i 和 u^j 的边际替代率 (也即 ϕ_i) 相等。从 (2.111) 式可以引申出一致商品税定理，在 Atkinson and Stiglitz(1976,1980) 中描述了不对称信息下的一致商品税定理。其内容可以简单表述为：每一种商品的税率相同。但是 Atkinson 和 Stiglitz 当时假设效用函数关于每种商品可分，在情形 2.1 中，我们拓展了这一结论，并不需要可分的效用函数而需要效用函数关于私有信息有一定程度上的分离。①

---

① 这种分离体现在情形 2.1 的假设中，在接下来的情形 2.2 中，我们依然可以得到一致商品税定理，也依赖于效用函数中对私有信息有分离效果。

情形 2.2　假定

$$f(x_t(\theta), u_t(\theta), \theta'_t, t) = f^1(x_t(\theta), u_t^1(\theta), t) + f^2(u_t^2(\theta), \cdots, u_t^n(\theta), \theta_t, t)w(\theta_t, \theta'_t),$$

其中 $w(\theta_t, \theta_t) = 1$。如果记 $\lambda(\theta) = 1 + E_{\theta'}[[\lambda(\theta', \theta) - [\lambda(\theta, \theta')]$，可以得到如下推论。

推论 2.2　在情形 2.2 中，问题 **P6** 的一阶条件为

$$\frac{1}{\phi_1(t)} = \beta E[\psi_1(t+1)] E_t\left[\frac{1}{\phi_1(t+1)}\right], \tag{2.112}$$

$$\phi_1(t) = \frac{E_t[\lambda(\theta, \theta_t)]}{E_t[\lambda(\theta)]} \phi_i(t), \quad i = 2, \cdots, n \tag{2.113}$$

和

$$\phi_i = \phi_j, \quad i, j = 2, \cdots, n \tag{2.114}$$

证明　在情形 2.2 的假设下，重新表述命题 2.8 的一阶条件如下：

$$\lambda_t = \beta \lambda_{t+1} g_x(t+1) + \beta E[\lambda(\theta) f_x(t+1)],$$

$$\lambda_t = -E_t[\lambda(\theta)] \phi_1(t)$$

和

$$\lambda_t = -E_t[\lambda(\theta, \theta_t)] \phi_i(t), \quad i = 2, \cdots, n$$

利用 $\lambda_t \in \mathbb{R}$，从上述的第二个等式得到

$$E_t[\lambda(\theta) \phi_1(t)] E_t[1/\phi_1(t)] = E_t[\lambda(\theta)]$$

再结合上述的前两个等式得到

$$\lambda_t = \beta \lambda_{t+1} E[\psi_1(t+1)]$$

再次利用 $\lambda_{t+1} \in \mathbb{R}$，得到

$$E_{t+1}[\lambda(\theta) \phi_1(t+1)] E_t[1/\phi_1(t+1)] = E_t[\lambda(\theta)]$$

将以上新得到的三个等式结合就得到 (2.112) 式，同理可方便证明 (2.113) 式和 (2.114) 式。　□

(2.112) 式是另一种拓展形式的 "逆欧拉方程"，它与通过对偶方法得到的 "逆欧拉方程" (2.101) 相同。但在情形 2.2 中，我们不仅得到了 "逆欧拉方程"，同时还得到了 u^1 与 $u^i : i > 1$ 的同期边际替代率之间的关系。进一步，我们再次得到一致商品税定理，它指出对于 $u^2, \cdots, u^n$，其税率是一致的。[①]

[①] 这里假定控制变量代表不同种商品的消费。

本章介绍了两种处理附加约束的方法，对偶方法和 Lagrange 泛函的方法。对偶的方法方面，着重介绍了由 Civitanic and Karatzas(1992) 引入的变动态为静态约束的对偶方法，以及由 Rogerson(1985a,1985b) 发展的最小资源花费对偶方法。在每种对偶方法的求解过程中都充斥着 Lagrange 泛函的方法，这说明，Lagrange 泛函方法具有基础的作用。特别在处理不对称信息的动态优化问题时，Lagrange 泛函方法理论上可解决一切不对称信息的动态优化问题，并且它能够得到利用对偶方法得不到的一阶条件，因此，本书认为 Lagrange 方法是最优的处理附加约束的优化方法。在本书接下来的章节中，将以 Lagrange 方法为基本方法，讨论不同情形下的最优税收理论。

第3章 静态与动态的 Mirrlees 理论

传统上有两种方式来描述最优税收理论。第一种被称为次优税收理论，它将政府与经济个体看作互相博弈的双方，双方的博弈方式是 Starkelberg 博弈，最优的税收政策就是 Starkelberg 博弈的均衡策略。次优税收理论较好地描述了税收的本质问题，但是这种理论往往预先假设税收的形式，并且其政策往往具有时间不一致性的问题。于是如何突破次优税收理论一度成为经济学家关注的热点。第二种最优税收理论考虑不完备市场的结构造成最优的分配与理想中的分配有一定的摩擦，于是在分散经济中就可以利用扭曲性税收政策来平滑这一摩擦，使得分散经济的分配和具备摩擦的计划者经济一致。

不完备市场中具备摩擦的经济种类较多，其摩擦大体上有两种类型。第一种是由市场的法律法规限制而形成的摩擦，通常体现为借贷约束、市场准入条件、最低行业标准以及在发展中国家广泛存在的金融市场的各类约束。[1]这类约束往往是人为地对市场进行限制，在实际操作中比较容易去除。并且随着时间的推移和市场化进程的加快，此类约束逐渐软化，对经济的影响越来越微弱。第二种摩擦是由不对称信息引起的，最早 Mirrlees(1971) 考察了不对称信息下的最优劳动收入税，得出税收与劳动能力之间的 Logistic 关系，指出税收政策的目的是更好地激励全体公民的劳动，同时，由于信息不对称为经济内生的约束，它不可能简单地通过法规的设计来得到约束的软化。所以，自 Mirrlees(1971) 之后，在信息不对称领域涌现出了大批经济学家，当前信息经济学已经成为经济学的主要研究方向。

虽然 Mirrlees(1971) 最早研究的是最优税收问题，但那只是在静态的框架下展开的，得到的结果并不是特别丰富。之后的经济学家如 Stiglitz、Akerlof 和 Spence 将信息经济学发扬光大，但他们研究的领域已然脱离了最优税收的框架。Golosov et al.(2003) 首次将 Mirrlees(1971) 的模型推广到动态的框架，得出最优的资本收入税为正的结论。但是由于优化问题求解方法上的限制，Golosov et al.(2003) 并没有解决相关的一些重要问题，因而无法与静态的 Mirrlees 模型进行比较。

本章首先利用 Lagrange 方法重新解决 Mirrlees(1971) 和 Golosov et al.(2003) 的模型，得到一些更为丰富的结果。同时求解了动态情形下的最优劳动收入税形式，从而使得比较静态和动态情形下的 Mirrlees 模型成为可能。本章的结论是：动态和静态的情形下最优的劳动收入税形式一致，并当效用函数关于劳动能力存在

---

[1] 如我国的金融市场是不完全市场化的，它不允许卖空，具有涨停涨跌等限制。

乘积意义上的可分，劳动收入税可以为 0。在研究了最优税收政策后，本章给出最优政策的实施策略，与其他策略 (Golosov et al.,(2006a)，Kocherlakota, (2005a) 和 Golosov et al.,(2004)) 不同的是，本章提出的策略仅依赖于当前的状态。它在形式上更为简洁，有一定的应用价值。此外，本章还就激励相容约束进行讨论，利用 Lagrange 方法所定义的关于激励相容约束的乘子，创造性地定义信息混同指标，并给出相关的性质。最后，本书模拟了相关结果，给出一些图表用以佐证提出的观点。

3.1 静态情形

3.1.1 基本模型设定

静态的 Mirrlees 模型比较简单，设 θ 为经济个体的劳动能力，它是概率空间 $(\Omega, \mathcal{F}, \mu)$ 上的随机变量，像集为 Θ。因此，经济个体的有效劳动 $y = l\theta$，其中 l 为其劳动时间。个体的效用函数建立在消费 c 和劳动 l 上，记为 $u(c, l) = u(c, y/\theta)$。设生产函数为 $H(Y)$，其中 $Y = \int y(\theta)\mathrm{d}\mu$ 为加总的有效劳动，则计划者的最优化问题为

$$\max_{c(\theta), y(\theta)} \int u(c(\theta), y(\theta)/\theta)\mathrm{d}\mu \tag{3.1}$$

受到如下资源约束：

$$\int c(\theta)\mathrm{d}\mu = H\left(\int y(\theta)\mathrm{d}\mu\right) \tag{3.2}$$

和 IC 约束：

$$u(c(\theta), y(\theta)/\theta) \geqslant u(c(\theta'), y(\theta')/\theta), \text{对任意} \theta, \theta' \in \Theta \tag{3.3}$$

这样，就构建了静态框架下的 Mirrlees 模型，下面利用上一章介绍的 Lagrange 泛函的方法求解这一模型。

3.1.2 计划者经济模型求解

若定义 λ 为资源约束、$\lambda(\theta', \theta)$ 为 IC 约束的 Lagrange 乘子，则由命题 2.8 可得

$$\lambda = (1 + E_{\theta'}\lambda(\theta', \theta))u_c(c, y/\theta) - E_{\theta'}[\lambda(\theta', \theta)u_c(c, y/\theta')], \tag{3.4}$$

$$-\lambda H'(Y) = (1 + E_{\theta'}\lambda(\theta', \theta))u_l(c, y/\theta)/\theta - E_{\theta'}[\lambda(\theta', \theta)u_c(c, y/\theta')/\theta'] \tag{3.5}$$

和上一章一样，若对效用函数 $u(c, y/\theta)$ 没有一些特别限制，则无法得到更有意义的结论。为此，下面假设了两种情形。

情形 3.1 设 $u(c,y/\theta') = u(c,y/\theta)w(\theta,\theta')$,其中 $w(\theta,\theta)=1$。如果令

$$\lambda(\theta) = 1 + E_{\theta'}[\lambda(\theta',\theta) - \lambda(\theta,\theta')w(\theta,\theta')]$$

则方程 (3.4) 和方程 (3.5) 可写为

$$\lambda = \lambda(\theta)u_c(c,y/\theta) \text{ 和 } -\lambda H'(Y) = \lambda(\theta)u_l(c,y/\theta)/\theta \tag{3.6}$$

在 (3.6) 式中消去 λ 和 $\lambda(\theta)$ 得到最终的一阶条件为

$$-u_l(c,y/\theta)/\theta = u_c(c,y/\theta)H'(Y) \tag{3.7}$$

情形 3.2 设 $u(c,y/\theta') = u(c) - v(y/\theta)w(\theta,\theta')$,其中 $w(\theta,\theta)=1$。在此情况下方程 (3.4) 和方程 (3.5) 可写为

$$\lambda = (1 + E_{\theta'}[\lambda(\theta',\theta) - \lambda(\theta,\theta')])u', \tag{3.8}$$

$$\lambda H'(Y) = (1 + E_{\theta'}[\lambda(\theta',\theta) - \lambda(\theta,\theta')w(\theta,\theta')])v'/\theta \tag{3.9}$$

在 (3.9) 式中消去 λ,得到最终的一阶条件:

$$v'(y/\theta)/\theta = \frac{1 + E_{\theta'}[\lambda(\theta',\theta) - \lambda(\theta,\theta')]}{1 + E_{\theta'}[\lambda(\theta',\theta) - \lambda(\theta,\theta')w(\theta,\theta')]} u' H'(Y) \tag{3.10}$$

为了得到最优税收政策,下面考察分散经济情况。

3.1.3 分散经济中的实现

在分散经济中,具备能力为 θ 的个体优化问题为

$$\max_{c(\theta),y(\theta)} u(c,y/\theta) \tag{3.11}$$

受约束于

$$c(\theta) = (1-\tau^w)wy(\theta) + \chi(\theta) \tag{3.12}$$

其中 τ^w 为劳动收入税率,$\chi(\theta)$ 为政府的转移支付。上述问题的最优化条件为

$$-u_l/\theta = (1-\tau^w)wu_c$$

根据厂商的利润极大化 $\pi = \max_Y [H(Y) - wY]$,得到 $w = H'(Y)$,代入 (3.12) 式得到

$$-u_l/\theta = (1-\tau^w)H'(Y)u_c \tag{3.13}$$

政府的预算约束平衡为

$$\int \chi(\theta)\mathrm{d}\mu = \int \tau^w wy(\theta)\mathrm{d}\mu + \pi \tag{3.14}$$

因此在宏观均衡中将得到

$$\int c(\theta)\mathrm{d}\mu = H\left(\int y(\theta)\mathrm{d}\mu\right)$$

这和资源约束 (3.2) 是一致的。

在情形 3.1 中，如果要求分散经济达到计划者经济配置，则 $\tau^w = 0$。而在情形 3.2 中，则需要

$$\tau^w(\theta) = \frac{E_{\theta'}[\lambda(\theta',\theta)(1-w(\theta,\theta'))]}{1+E_{\theta'}[\lambda(\theta',\theta)-\lambda(\theta,\theta')w(\theta,\theta'))]} \tag{3.15}$$

这是依赖于状态 θ 的税收政策。

注 3.1 在情形 3.1 中得到的最优劳动收入税为 0，这与 Chamley(1986) 和 Judd et al.(1985) 的结论相同。有一大类的效用函数满足情形 3.1 的假设，如

$$u(c,l) = \frac{(c^\delta l^\varepsilon)^{1-\sigma}}{1-\sigma}$$

其中 δ, ε 和 σ 都是大于 0 的常数，则

$$u(c,y/\theta') = \frac{(c^\delta(y/\theta')^\varepsilon)^{1-\sigma}}{1-\sigma} = \frac{(c^\delta(y/\theta)^\varepsilon)^{1-\sigma}}{1-\sigma}(\theta/\theta')^{-\varepsilon(1-\sigma)}$$

因此，此类效用函数满足情形 3.1 的假设，于是此时的最优资本收入税率为 0。

满足情形 3.2 的效用函数比较常见，可以假设 $u(c,l) = u(c) - l^\gamma$，其中 $1 > \gamma > 0$。此时的最优劳动收入税如 (3.15) 式所示，当 θ 是最高能力者，可得此时 $\tau^w \leqslant 0$，即应对他进行补贴；当 θ 为最低能力者，可得此时的 $\tau^w \geqslant 0$，即应对他征税。这种税收机制和 Mirrlees(1971) 的结论完全吻合，下面给出当 $u(c) = c^{1-\sigma}/1-\sigma$ 时的数值模拟结果。其中，劳动收入税为 $T_t^y = t_t^w w_t y_t$。

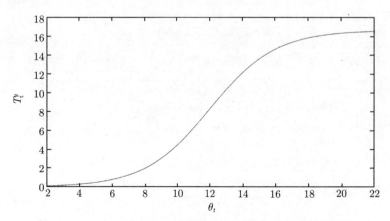

图 3-1 静态 Mirrlees 模型最优劳动收入税与能力的关系

图 3-1 的相关常数设定如下，$\sigma = 2, \gamma = 0.5$，设 $H(Y) = Y^{0.7}$，并假设能力 θ 是区间 [2,22] 上的均匀分布。下面进入动态 Mirrlees 模型的讨论。

3.2 动态情形

本节沿用 Golosov et al.(2003) 的动态 Mirrlees 模型，重新检验他们的结论，并全面解决 Golosov et al.(2003) 框架下的最优税收问题。首先来描述经济的基本元素，它主要包括对经济个体效用、私有信息的描述，以及对生产的描述。

假设经济持续 T 期，经济个体分布在 [0,1] 闭区间上。对于任意经济个体 $j \in [0,1]$，设他在 t 期具有劳动能力 θ_t^j，并假设 θ_t^j 对于不同个体 j 是独立同分布的，随机过程 $\{\theta_t\}_{1 \leqslant t \leqslant T}$ 定义在概率空间 $(\Omega, \mathcal{F}, \mu)$ 上，对于递增的事件流 $\mathcal{F}_t$ 是适应的。和上一章一致，定义 $\mathcal{F}$ 为所有事件流的并，即 $\mathcal{F} = \bigcup_{t=1}^{T} \mathcal{F}_t$。

在 t 期经济个体的效用函数建立在消费和劳动上，其有效劳动 $y_t = l_t \theta_t$，考虑到 θ_t 为私有信息，将 t 期的效用函数表达成 $u(c_t, y_t/\theta_t)$。则劳动能力序列为 $\theta = (\theta_1, \cdots, \theta_T)$ 的经济个体事后折现效用为

$$\sum_{t=1}^{T} \beta^{t-1} u(c_t, y_t/\theta_t) \tag{3.16}$$

其中 $\beta \in (0,1)$ 为折现因子。此时社会的生产由一个常数规模生产函数实现，基于社会总资本和总有效劳动量两种投入品，即 $f(k,Y)$，其中

$$k = \sum_j k(\theta^j) = \int k(\theta) \mathrm{d}\mu, \quad Y = \sum_j y(\theta^j) = \int y(\theta) \mathrm{d}\mu$$

从上一节的讨论，可以得到最优税收政策需要分散经济的最优化条件，为此，下面先介绍分散经济。

3.2.1 分散经济

分散经济分析的一般思路是在固定政府政策下，经济达到的均衡。此时的经济有三方参与者：消费者、厂商和政府。对劳动能力序列为 $\theta = (\theta_1, \cdots, \theta_T)$ 的消费者而言，就是在财富约束下的期望折现效用最大化。也即

$$\max_{c_t(\theta), y_t(\theta)} E\left[\sum_{t=1}^{T} \beta^{t-1} u(c_t, y_t/\theta_t)\right] \tag{3.17}$$

受约束于

$$k_{t+1}(\theta) = (1-\tau_t^k) r_t k_t(\theta) + (1-\tau_t^y) w_t y_t(\theta) - c_t(\theta) + \chi_t \tag{3.18}$$

其中 τ_t^k 和 τ_t^y 分别为资本收入税率和劳动收入税率。r_t 和 w_t 分别是资本和劳动回报率，χ_t 为转移支付。应用 Lagrange 泛函方法，可以得到以上优化问题的一阶条件为

$$u_c(t) = \beta E_t[(1-\tau_{t+1}^k)r_{t+1}u_c(t+1)], \tag{3.19}$$

$$(1-\tau_t^w)w_t u_c(t) = -u_l(t)/\theta_t \tag{3.20}$$

其中 $u_c(t)$ 和 $u_l(t)$ 分别表示消费和劳动在 t 期的边际效用，为了考虑分散经济的均衡，下面研究厂商行为。

利润最大化的厂商采用资本和有效劳动来进行生产，假设社会只存在一个厂商，在 t 期其利润最大化问题为

$$\max_{k_t,y_t}\left\{f\left(k_t,\int y_t(\theta)\mathrm{d}\mu\right) - r_t k_k - w_t\int y_t(\theta)\mathrm{d}\mu + (1-\delta)k_t\right\} \tag{3.21}$$

其中 k_t 为 t 期的社会总资本，$\int y_t(\theta)\mathrm{d}\mu$ 为社会加总的有效劳动，这个优化问题的一阶条件为

$$r_t = f_k(t) + 1 - \delta, \quad w_t = f_y(t) \tag{3.22}$$

下面考虑政府的预算约束平衡，保证每期的税收收入全部用于转移支付，即

$$\tau_t^k r_t \int k_t(\theta)\mathrm{d}\mu + \tau_t^w w_t \int y_t(\theta)\mathrm{d}\mu = \int \chi_t \mathrm{d}\mu \tag{3.23}$$

将 (3.22) 式代入到 (3.18) 式至 (3.20) 式中，利用均衡条件 $k_t = \int k_t(\theta)\mathrm{d}\mu$ 将 (3.18) 式积分，利用生产函数的常数回报性质得到

$$k_{t+1} = f\left(k_t, \int y_t(\theta)\mathrm{d}\mu\right) + (1-\delta)k_t - \int c_t(\theta)\mathrm{d}\mu \tag{3.24}$$

同时消费者在均衡时的一阶条件变成

$$u_c(t) = \beta(f_k(t+1) + 1 - \delta)E_t[(1-\tau_{t+1}^k)u_c(t+1)], \tag{3.25}$$

$$(1-\tau_t^w)f_y(t)u_c(t) = -u_l(t)/\theta_t \tag{3.26}$$

(3.25) 式与 (3.26) 式就是分散经济均衡时的最优化条件，下面计算在信息不对称下的计划者经济下的最优化条件，比较两者的最优化条件，得到最优税收。

3.2.2 计划者经济模型求解

考虑此时政府充当社会计划者的角色，它组织生产、分配资源。但是它只能观测到经济个体的有效劳动 $y_t = l_t\theta_t$，而无法知道经济个体的劳动能力，于是在资源

分配时，它需要经济个体汇报自己的真实类型。因此，它的分配应该使得每种类型的经济个体的事后效用在真实汇报情形下最大。于是计划者经济的优化问题如下：

$$\max_{c_t, y_t} E\left[\sum_{t=1}^{T} \beta^{t-1} u(c_t, y_t/\theta_t)\right] \tag{3.27}$$

受到的资源约束为

$$k_{t+1} = f(k_t, \int y_t \mathrm{d}\mu) - \int c_t \mathrm{d}\mu + (1-\delta)k_t, \quad k_1 \text{给定} \tag{3.28}$$

和如下的激励相容约束：

$$W(\sigma^*, \theta) \geqslant W(\sigma, \theta) \quad \text{对任意} \theta \in \Theta^T, \sigma \in \Sigma \tag{3.29}$$

其中 $W(\sigma, \theta)$ 为能力序列为 θ 的个体在汇报策略为 $\sigma: \Theta^T \to \Theta^T$ 下的事后折现效用。即

$$W(\sigma, \theta) = \sum_{t=1}^{T} \beta^{t-1} u(c_t(\sigma(\theta)), y_t(\sigma(\theta))/\theta_t)$$

记所有汇报策略 σ 组成的集合为 Σ，上述激励相容约束 (3.29) 还可以进一步改写成

$$\sum_{t=1}^{T} \beta^{t-1} u(c_t(\theta), y_t(\theta)/\theta_t) \geqslant \sum_{t=1}^{T} \beta^{t-1} u(c_t(\theta'), y_t(\theta')/\theta_t) \quad \text{对任意} \theta, \theta' \in \Theta^T \tag{3.30}$$

记 λ_t 为资源约束 (3.28) 的 Lagrange 乘子，$\lambda(\theta', \theta)$ 为 IC 约束 (3.30) 的 Lagrange 乘子，应用 Lagrange 泛函的方法，得到

$$\lambda_t = \beta \lambda_{t+1}(f_k(t+1) + 1 - \delta), \tag{3.31}$$

$$\lambda_t = E_t[1 + E_{\theta'}[\lambda(\theta', \theta)]] u_c(t) - E_t[E_{\theta'}[\lambda(\theta, \theta') u_c(c, y/\theta_t')]] \tag{3.32}$$

和

$$-\lambda_t f_y(t) = E_t[1 + E_{\theta'}[\lambda(\theta', \theta)]] u_l(t)/\theta_t - E_t[E_{\theta'}[\lambda(\theta, \theta') u_l(c, y/\theta_t')/\theta_t']] \tag{3.33}$$

同上一节的讨论一样，如果不给出效用函数的进一步性质，我们依然无法分析上述最优化条件。为此，分以下两种情形讨论。

情形 3.3 设 $u(c, y/\theta') = u(c, y/\theta) w(\theta, \theta')$，其中 $w(\theta, \theta) = 1$。如果令

$$\lambda(\theta) = E_{\theta'}[\lambda(\theta', \theta) - \lambda(\theta, \theta') w(\theta_t, \theta_t')]$$

同时记 $R_t = f_k(t) + 1 - \delta$，则以上的最优化条件可改写为

$$\lambda_t = \beta \lambda_{t+1} R_{t+1}, \quad \lambda_t = E_t[\lambda(\theta)] u_c(t), \quad \lambda_t f_y(t) = E_t[\lambda(\theta)] u_l(t)/\theta_t \tag{3.34}$$

注意 λ_t 为非随机变量，利用 (3.34) 式可得

$$u_c(t) = \beta R_{t+1} \frac{1}{E_t[1/u_c(t+1)]} \tag{3.35}$$

和

$$-u_l(t)/\theta_t = f_y(t) \tag{3.36}$$

(3.35) 式就是"逆欧拉方程"，和 Golosov et al.(2003) 一致。比较 (3.36) 式和 (3.26) 式，得到此时的最优劳动收入税率为 0，即

$$\tau_t^w = 0 \tag{3.37}$$

同时比较 (3.35) 式和 (3.25) 式得到

$$E_t[(1 - \tau_{t+1}^k) u_c(t+1)] = \frac{1}{E_t[1/u_c(t+1)]}$$

由此可得

$$\tau_{t+1}^k = 1 - \frac{1}{u_c(t+1) E_t[1/u_c(t+1)]} + \frac{\varepsilon}{u_c(t+1)} \tag{3.38}$$

其中 ε 满足 $E_t[\varepsilon] = 0$。

如果要求 $\tau_{t+1}^k \in \mathcal{F}_t$，则 τ_{t+1}^k 唯一：

$$\tau_{t+1}^k = 1 - \frac{1}{u_c(t+1) E_t[1/u_c(t+1)]}$$

注 3.2 (3.37) 式表明此时的最优劳动收入税为 0，这和静态的情形 3.1 一致，(3.38) 式表明最优的资本收入税可以有多种选择，这一结论与 Zhu(1992) 的结论类似，在这篇文章中，作者考虑了一个带生产冲击的经济，其最优的资本收入税也可以有多重选择。若要求 $\tau_{t+1}^k \in \mathcal{F}_t$，则唯一的最优资本收入税率由式 (3.39) 给出，由 Jesson 不等式，可得此时的税率大于 0，这个税率和 Golosov et al.(2003) 一致，但是这里关于效用函数的假设不同于 Golosov et al.(2003)。

情形 3.4 设 $u(c, y/\theta') = u(c) - v(y/\theta) w(\theta, \theta')$，其中 $w(\theta, \theta) = 1$。这种情形雷同于 Golosov et al.(2003) 的模型，定义

$$\lambda(\theta) = E_{\theta'}[\lambda(\theta', \theta) - \lambda(\theta, \theta')], \quad \lambda(\theta, \theta_t) = E_{\theta'}[\lambda(\theta', \theta) - \lambda(\theta, \theta') w(\theta_t, \theta_t')]$$

则最优化条件为

$$u'(t) = \beta R_{t+1} \frac{1}{E_t[1/u_c(t+1)]}, \tag{3.39}$$

$$v'(t)/\theta_t = \frac{E_t[\lambda(\theta)]}{E_t[\lambda(\theta,\theta_t)]} f_y(t) u'(t) \tag{3.40}$$

将 (3.40) 式与分散经济的最优化条件 (3.25) 和条件 (3.26) 比较,得到

$$E_t[(1-\tau_{t+1}^k) u_c(t+1)] = \frac{1}{E_t[1/u_c(t+1)]}, \tag{3.41}$$

$$\tau_t^w = \frac{E_t[E_{\theta'}[\lambda(\theta,\theta')(1-w(\theta_t,\theta_t'))]]}{1+E_t[E_{\theta'}[\lambda(\theta',\theta)-\lambda(\theta,\theta')w(\theta,\theta')]]} \tag{3.42}$$

方程 (3.41) 再次重复了 Golosov et al.(2003) 的结论,而 (3.42) 式则雷同于静态 Mirrlees 模型的结果,无非此时加上了条件期望算子 E_t,于是动态不对称信息下的最优劳动收入税和静态的结果一致。但是 Golosov et al.(2003) 没有得到方程 (3.42)。事实上,利用最小资源对偶方法是无法得到这一最优化条件的,只有通过 Lagrange 泛函的方法才能得到。

通过数值模拟,取效用函数为 $u(c,l) = \frac{c^{1-\sigma}}{1-\sigma} - l^\gamma$,取生产函数 $f(k,y) = Ak^\alpha l^{1-\alpha}$,我们得到动态 Mirrlees 模型中最优劳动收入税和能力之间的关系,如图 3-2 所示。相关参数设定为 $\sigma = 2, \gamma = 2$,经济持续时间 $T = 50$,$\alpha = 0.3$,$\beta = 0.85, \delta = 0.5$。劳动能力 θ_t 是独立同分布,服从 [2,22] 上的均匀分布。可以看出,图 3-1 和图 3-2 是极为类似的,由此印证本节理论结果的正确性。

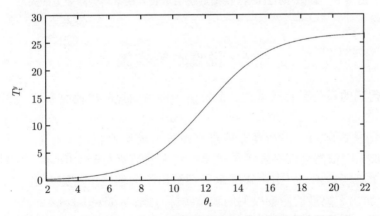

图 3-2 动态 Mirrlees 模型最优劳动收入税和能力的关系

下面考察此时的资本收入税与劳动能力的关系。对能力序列为 θ 的经济个体在 t 期的资本收入税为

$$T_t^k = \tau_t^k(\theta) k_t(\theta)$$

从以上的求解过程中,仅可以得到最优消费路径 $c_t(\theta)$、最优有效劳动供给路径 $y_t(\theta)$ 和最优社会资本路径 k_t,无法得到个人的财富路径 $k_t(\theta)$。从分散经济的财富积累

方程 (3.18) 看出，个人的财富积累路径依赖于政府转移支付政策的实施。而转移支付政策只要在总量上满足 (3.23) 式即可。于是政府可以通过差异性转移支付使得每一位经济个体在每一期的财富水平相同，即 $k_t(\theta) = k_t$。从这个意义上说，资本收入税率之间的差异可以反映资本收入税之间的差异。据此，在本书的下述行文过程中，如没有特别强调，在描述资本收入税和劳动能力之间的关系时，都采用资本收入税率与劳动能力之间的关系替代。沿用图 3-2 的数据，图 3-3 给出了动态 Mirrlees 模型中资本收入税率与劳动能力之间的关系。

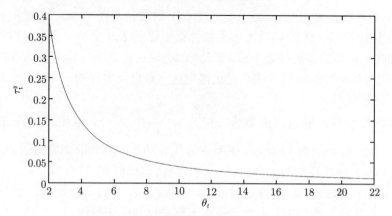

图 3-3 动态 Mirrlees 模型最优资本收入税率与劳动能力的关系

3.3 税收政策实施

上述得到的最优税收政策在分散经济中能否通过简单地发布政策实现呢？这个问题在 Golosov et al.(2004,2006a) 和 Kocherlakota(2005a,2005b) 中有所讨论。他们的结论是否定的，因为存在信息不对称。若政府仅仅发布上一节得到的最优税收政策，则依然会存在经济个体模仿别人的消费与劳动供给，用来提高自己一生的期望折现效用。以上两篇文章分别给出不同的政策实施方案，Golosov et al.(2006a) 给出了离散的两期模型的政策实施方案；Kocherlakota(2005a) 基于最优解的很强假设给出了另外一种设计，这种税收政策依赖对前一期状态变量的观测。无论哪种税收政策实施方案，都是希望将经济个体的消费和劳动供给达到最优路径的解。

Golosov et al.(2006a) 和 Kocherlakota(2005a) 提供的税收实施政策不方便在实际中应用。Golosov et al.(2006a) 提出的方案仅仅针对两期的情形，这与现实经济不吻合。而 Kocherlakota(2005a) 支持的方案太过烦琐，且存在关于最优路径的很强假设。本节将设计一种仅仅依赖于当前可观测变量的 (c_t, y_t) 的政策实施方案，它在较弱的假设下普遍存在。本书提出的实施方案逻辑是政府在每一期构建一个状态变量可行集 Γ_t，当经济个体在 t 期的表现一旦进入 Γ_t 时，优化条件保证他必须汇报自己的真实劳动能力，从而实现了隐含的能力汇报机制。当经济个体在 t 期的表现不在 Γ_t，可以采用惩罚措施，使之不可偏离。

沿用以上的思路，首先构建状态变量可行集 Γ_t。设 $(c_t^*(\theta), y_t^*(\theta))$ 为最优解，当 θ 在 Θ^T 内遍历形成 $(c_t^*(\theta), y_t^*(\theta))$ 在二维平面的像集，这个像集记为 Γ_t，为了使实施方案可行，有如下假设。

假设 3.1 Γ_t 在二维 $c-y$ 平面上的图像形成一个单调函数。

这个假设表明任意 $(c_0, y_0), (c_1, y_1) \in \Gamma_t$，则要么 $c_0 < c_1$ 并且 $y_0 < y_1$，要么 $c_0 > c_1$ 并且 $y_0 > y_1$，即消费与有效劳动供给变动方向一致。在很多情形下上述假设是成立的，例如当 $c_t^*(\theta) = \phi(\theta_t)$ 和 $y_t^*(\theta) = \psi(\theta_t)$，其中 ϕ 和 ψ 都是关于 θ_t 严格递增的。当然假设 3.1 成立的条件并不只如此，其他的情形就不进行展开讨论了。有了这个假设，我们有如下的命题。

命题 3.1 若采用效用函数关于 c 和 l 可分，$u(c, y\theta) = u(c) - v(y/\theta)$，并且满足 u 为严格凹函数，v 为严格凸函数。则当能力序列为 θ 的经济个体在 t 期的表现 $c_t(\theta), y_t(\theta)$ 进入状态变量可行集 Γ_t 中，一定有

$$c_t(\theta) = c_t^*(\theta), \quad y_t(\theta) = y_t^*(\theta)$$

证明 因为能力序列为 θ 的经济个体在 t 期的表现 $(c_t(\theta), y_t(\theta))$ 一定要满足 (3.40) 式，即

$$v'(y_t(\theta)/\theta_t)/\theta_t = \frac{E_t[\lambda(\theta)]}{E_t[\lambda(\theta, \theta_t)]} f_y(t) u'(c_t(\theta)) \tag{3.43}$$

而状态变量可行集 Γ_t 中的点 $(c_t^*(\theta), y_t^*(\theta))$ 也满足 (3.43) 式，如果点 $(c_t(\theta), y_t(\theta))$ 不为 $(c_t^*(\theta), y_t^*(\theta))$。根据题设 $(c_t(\theta), y_t(\theta)) \in \Gamma_t$，而 Γ_t 满足假设 3.1，不妨设 $c_t > c_t^*$ 并且 $y_t > y_t^*$。由题设 u 为严格凹函数，v 为严格凸函数，可得 u' 单调递减，v' 单调递增，于是导致

$$v'(y_t(\theta)/\theta_t)/\theta_t > v'(y_t^*(\theta)/\theta_t)/\theta_t, \quad u'(c_t(\theta)) < u'(c_t^*(\theta))$$

于是有

$$v'(y_t(\theta)/\theta_t)/\theta_t > \frac{E_t[\lambda(\theta)]}{E_t[\lambda(\theta, \theta_t)]} f_y(t) u'(c_t(\theta))$$

这与 (3.43) 式矛盾，于是命题成立。 □

上述命题说明只要个体的可观测行为进入 Γ_t 中，则他一定按照自己的真实能力类型选择消费和劳动供给。这样，政府可采取如下的政策实施方案：在 Γ_t 之外实施惩罚性税收政策，在 Γ_t 中实行最优税收政策。而 Γ_t 的构建相对简单，它完全

依赖于政府对于计划者经济解的结果构建而成,所以,本节建议的政策实施方案方便可行。毕竟,税收政策实施方案本没有必要建设得如此复杂。

3.4 信息混同指标

本节考察 IC 约束中的积极约束类型。由激励相容约束 (3.30) 可看出,如果积极约束成立,即 (3.30) 式取等号表明能力为 θ 的个体在模仿 θ' 时事后折现效用无变化。这体现了信息不对称下两者的一种混同效果,如果大量的 IC 约束成为积极约束,经济的混同效果越大,就越会出现不同能力相互模仿的情形,加大了计划者甄别私有信息的成本。基于此,本节主要考察三个方面的内容:首先根据积极 IC 约束所占比例定义信息混同指标 I,其次考察影响 I 的各种因素,最后考察 I 对福利水平的影响。

3.4.1 信息混同指标定义

定义

$$N = \{(\theta', \theta) : \lambda(\theta', \theta) > 0\}$$

根据 Kunn-Tucker 定理,任意 $(\theta', \theta) \in N$ 意味着 (3.30) 式取等号,于是集合 N 就是所有积极激励相容约束的指标集。由于 $N \subseteq \Theta^T \times \Theta^T$,于是定义信息混同指标 I 如下:

$$I = \mu \times \mu(N) \tag{3.44}$$

由于 μ 为概率测度,所以 $0 \leqslant I \leqslant 1$。当 $I = 0$ 时表明此时的最优分配与完全信息下的分配一致;当 $I = 1$ 时表明此时的信息混乱程度达到最大,任何人都可以模仿别人而不损害自己的折现效用,在绝大多数情况下,这就对应平均分配的情形。下面的命题指出大多数情况下 $0 < I < 1$。

命题 3.2 当 $\Theta \in \mathbb{R}$ 为一闭区间时,$\theta \in \Theta^T$ 配备字典式序结构时,最优解 $c_t^*(\theta)$ 和 $y_t^*(\theta)$ 是关于 θ 的严格递增函数。则 N 为 $\mathbb{R}^T \times \mathbb{R}^T$ 具有非空内部的集合,并且 N^c 也是 $\mathbb{R}^T \times \mathbb{R}^T$ 具有非空内部的集合。这样,当测度 μ 与 Lebesgue 测度等价时,可得

$$\mu \times \mu(N) > 0, \quad \mu \times \mu(N^c) > 0$$

这就导致 $0 < I < 1$。

这个命题的证明较长,收集在我的工作论文 Zhao and Gong(2010d) 里面,有需要的读者可以索要证明,在此省略。下面给出一些模拟的结果来支持这一结论。首先指出命题 3.3 的假设是成立的,采用图 3-2 和图 3-3 的相同数据,给出最优消费和有效劳动供给与劳动能力的关系,如图 3-4 所示。上述的 $c_t*(\theta)$ 和 $y_t^*(\theta)$ 都成

为只关于当前状态变量 θ_t 的函数，这是在求解过程中猜解得到的。事实上，只要能力过程 $\{\theta_t\}$ 满足 Markov 性质，那么最优消费和劳动供给可以证明也具有 Markov 性质，命题 3.2 事实上考虑了一个更为广泛的结果，包括了 $\{\theta_t\}$ 不为 Markov 过程的情形。

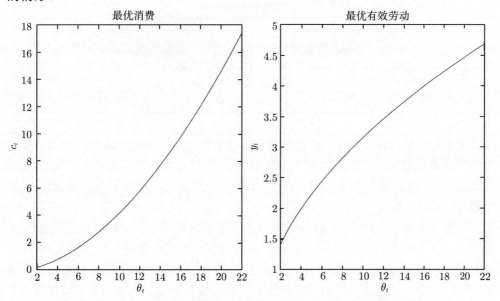

图 3-4 动态 Mirrlees 模型最优消费和有效劳动供给与劳动能力的关系

下面考察 $\lambda(\theta',\theta)$ 的空间图像，考虑到 $\lambda(\theta',\theta)$ 为 $2T$ 维函数，无法在三维空间展示其图像，为此从 θ' 与 θ 中固定 $T-1$ 个分量形成

$$\lambda(\theta'_t,\bar{\theta}'_{-t},\theta_t,\bar{\theta}_{-t}):\theta\times\theta\to\mathbb{R}_+$$

其中 $1\leqslant t\leqslant T$，$\bar{\theta}_{-t}$ 为 θ 中除 θ_t 分量以外固定的其他分量。通过观察这个函数的空间性态，大致可以反映 $\lambda(\theta',\theta)$ 的特征。同样采用图 3-2 的数据，采用固定 $t=10$，得到 $\lambda(\theta'_{10},\bar{\theta}'_{-10},\theta_{10},\bar{\theta}_{-10})$ 的空间立体图像（见图 3-5）。图 3-5 在 $\theta^1_t\times\theta^2_t$ 平面上的阴影部分表示 $\lambda=0$，在空白区域上部的一块曲面就是 $\lambda>0$ 的体现。而信息混同指标就是这一块空白区域的测度。①从图 3-5 可以看出 N 与 N^c 分别包含内点，于是得到 $0<I<1$ 这一结论。这样我们完成数值模拟验证命题 3.3 的过程，下一小节研究影响信息混同指标 I 的因素。

3.4.2 信息混同指标的影响因素分析

信息混同指标 I 受到模型参数的影响，而模型的参数较多，本节只关注一些

---

① 严格说来，这种说法不确切。因为无法在三维空间表示 λ 的图像，因此也无法表达出 N。图 3-5 的空白之处仅是 N 的一个投影，如果 N 的任意投影包含内点，则就证明 $I>0$。

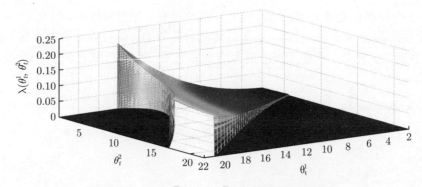

图 3-5 $\lambda(\theta'_t, \bar{\theta}'_{-t}, \theta_t, \bar{\theta}_{-t})$ 的空间立体图像

比较重要的参数，给出其数值解的图像。这些参数分别为经济持续的时间 T、消费的风险回避系数 σ、资本的投入产出比 α 和能力分布的方差 $Var(\theta_t)$。①为了得到直观的印象，首先考察图 3-5 的 $\theta^1_t \times \theta^2_t$ 平面的空白区域随风险回避系数 σ 变化的图像，得到图 3-6。

如图 3-6 所示，$\lambda > 0$ 区域随风险回避系数增加而增大，也即信息混同指标同步增加。这说明人们对消费风险回避的态度越强，就越有激励去模仿别人。同时，我们可以看到相互模仿的个体能力相差不多，所以图 3-6 中的空白区域总是体现在矩形块的中部位置，当能力差异较大时，人们没有激励去相互模仿了。由图 3-5 通过计算得到分别的混乱指数为 0.11、0.23、0.32 和 0.46，体现出递增的趋势。下面综合考察 T, σ, α 和 $Var(\theta_t)$ 对信息混同指数 I 的影响，如图 3-7 所示。

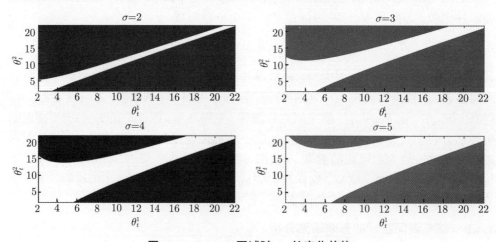

图 3-6 $\lambda > 0$ 区域随 σ 的变化趋势

---

① 由于模拟时采用 θ_t 关于 t 为独立同分布序列，于是 $Var(\theta_t)$ 固定，不随 t 改变。

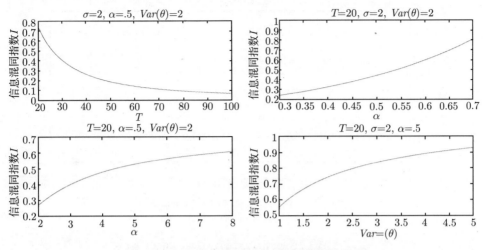

图 3-7　信息混同指数 I 的综合影响因素

从图 3-7 可以得到信息混同指数 I 随经济持续时间 T 增加而减少,这在经济上的解释为随着时间跨度的加长,个人对于未来的不定性没有确切的把握,所以此时的明智的选择是不模仿别人,因为模仿别人所带来的风险是较大的。但不排除能力特别相近的人相互模仿,但这样的人的比例相对较少。同时可看出 I 随资本的投入产出比 α 增加而增加,体现随资本回报的增加,低能力人群的收入增加,导致其消费增加;此时,更高能力的人有激励模仿此类低能力者,因为通过模仿,可以在消费略降的情形下得到更多的休闲,此时的明智选择为模仿低能力者。由此导致能力差距较大人群间的模仿,从而扩大信息混同指数 I。图 3-7 的右下方图体现随能力分布方差升高,信息混同指数增加。这体现对未来能力不确定性的增加,导致在当期相互模仿的情况增加。最后我们给出信息混同指标对于福利的影响。

3.4.3　信息混同指标对于福利的影响

风险回避系数 σ 上升将导致福利水平和信息混同指标的共同变化,本小节将对此进行数值模拟,并由此形成福利水平与信息混同指标之间的函数关系。参数的设定采用图 3-7 使用的参数,信息混同指标 I 的变化范围在 $[0.1,0.7]$,考察其与福利之间的关系。其中福利为优化问题的值函数。通过模拟得到图 3-8。

图 3-8 的结论是令人惊讶的。人们通常认为随着信息混同指数的增加,福利应该不断下降;但是图 3-8 仅在约 $I<0.3$ 处体现随 I 增加,福利水平减少的反向关系。当约 $I>0.3$ 时,两者的关系是正向变化的。这说明信息混同指数的增加会伴随福利的增加,这可能的原因是福利水平随风险回避系数 σ 变化呈现先减少后增加。这一现象恰反映了谚语"浑水好摸鱼",可见在不对称信息情况下经济变量间的关系已经超出常规的推断,需要通过数值方法的模拟加以检验。

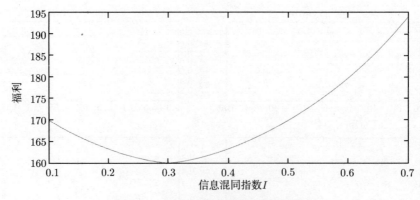

图 3-8 福利与信息混同指数的关系

3.5 最优税收的数值模拟结果

本节综合本章前几节的内容，进行数值模拟。采用的效用函数统一为 $u(c,l) = \dfrac{c^{1-\sigma}}{1-\sigma} - l^\gamma$，生产函数采用 $f(k,y) = k^\alpha l^{1-\alpha}$，劳动能力 $\{\theta_t\}$ 设为独立同分布的序列，其共同分布为 [2,22] 上的均匀分布。参数的设定在具体的数值模拟结果介绍时指出。

3.5.1 最优资本收入税

沿用图 3-3 的解释，个人的资本存量可以通过政府的差异性转移支付得到。于是资本收入税率之间的差异反映税收收入之间的差异，在以下关于资本收入税的图表都将使用税率和能力之间的关系表达。首先来考察随时间变化，资本收入税率与劳动能力关系的变化趋势。

图 3-9 反映随时间增加，资本收入税率不断增加。同时注意到在 t 比较小时，税率随能力增加而减少，体现对高能力者的激励作用。但是当 t 比较大时，对高能力者反而要征收高额资本收入税，这体现随着经济结束日的临近，已经没有必要激励高能力者，而可以对其实施重税策略。同时注意到，在 $t=15$ 时，能力约超过 17 的人其资本收入税随能力增加而增加，体现高能力者在经济结束临近时的惩罚性税收措施。并且在 $t=20$ 时，这个高能力高税收的政策又将人群提前到能力约大于 13 的地方，即经济结束的前夕，资本收入税有不断提前的惩罚效应。下面考察资本收入税率与劳动能力关系随参数 σ 的变化趋势 (见图 3-10)。

图 3-10 反映出，随着风险回避系数 σ 的增加，资本收入税率与劳动能力构成的函数更加凸向原点，但总体的递减关系并没有变化。值得注意的是当 σ 增大时，相同能力的经济个体税负增加，这体现资本收入税与劳动能力构成的函数上移。可以

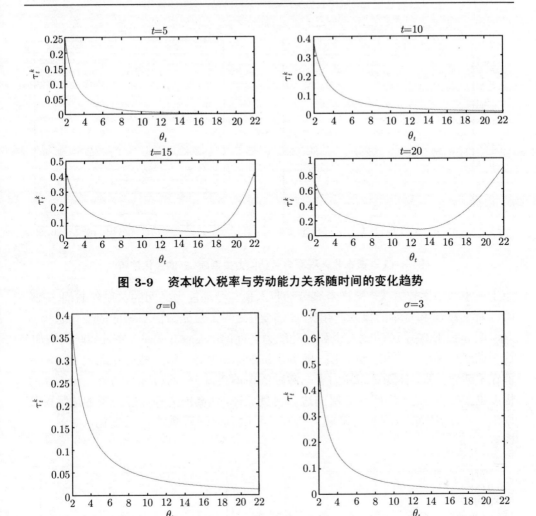

图 3-9 资本收入税率与劳动能力关系随时间的变化趋势

图 3-10 资本收入税率与劳动能力关系随 σ 的变化趋势

预测,当 σ 充分大时,这一图像最终也会形成类似图 3-9 的后两幅子图的情况。下面再给出资本收入税率与劳动能力关系随资本的投入产出比 α 变化的趋势,如图 3-11 所示。

图 3-11 反映了随着资本的投入产出比 α 的增加,资本收入税率也同比增加,它形成的函数图像也是更加凸向原点,与 σ 的影响类似。

3.5.2 最优劳动收入税

不同于研究资本收入税的逻辑,这里的所有的图都反映了劳动收入税 $T_t^y(\theta) = \tau_t^y(\theta) w_t y_t$ 与劳动能力之间的关系,而不再是税率 $\tau_t^y(\theta)$ 和劳动能力之间的关系。采

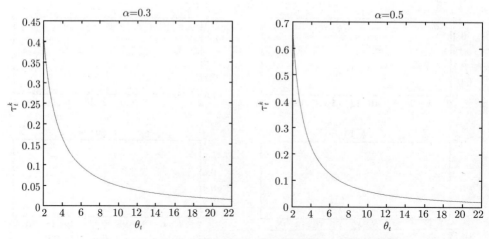

图 3-11 资本收入税率与劳动能力关系随 α 的变化趋势

用上一小节的比较方式,同样考察劳动收入税与劳动能力之间的关系随时间 t、风险回避系数 σ 和资本的投入产出比 α 的变化趋势。首先给出随时间的变化趋势。

图 3-12 反映了劳动收入税和劳动能力之间的 Logistic 关系,并且随时间增加,这个曲线更加趋于平坦。这表明,随着经济的结束来临,边际劳动收入税增加的人群在不断地扩张,体现对高能力者的激励效果不断减少。而边际劳动收入税增加的幅度也在减少,处于中间能力层的边际税负减轻,而高能力和低能力者的边际税负增加。再看资本收入税和劳动能力之间关系随风险回避系数 σ 的变化,如图 3-13 所示。

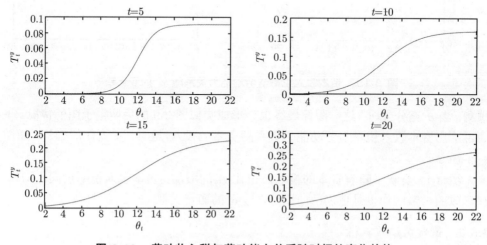

图 3-12 劳动收入税与劳动能力关系随时间的变化趋势

图 3-13 表明随着风险回避系数 σ 的增加,劳动收入税和劳动能力之间的 Logistic 曲线更加平坦,但是税负同比增加。相当于 Logistic 曲线上移且更加平坦。其经济解释为人们对消费风险态度增加,就会谨慎消费,为此,通过减少中间能力层人群的边际税负,通过财富效应提高其对消费的信心。这种改变体现了 Logistic 曲线更加平坦,同时需要增加高能力者和低能力者的边际税负,因为对高能力者而言,消费风险的增加和财富效应并不在很大程度上影响其消费;而对低能力者而言,他们本身的消费水平就很低。因此,对于关注社会福利的政府来说,增加少量的高能力者和低能力者的边际税负,减少大量中等能力者的边际税负有助于提高社会福利水平。最后考察劳动收入税和劳动能力之间的关系随资本的投入产出比 α 的变化趋势 (见图 3-14)。

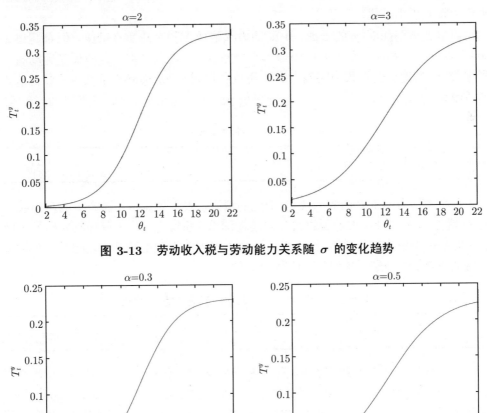

图 3-13 劳动收入税与劳动能力关系随 σ 的变化趋势

图 3-14 劳动收入税与劳动能力关系随 α 的变化趋势

政府税收的目的同样是极大化社会福利，在资本的投入产出比 α 增加的情况下，劳动收入相对减少，此时需对中等能力者减少边际税负，图 3-14 中体现为曲线变平坦。可以用和图 3-13 一样的解释可用来说明高能力与低能力者边际税负增加的情形。

3.6 税负承担人群

本节考察人群中哪种能力群体将担负主要的税负，数值模拟的结果表明人群中具备中等能力的群体是税负的主要承担者。详细的模拟结果见表 3.1 至表 3.3。设能力 $\theta \in [7, 17]$，则令 π_t 为 t 期在 $\theta \in [7, 17]$ 人群税收总额占总体税收的百分比，则可以得到以下结果。

表 3-1 表明随着 σ 的增加，中间能力人群所占税负总额在减少，但都超过了 80%。这一结论和前几节得到的图像具有一致性，无论从资本收入税还是劳动收入税来看，σ 的增加会导致中间能力层的税负负担减轻，从而减少了其对税收总收入的贡献。

表 3-1　$\theta \in [7, 17]$ 人群税收百分比随 σ 变化

σ	1.5	2	2.5	3	4	5	6	7
π_t	94.3%	90.2%	89.3%	87.3%	86.9%	86.0%	85.4%	83.0%

再考察随资本的产出收入比 α 变化的情况。表 3-2 显示了随资本的产出收入比 α 增加，$\theta \in [7, 17]$ 人群税收百分比缓慢递增。事实上，此时劳动收入税是下降的，但是由于资本产出收入比 α 增加导致了资本收入税的增加，它超过了劳动收入税的下降。于是最终体现为税收百分比的上升。

表 3-2　$\theta \in [7, 17]$ 人群税收百分比随 α 变化

α	0.3	0.35	0.4	0.45	0.5	0.55	0.6
π_t	90.2%	90.4%	91.3%	91.8%	93%	93.8%	96.0%

下面从另一个角度来考察中间层的税负百分比。设 $\theta \in [12 - \gamma, 12 + \gamma]$，考虑 γ 与 π_t 之间的关系。表 3-3 显示了随着中间层定义的扩大，税收百分比增加的状况，这种增加效果具有边际增加值先递增后递减的特征，体现了在中间能力者附近的边际快速增加特征。从表 3-1 至表 3-3 可看出，税收的主要来源为中间能力者，于是对于中间能力者的加强有助于提高税收的质量。下一章的内生能力演化机制就表明了这样的结论，政府公共投资的目的就是不断增加中间能力层的比重。详细论述见下一章。

表 3-3　γ 与 π_t 之间的关系

γ	1	2	3	4	5	6	7
π_t	21.9%	40.2%	62.3%	86.4%	90.2%	93.1%	94.3%

3.7　本章小结

本章利用 Lagrange 方法重新检验了 Mirrlees(1971) 和 Golosov et al.(2003) 的模型，改进了他们的结论，并在不对称信息经济中在动态的情形求解了最优劳动收入税，给出了相关的数值模拟结果和解释，使得 Mirrlees 模型在静态和动态情形下有比较的可能。同时，本章在较弱的假设下得到了形式简单的最优税收政策实施方案，这为政府的税收政策安排提供了一定的理论依据。最后，本书提出的信息混同指标也具有一定的理论和现实意义。

接下来两章将充分利用 Lagrange 方法求解在不对称信息经济中的动态最优税收政策。但是关注的重点将不再为税收政策了，如第 4 章就将关注的重点放在教育的公共投资和私人投资上。在那时同样有最优税收政策的参与，但同时也有各类对应性转移支付的政策，此时考察的应该是最优的财政政策。第 5 章将关注的重点放在财政分权的结构上，得到的最优财政政策分为两类：一类是地方政府的最优税收政策，另一类是中央政府的最优税收和对应性转移支付政策。

第 4 章　内生能力演化下的公共财政理论

第 3 章考察了在不对称信息下的最优税收理论，主要检验和拓展了 Mirrlees (1971) 和 Golosov et al.(2003) 的工作，并且比较了静态和动态两种情形下的最优劳动收入税，它们在形式上是完全一致的。但是第 3 章的模型都假设经济个体的劳动能力 $\{\theta_t\}$ 是外生给定的随机过程，这一假设不太合乎现实。现实中个人的劳动能力是可以通过学习，以及政府和个人的投资来得到提高的，所以在本章中，笔者将个人的劳动能力进行内生化，考虑劳动能力的内生演化过程。

首先本章分析了在不对称信息情形下，带有内生劳动能力演化机制的计划者经济。通过分析这一经济，得到最优的公共教育投资在不同能力人群中的分配，同时给出不同劳动能力人群提供的最优的私人教育投资水平，分析公共投资和私人投资的差异。随着时间的推移，通过考察了政府公共教育投资的长期效果，可以得到政府公共教育投资放在提高社会中中等能力人群的比例，从而得到公共教育投资的重点是放在中等能力教育上的。同时，通过考察社会劳动能力分布的长期特征，在本章模型的设定下，得到最终的社会能力分布为单点分布，即整个社会最终能力无差异，也即无任何信息不对称。在能力分布的动态演化过程中，随着社会能力分布的集中，公共政策的参与限制了相互模仿的情况发生的频率，于是在动态过程中，虽然能力不断集中，但信息混同指标不断降低，福利水平也同步提高。

接下来本章研究了此时在分散经济中的最优财政政策设计，指出若仅仅安排扭曲性税收政策，则无法实现分散经济复制计划者经济的目标，因此还需要增加新的政策措施，笔者就此设计了对私人教育投资的补贴政策。这样，在分散经济中政府通过扭曲性税收和差异性补贴政策使经济达到最优分配水平。

最后本章还通过数值模拟分析了最优财政政策的动态演化。

下面首先描述基本的模型设置。

4.1　内生能力演化机制模型

为了模型的简单处理，本章对经济个体的效用函数采用如下假设，设经济个体的效用函数 $u(c,l)$ 是关于其变量可分的，即 $u(c,l) = u(c) - v(l)$。并且 v 满足 $v(y/\theta_t') = v(y/\theta_t)w(\theta_t,\theta_t')$，即 v 关于私有信息在乘积意义上可分。在这样的基本假设下，进行模型的设定。

4.1.1 基本的模型设定

假设经济个体的有效劳动 $y_t = y_t^1 + y_t^2$ 分为两部分，其中 y_t^1 用于生产，y_t^2 用于学习以提高能力。同时他也为自己能力的提高进行私人教育投资 k_t^2，结合政府的公共教育投资 k_t^1，则当经济个体 t 期的劳动能力为 θ_t 时，他下一期的劳动能力为

$$\theta_{t+1} = G(k_t^1, k_t^2, y_t^2, \theta_t, \varepsilon_t) \tag{4.1}$$

其中 ε_t 为随机扰动，也是这一模型唯一的不确定性来源，和上一章关于外生给定的劳动能力 $\{\theta_t\}$ 的假设一样，假设 $\{\varepsilon_t\}$ 是 $(\Omega, \mathcal{F}, \mathcal{F}_t, \mu)$ 上的任意随机过程。为了社会最终能力分布趋于一点，还要对 $\{\varepsilon_t\}$ 进行进一步假设，并且对函数 G 要做进一步阐明。在此先省略这些，因为 $\{\varepsilon_t\}$ 的假设并不影响优化问题的最优性条件。

4.1.2 计划者经济优化问题表述

在以上的假设下，考虑如下的计划者经济优化问题：

$$\max_{c_t, y_t^1, y_t^2, k_{t+1}, k_t^1, k_t^2, \theta_{t+1}} E\left[\sum_{t=1}^{T} \beta^{t-1}\left(u(c_t) - v\left(\frac{y_t^1 + y_t^2}{\theta_t}\right)\right)\right] \tag{4.2}$$

受到如下资源约束：

$$k_{t+1} = f\left(k_t, \int y_t^1 \mathrm{d}\mu\right) - \int c_t \mathrm{d}\mu + (1-\delta)k_t - \int k_t^1 \mathrm{d}\mu - \int k_t^2 \mathrm{d}\mu \tag{4.3}$$

能力演化方程为

$$\theta_{t+1} = G(k_t^1, k_t^2, y_t^2, \theta_t, \varepsilon_t) \tag{4.4}$$

激励相容约束为

$$W(\theta, \theta) \geqslant W(\theta', \theta) \text{ 对任意} \theta, \theta' \in \Theta^T \tag{4.5}$$

初始状态变量 k_1, θ_1 给定，其中

$$W(\theta', \theta) = \sum_{t=1}^{T} \beta^{t-1}\left[u(c_t(\theta')) - v\left(\frac{y_t^1(\theta') + y_t^2(\theta')}{\theta_t}\right)\right]$$

表示能力序列为 θ 的个体汇报能力为 θ' 时的事后折现效用。Θ 为 θ_t 的像空间，这样就给出了不对称信息，带内生能力演化机制下的计划者经济最优化问题。

4.2 计划者经济的求解

本节应用 Lagrange 泛函求解上述计划者经济最优化问题，得到一阶条件。定义 Lagrange 泛函 $\mathcal{L}$ 如下，令 $\lambda_t \in \mathbb{R}$ 为资源约束 (4.3) 的 Lagrange 乘子；$z_t \in \mathcal{F}_t$

为能力演化方程 (4.4) 的 Lagrange 乘子；$\lambda(\theta',\theta)$ 为 IC 约束 (4.5) 的 Lagrange 乘子，定义

$$\mathcal{L} = E\left[\sum_{t=1}^{T} \beta^{t-1}(u(c_t) - v(y_t^1 + y_t^2/\theta_t))\right] + \tag{4.6}$$

$$\sum_{t=1}^{T} \beta^{t-1} \lambda_t (f(k_t, \int y_t^1 d\mu) - \int c_t d\mu + (1-\delta)k_t - \int k_t^1 d\mu - \int k_t^2 d\mu - k_{t+1}) +$$

$$E\left[\sum_{t=1}^{T} \beta^{t-1} z_t (G(k_t^1, k_t^2, y_t^2, \theta_t, \varepsilon_t) - \theta_{t+1})\right] +$$

$$E[\lambda(\theta',\theta)(W(\theta,\theta) - W(\theta',\theta))]$$

由于 v 满足 $v(y/\theta_t') = v(y/\theta_t)w(\theta_t, \theta_t')$，可进一步将上述 Lagrange 泛函改写成

$$\mathcal{L} = E\left[\sum_{t=1}^{T} \beta^{t-1}[1 + E_{\theta'}(\lambda(\theta',\theta) - \lambda(\theta,\theta'))]u(c_t)\right] - \tag{4.7}$$

$$E\left[\sum_{t=1}^{T} \beta^{t-1}[1 + E_{\theta'}(\lambda(\theta',\theta) - \lambda(\theta,\theta')w(\theta_t,\theta_t'))]v(y_t^1 + y_t^2/\theta_t)\right] +$$

$$\sum_{t=1}^{T} \beta^{t-1} \lambda_t (f(k_t, \int y_t^1 d\mu) - \int c_t d\mu + (1-\delta)k_t - \int k_t^1 d\mu - \int k_t^2 d\mu - k_{t+1}) +$$

$$E\left[\sum_{t=1}^{T} \beta^{t-1} z_t (G(k_t^1, k_t^2, y_t^2, \theta_t, \varepsilon_t) - \theta_{t+1})\right]$$

4.2.1 最优化条件

将 $\mathcal{L}$ 对 $c_t, k_{t+1}, k_t^1, k_t^2, \theta_{t+1}, y_t^1$ 和 y_t^2 分别求 Frechet 微分并令它们等于 0，得到一阶条件如下：

$$\delta_{c_t}\mathcal{L} = 0 \Rightarrow \lambda_t = E_t[1 + E_{\theta'}(\lambda(\theta',\theta) - \lambda(\theta,\theta'))]u'(c_t), \tag{4.8}$$

$$\delta_{k_{t+1}}\mathcal{L} = 0 \Rightarrow \lambda_t = \beta(f_k(t+1) + 1 - \delta)\lambda_{t+1}, \tag{4.9}$$

$$\delta_{k_t^1}\mathcal{L} = 0 \Rightarrow \lambda_t = z_t G_1(t), \tag{4.10}$$

$$\delta_{\theta_{t+1}}\mathcal{L} = 0 \Rightarrow z_t = \beta E_t[z_{t+1} G_4(t+1)] + \tag{4.11}$$
$$\beta E_t\left\{\left[1 + E_{\theta'}\left(\lambda(\theta',\theta) - \lambda(\theta,\theta')w(\theta_{t+1},\theta_{t+1}')\frac{\theta_{t+1}}{\theta_{t+1}'}\right)\right]\right.$$
$$\left.v'(t+1)\frac{y_{t+1}^1 + y_{t+1}^2}{\theta_{t+1}^2}\right\},$$

(4.11) 式的获得并不是通过直接对 (4.7) 式求 Frechet 导数得到, 通过对 (4.6) 式求 Frechet 导数, 而后利用函数 v 的性质得到

$$v'(y/\theta_t') = v'(y/\theta_t)w(\theta_t, \theta_t')\frac{\theta_t}{\theta_t'}$$

而后整理得到 (4.11) 式。

$$\delta_{k_t^2}\mathcal{L} = 0 \Rightarrow \lambda_t = z_t G_2(t), \tag{4.12}$$

$$\delta_{y_t^1}\mathcal{L} = 0 \Rightarrow \lambda_t f_y(t) = E_t[1 + E_{\theta'}(\lambda(\theta', \theta) - \lambda(\theta, \theta')w(\theta_t, \theta_t'))]v'(t)/\theta_t \tag{4.13}$$

和

$$\delta_{y_t^2}\mathcal{L} = 0 \Rightarrow z_t G_3(t) == E_t[1 + E_{\theta'}(\lambda(\theta', \theta) - \lambda(\theta, \theta')w(\theta_t, \theta_t'))]v'(t)/\theta_t \tag{4.14}$$

以上一阶条件中的 $f_k(t), f_y(t)$ 分别代表资本和有效劳动在 t 期的边际产出,$G_i(t)$ 表示 G 对第 i 个变量求导在 t 期的数值。若记 $R_t = f_k(t) + 1 - \delta$,

$$\lambda(\theta) = 1 + E_{\theta'}(\lambda(\theta', \theta) - \lambda(\theta, \theta')),$$

$$\lambda_1(\theta, \theta_t) = 1 + E_{\theta'}(\lambda(\theta', \theta) - \lambda(\theta, \theta')w(\theta_t, \theta_t'))$$

和

$$\lambda_2(\theta, \theta_t) = 1 + E_{\theta'}\left(\lambda(\theta', \theta) - \lambda(\theta, \theta')w(\theta_t, \theta_t')\frac{\theta_t}{\theta_t'}\right)$$

可以将上述一阶条件 (4.8) 式至 (4.14) 式重写成

$$\lambda_t = E_t[\lambda(\theta)]u'(t), \tag{4.15}$$

$$\lambda_t = \beta R_{t+1}\lambda_{t+1}, \tag{4.16}$$

$$\lambda_t = z_t G_1(t), \tag{4.17}$$

$$z_t = \beta E_t\left[z_{t+1}G_4(t+1) + \lambda_2(\theta, \theta_{t+1})v'(t+1)\frac{y_{t+1}^1 + y_{t+1}^2}{\theta_{t+1}^2}\right], \tag{4.18}$$

$$\lambda_t = z_t G_2(t), \tag{4.19}$$

$$\lambda_t f_y(t) = E_t[\lambda_1(\theta, \theta_t)]\frac{v'}{\theta_t} \tag{4.20}$$

和

$$z_t G_3(t) = E_t[\lambda_1(\theta, \theta_t)]\frac{v'}{\theta_t} \tag{4.21}$$

方程 (4.15) 至方程 (4.21) 构成内生能力演化下计划者经济的最优化问题一阶条件。根据上一章求解动态 Mirrlees 模型的经验，由 (4.15) 式和 (4.16) 式依然可以得到"逆欧拉方程"

$$u_c(t) = \beta R_{t+1} \frac{1}{E_t[1/u'(t+1)]} \tag{4.22}$$

由 (4.15) 式和 (4.20) 式，可得投资和劳动之间的边际替代关系

$$E_t[\lambda(\theta)]u'(t)f_y(t) = E_t[\lambda_1(\theta,\theta_t)]\frac{v'}{\theta_t} \tag{4.23}$$

(2.22) 式和 (2.23) 式和上一章得到的最优化条件一致，这就说明，如果在分散经济中对资本和劳动征税，则税收形式和第 3 章的结论一致。本章关注的重点并不是在分散经济中的最优税收结构，而是公共和私人教育投资，以及政府的差异性补贴政策。同时，本章还关注社会能力分布的动态演化过程。从 (4.17) 式和 (4.19) 式得到 $G_1(t) = G_2(t)$，这表明政府教育的公共投资和私人投资的边际产出相等。如果 G 取柯布–道格拉斯形式，则容易得到 k_1^t 与 k_t^2 是线性关系。但它们之间的关系不是本书关注的重点，注意此处所指的教育私人投资并不是经济个体在分散经济中的投资水平，这是计划者经济中教育公共投资 k_1^t 和私人投资 k_t^2 之间的关系。本书考察的教育私人投资意指分散经济下的投资水平，事实上当政府在分散经济中对教育私人投资进行补贴，其补贴率为 $\chi_t^{k^2}$，则经济个体真正的私人教育投资为 $k_t^{2\mathrm{real}} = k_t^2/(1+\chi_t^{k^2})$。本书要考察的就是 k_1^t、$k_t^{2\mathrm{real}}$ 的关系。下文将汇报这两者的模拟结果。在不引起歧义的前提下，下文将真实私人投资 $k_t^{2\mathrm{real}}$ 仍然记为 k_t^2，并简称其为教育的私人投资而省略"真实"两字。[①]

下文分别就教育的公共投资 k_t^1 和私人投资 k_t^2 进行展开讨论，并给出数值模拟的结果。在研究社会能力分布时，数值模拟的计算结果支持教育的公共和私人投资使得社会劳动能力分布更加集中这一结论。为了使数值模拟的结果具备一定的收敛性质，下面对 ε_t 进行有关收敛性的假设。

假设 4.1 假设随机扰动 $\varepsilon_t = \nu^t \kappa_t$，其中 κ_t 独立同分布，其共同分布为 $[0, a]$ 上的均匀分布，其中 $a > 0, 0 < \nu < 1$ 为常数。

在这种假设下，对模型的相关函数进行如下定义：

$$u(c, y/\theta) = \frac{c^{1-\sigma}}{1-\sigma} - \left(\frac{y}{\theta}\right)^\gamma, \text{ 其中 } \sigma > 0, \gamma > 1,$$

$$f(k, y) = Ak^\alpha y^{1-\alpha}, \text{ 其中 } 0 < \alpha < 1,$$

[①] 教育的公共投资和私人投资间的关系应该在研究分散经济后表述，为了充实本节的内容，就先睹为快了。

$$G(k^1,k^2,y^2,\theta,\varepsilon)=A_1k^{1^{\alpha_1}}k^{2^{\alpha_2}}y^{2^{\alpha_3}}+\theta+\varepsilon,\text{ 其中 }\alpha_1+\alpha_2+\alpha_3=1$$

在上述假设下，可以证明优化问题 (4.2) 式—(4.5) 式的任意状态变量和控制变量将仅是当前外生状态变量 ε_t 的函数，特别 k_t^1,k_t^2,y_t^2 为 ε_t 的函数。当 k_t^1,k_t^2,y_t^2 关于 ε_t 满足 Lipschitz 条件时，可参见钟开莱 (1989)，得到 θ_t 收敛。当 k_t^1,k_t^2,y_t^2 关于 ε_t 满足一致增长性条件：

$$k_t^1\leqslant M_1\theta_t^b,\quad k_t^2\leqslant M_2\theta_t^b,\quad y_t^2\leqslant M_3\theta_t^b$$

其中 $M_1,M_2,M_3>0$ 为常数，$b>0$ 为常数，则根据 Pollard(1984) 得到 θ_t 依然收敛。而在大量的模拟实践中，以上两种类型条件经常满足，所以本书构造的计算数据结构保证了模型的收敛性。下面分别汇报计算结果。

4.2.2 教育的公共与私人投资

当给定具体参数 $a=5,\beta=0.9,\sigma=2,\gamma=2,\alpha=0.5,A_1=A_2=1$ 和 $\alpha_1=0.2,\alpha_2=0.4$，经济持续的时间假设 $T=\infty$，在计算时从均衡点处二阶展开，利用 Schmitt-Grohe and Uribe(2004) 的方法，得到动力系统 (4.15) 式—(4.21) 式的数值解。首先看 $t=18$ 时教育的公共和私人投资在不同人群间的分配状况。

从图 4-1 可以看出教育的公共投资和私人投资与劳动能力的关系在 $t=18$ 的差异。教育的公共投资与劳动能力间的关系为反 Logistic 曲线，表达在经济发展初期，公共投资的重点放在低能力人群之上，投资额度随能力增加而递减。并且在高能力和低能力的递减速度缓慢，在中间能力层递减速度增强。这表明公共投资在低能力

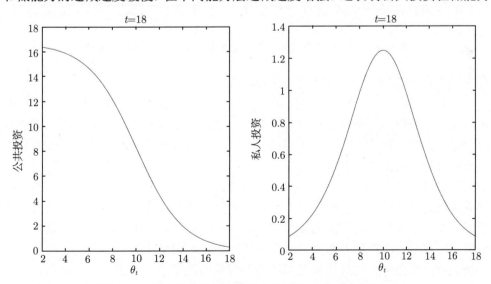

图 4-1 教育的公共投资和私人投资与劳动能力的关系

层和高能力层的同一层级投资差异不大,在中间能力层实行差异性公共投资。教育的私人投资体现为中间高,两头低的图像。高能力者和低能力者都没有激励增加自己的劳动能力,低能力者由于存在很高的公共投资,所以他的私人投资将处于较低的水平;而高能力者此时宁愿将产出用于消费增加当期效用,而没有必要进行能力的大幅提高,因为劳动的边际回报递减,此时这一人群的私人投资也将处于低水平;而中间能力层的私人投资居高,这是因为教育的公共投资随能力递减,中间层的公共投资不足,从而大量的私人投资涌现。可以看出,能力越处于中间层,其私人投资欲望越强。下面再给出教育的公共投资与劳动能力的关系随时间变化的趋势,如图 4-2 所示。

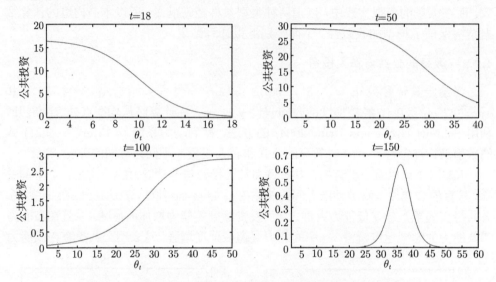

图 4-2　教育的公共投资与劳动能力的关系随时间变化的趋势

图 4-2 中截取了四个有代表性的时点,分别是 $t=18, t=50, t=100$ 和 $t=150$,在每个时点上,公共投资与劳动能力的关系都各具特点,下面分别叙述。左上角的图形反映经济初期公共投资与劳动能力的反 Logistic 关系,右上角的图形也反映这种关系,但是中间层公共投资的递减速度减缓。这表明随着社会劳动能力向中间能力靠拢,公共投资在中间层的差异性减少。左下角的图形反映了公共投资与能力的 Logistic 关系,体现经济发展的中期,公共投资的目的是整体提高社会劳动能力,为此,对于低能力者的公共投资将减少,对于高能力者的投资将加大。并且投资随能力递增,可以看出投资总量上要小于经济初期的投资规模。在右下角的图形表达了经济发展进入稳定期时的公共投资状态,此时社会劳动能力高度集中,公共投资只关注中间层能力就够了。从图 4-2 可以得出公共投资的递进模式:在初期,大力发展中等教育,以提高低能力者的能力;当达到一定

程度后，低能力者已经为数不多，此时社会能力整体提高，发展高等教育；最后当社会能力分布较集中时，发展对中等能力者的教育。下面用表格分析社会能力分布的演化过程。

4.2.3 社会能力分布结构

表 4-1 和表 4-2 反映社会能力集中的速度。沿用上文关于税收负担分析的记号，设 $\alpha_t > 0$，令 π_t 为 t 期在 $\theta \in [\mu_t - \alpha_t, \mu_t + \alpha_t]$ 人群税收总额占总体税收的百分比，其中 $\mu_t = E(\theta_t)$ 为 t 期劳动能力的均值。若要保证 $\pi_t = 90\%$，则可得如下 t 与 α_t 的关系。可以看出，中间层占 90% 人群比例所包含的区间长度逐渐缩小，在 $t = 50$ 时，其区间长度仅为 7，即能力在 [12.5,19.5] 区间的人群将占 90%，说明能力分布集中的速度很快。下面从另一个角度考察这一集中速度。如果令 $\alpha_t \equiv 4$，记 $p_t = \Pr(\theta_t \in [\mu_t - \alpha_t, \mu_t + \alpha_t])$，则 p_t 与 t 的关系如下：若将包含均值的区间固定长度为 8，则随时间演变，这一区间将包含越来越多的人群。可以得到，在 $t = 50$ 时，这一区间包含的人数为全体的 95%。至此，结束对计划者经济的讨论，进入分散经济最优政策的设计。

表 4-1 中间能力层占 90% 时 α_t 与 t 的关系

t	5	10	15	20	30	40	50
α_t	6.1	5.5	5.3	4.6	4.3	3.9	3.5

表 4-2 包含均值长度为 8 的能力区间涵盖的人群百分比

t	5	10	15	20	30	40	50
p_t	0.45	0.52	0.78	0.81	0.83	0.91	0.95

4.3 分散经济中的政策设计

为了使得政府经济计划能够在分散经济中实现，政府必须在分散经济中进行扭曲性政策设计。假定政府只设计了扭曲性税收政策，不妨设为资本收入税率 τ_t^k 和劳动收入税率 τ_t^y，下面证明仅仅在这样的政策下不能实现上述的计划者经济。在资本收入税率 τ_t^k 和劳动收入税率 τ_t^y 存在，且政府的公共教育投资 k_t^1 给定的条件下，消费者的优化问题为

$$\max_{k_{t+1}, k_t^2, c_t, y_t^1, y_t^2, \theta_{t+1}} E\left[\sum_{t=1}^{T} \beta^{t-1}(u(c_t) - v(\frac{y_t^1 + y_t^2}{\theta_t}))\right] \tag{4.24}$$

受到财富约束

$$k_{t+1} = (1 - \tau_t^k) r_t k_t + (1 - \tau_t^y) w_t y_t^1 - c_t - k_t^2 + \chi_t \tag{4.25}$$

和能力演化约束
$$\theta_{t+1} = G(k_t^1, k_t^2, y_t^2, \theta_t, \varepsilon_t) \tag{4.26}$$

初始状态变量 k_1, θ_1 给定。令 $\lambda_t^1, z_t^1 \in \mathcal{F}_t$ 分别为上述两个约束的 Lagrange 乘子，定义 Lagrange 函数

$$\mathcal{L} = E\left[\sum_{t=1}^{T} \beta^{t-1}(u(c_t) - v(\frac{y_t^1 + y_t^2}{\theta_t}))\right] + \tag{4.27}$$

$$E\left[\sum_{t=1}^{T} \beta^{t-1}\lambda_t^1((1-\tau_t^k)r_t k_t + (1-\tau_t^y)w_t y_t^1 - c_t - k_t^2 + \chi_t - k_{t+1})\right] +$$

$$E\left[\sum_{t=1}^{T} \beta^{t-1} z_t^1 (G(k_t^1, k_t^2, y_t^2, \theta_t, \varepsilon_t) - \theta_{t+1})\right]$$

它的一阶条件为
$$\lambda_t^1 = u'(t), \tag{4.28}$$

$$\lambda_t^1 = \beta E_t[(1-\tau_{t+1}^k)r_{t+1}\lambda_{t+1}^1], \tag{4.29}$$

$$\lambda_t^1 = z_t^1 G_2(t), \tag{4.30}$$

$$z_t^1 = \beta E_t\left[z_{t+1}^1 G_4(t+1) + v'(t+1)\frac{y_{t+1}^1 + y_{t+1}^2}{\theta_{t+1}^2}\right], \tag{4.31}$$

$$(1-\tau_t^y)w_t \lambda_t^1 = \frac{v'(t)}{\theta_t} \tag{4.32}$$

和
$$z_t^1 G_3(t) = \frac{v'(t)}{\theta_t} \tag{4.33}$$

厂商的优化一阶条件为
$$r_t = f_k(t) + 1 - \delta, \quad w_t = f_y(t) \tag{4.34}$$

政府的预算约束平衡为
$$r_t \int \tau_t^k k_t \mathrm{d}\mu + w_t \int \tau_t^y y_t^1 \mathrm{d}\mu + \pi_t = k_t^1 + \int \chi_t \mathrm{d}\mu \tag{4.35}$$

其中
$$\pi_t = \max f\left(k_t, \int y_t^1 \mathrm{d}\mu\right) - r_t k_t - w_t \int y_t^1 \mathrm{d}\mu + (1-\delta)k_t$$

为厂商的利润。以上问题给出了分散经济的均衡分配，要使其达到计划的分配结构，则需要比较系统 (4.28) 式至 (4.33) 式与系统 (4.15) 式至 (4.21) 式，得到

$$\lambda_t^1 = \frac{\lambda_t}{E_t[\lambda(\theta)]} \text{ 和 } z_t^1 = \frac{z_t}{E_t[\lambda(\theta)]} \tag{4.36}$$

这两个等式指出了两个系统间 Lagrange 乘子间的关系，同时有

$$E_t\left[(1-\tau_{t+1}^k)u'(t+1)\right] = \frac{1}{E_t[1/u'(t+1)]} \quad (4.37)$$

和

$$(1-\tau_t^y) = \frac{E_t[\lambda(\theta)]}{E_t[\lambda_1(\theta,\theta_t)]} \quad (4.38)$$

这两个等式就是最优税收的法则，和能力外生给定时的税收形式一样，除此之外，还得到以下两个等式：

$$E_t[\lambda(\theta)]E_t[\lambda_1(\theta,\theta_t)] = 1 \quad (4.39)$$

和

$$z_t = \beta E_t\left[\frac{E_t[\lambda(\theta)]}{E_{t+1}[\lambda(\theta)]}z_{t+1}G_4(t+1)\right] + E_t\left[E_t[\lambda(\theta)]v'(t+1)\frac{y_{t+1}^1+y_{t+1}^2}{\theta_{t+1}^2}\right] \quad (4.40)$$

一般说来，(4.39) 式是不成立的；同时 (4.40) 式也并不等同于 (4.18) 式。于是仅仅构建税收政策不能使分散经济均衡达到计划者经济分配水平，下文将给出一种补贴性质的转移支付政策，将其与最优税收政策结合，可使分散经济达到计划者经济水平。

4.3.1 税收和转移支付政策设定

为了使分散经济能够实现分配的目标，下文设计了对于私人投入进行补贴的转移支付机制。设私人资本投入的政府补贴率为 $\chi_t^{k^2}$，私人劳动投入的政府补贴率为 $\chi_t^{y^2}$[①]，为了使分散经济中关于劳动能力的一阶条件 (4.31) 式能够等同于计划者经济中关于能力的一阶条件 (4.18) 式，还需如下假设。

假设 4.2 假定计划者经济中能力演化过程 $\{\theta_t\}$ 满足：使得随机过程 $\{w(\theta_t,\theta_t')\theta_t/\theta_t'\}$ 与随机变量 $\lambda(\theta,\theta')$ 独立的鞅过程。

于是我们可以得到如下命题：

命题 4.1 若假设 4.2 成立，则

$$E_t[\lambda_2(\theta,\theta_{t+i})] = E_t[\lambda_2(\theta,\theta_t)], \text{ 对任意的 } i \geqslant 1 \quad (4.41)$$

证明 从 λ_2 的定义得到

$$E_t[\lambda_2(\theta,\theta_{t+i})] = 1 + E_t[\lambda(\theta',\theta)] + E_t\left[\lambda(\theta,\theta')\frac{w(\theta_{t+i},\theta_{t+i}')\theta_{t+i}}{\theta_{t+i}'}\right]$$

[①] 这一假设并不是明显成立的，假设私人劳动投入政府的补贴力度采用奖学金的制度进行补贴，它折算成有效劳动之后相当于提供了 $\chi_t^{y^2}$ 比例的劳动。

根据假设 4.2,由独立性进一步得到

$$E_t\left[\lambda(\theta,\theta')\frac{w(\theta_{t+i},\theta'_{t+i})\theta_{t+i}}{\theta'_{t+i}}\right] = E_t[\lambda(\theta,\theta')]E_t\left[\frac{w(\theta_{t+i},\theta'_{t+i})\theta_{t+i}}{\theta'_{t+i}}\right]$$

再由题设 $\{w(\theta_t,\theta'_t)\theta_t/\theta'_t\}$ 为鞅,得到

$$E_t\left[\frac{w(\theta_{t+i},\theta'_{t+i})\theta_{t+i}}{\theta'_{t+i}}\right] = \frac{w(\theta_t,\theta'_t)\theta_t}{\theta'_t}$$

再一步步倒推,可以得到

$$E_t\left[\lambda(\theta,\theta')\frac{w(\theta_{t+i},\theta'_{t+i})\theta_{t+i}}{\theta'_{t+i}}\right] = E_t\left[\lambda(\theta,\theta')\frac{w(\theta_t,\theta'_t)\theta_t}{\theta'_t}\right]$$

这就意味着

$$E_t[\lambda_2(\theta,\theta_{t+i})] = E_t[\lambda_2(\theta,\theta_t)] \qquad \Box$$

有了这些准备后,我们再重新求解分散经济问题,由于厂商行为和政府预算约束不影响最优政策的求解,所以只需要关注分散经济下的消费者行为即可。此时的消费者优化问题为

$$\max_{k_{t+1},k_t^2,c_t,y_t^1,y_t^2,\theta_{t+1}} E\left[\sum_{t=1}^T \beta^{t-1}\left(u(c_t) - v\left(\frac{y_t^1+y_t^2}{\theta_t}\right)\right)\right] \tag{4.42}$$

受到财富约束

$$k_{t+1} = (1-\tau_t^k)r_t k_t + (1-\tau_t^y)w_t y_t^1 - c_t - k_t^2 + \chi_t \tag{4.43}$$

和能力演化约束

$$\theta_{t+1} = G(k_t^1,(1+\chi_t^{k^2})k_t^2,(1+\chi_t^{y^2})y_t^2,\theta_t,\varepsilon_t) \tag{4.44}$$

初始状态变量 k_1,θ_1 给定。

4.3.2 最优政策

采用以前设定的记号 λ_t^1 和 ζ_t^1,可以得到如下的一阶系统:

$$\lambda_t^1 = u'(t), \tag{4.45}$$

$$\lambda_t^1 = \beta E_t[(1-\tau_{t+1}^k)r_{t+1}\lambda_{t+1}^1], \tag{4.46}$$

$$\lambda_t^1 = z_t^1(1+\chi_t^{k^2})G_2(t), \tag{4.47}$$

$$z_t^1 = \beta E_t\left[z_{t+1}^1 G_4(t+1) + v'(t+1)\frac{y_{t+1}^1+y_{t+1}^2}{\theta_{t+1}^2}\right], \tag{4.48}$$

$$(1-\tau_t^y)w_t\lambda_t^1 = \frac{v'(t)}{\theta_t}, \tag{4.49}$$

和

$$z_t^1 G_3(t)(1+\chi_t^{y^2}) = \frac{v'(t)}{\theta_t} \tag{4.50}$$

将这个一阶系统与计划者经济的一阶系统相比较得到

$$\lambda_t^1 = \frac{\lambda_t}{E_t[\lambda(\theta)]} \text{ 和 } z_t^1 = \frac{z_t}{E_t[\lambda(\theta)](1+\chi_t^{k^2})} \tag{4.51}$$

同时也有

$$E_t\left[(1-\tau_{t+1}^k)u'(t+1)\right] = \frac{1}{E_t[1/u'(t+1)]} \tag{4.52}$$

和

$$(1-\tau_t^y) = \frac{E_t[\lambda(\theta)]}{E_t[\lambda_1(\theta,\theta_t)]} \tag{4.53}$$

(4.52) 式和 (4.53) 式指出最优劳动和资本收入税的决定。私人用于能力提高的有效劳动补贴率 $\chi_t^{y^2}$ 由下式决定:

$$(1+\chi_t^{y^2})E_t[\lambda_1(\theta,\theta_t)] = (1+\chi_t^{k^2})E_t[\lambda(\theta)] \tag{4.54}$$

但是上式中的 $\chi_t^{k^2}$ 是未知的,它由命题 4.2 给出。

命题 4.2 在假设 4.2 成立下,并且随机过程 $\{\lambda_2(\theta,\theta_t)\}$ 为可料过程,即

$$E_{t+1}[\lambda_2(\theta,\theta_{t+1})] \in \mathcal{F}_t$$

若设置对教育私人资本投入的补贴率 $\chi_t^{k^2}$ 满足

$$(1+\chi_t^{k^2})E_t[\lambda(\theta)] = E_t[\lambda_2(\theta,\theta_t)]$$

则分散经济中关于能力的一阶条件等价于计划经济中相应的一阶条件。

证明 将 (4.51) 式中的 z_t^1 代入 (4.48) 式中,得到

$$z_t = \beta E_t\left[\frac{E_t[\lambda_2(\theta,\theta_t)]}{E_{t+1}[\lambda_2(\theta,\theta_{t+1})]}z_{t+1}G_4(t+1) + E_t[\lambda_2(\theta,\theta_t)]v'(t+1)\frac{y_{t+1}^1+y_{t+1}^2}{\theta_{t+1}^2}\right]$$

由于 $\lambda_2(\theta,\theta_t)$ 为可料过程,于是

$$E_{t+1}[\lambda_2(\theta,\theta_{t+1})] = E_t[\lambda_2(\theta,\theta_{t+1})]$$

根据命题 4.3 的结论,上式进一步得到

$$E_{t+1}[\lambda_2(\theta,\theta_{t+1})] = E_t[\lambda_2(\theta,\theta_t)]$$

于是

$$z_t = \beta E_t \left[z_{t+1} G_4(t+1) + E_t[\lambda_2(\theta, \theta_t)] v'(t+1) \frac{y_{t+1}^1 + y_{t+1}^2}{\theta_{t+1}^2} \right]$$

而命题 4.3 的结论又再次提示

$$E_t[\lambda_2(\theta, \theta_t)] = E_t[\lambda_2(\theta, \theta_{t+1})]$$

于是得到

$$z_t = \beta E_t \left[z_{t+1} G_4(t+1) + \lambda_2(\theta, \theta_{t+1}) v'(t+1) \frac{y_{t+1}^1 + y_{t+1}^2}{\theta_{t+1}^2} \right]$$

这与计划者经济关于 θ_{t+1} 的一阶条件 (4.18) 一致，于是命题得证。 □

综合命题 4.4，可以得到如下的最优财政政策：

$$E_t\left[(1 - \tau_{t+1}^k) u'(t+1)\right] = \frac{1}{E_t[1/u'(t+1)]} \tag{4.55}$$

和

$$(1 - \tau_t^y) = \frac{E_t[\lambda(\theta)]}{E_t[\lambda_1(\theta, \theta_t)]} \tag{4.56}$$

这两个等式决定了最优税收。下面两个等式决定了最优转移支付：

$$(1 + \chi_t^{k^2}) E_t[\lambda(\theta)] = E_t[\lambda_2(\theta, \theta_t)] \tag{4.57}$$

和

$$(1 + \chi_t^{y^2}) E_t[\lambda_1(\theta, \theta_t)] = E_t[\lambda_2(\theta, \theta_t)] \tag{4.58}$$

(4.55) 式至 (4.58) 式给出了全部的最优财政政策，在这样的政策下，分散经济达到了计划者经济的最优配置水平。下面给出一些数值模拟，用来考察最优政策的演化路径。

4.3.3 政策的动态演化

从 (4.57) 式和 (4.58) 式得到关于补贴率的完全表达式

$$\chi_t^{k^2} = \frac{E_t[\lambda(\theta, \theta')(w(\theta_t, \theta_t')\theta_t/\theta_t' - 1)]}{E_t[\lambda(\theta)]} \tag{4.59}$$

和

$$\chi_t^{y^2} = \frac{E_t[\lambda(\theta, \theta') w(\theta_t, \theta_t')(\theta_t/\theta_t' - 1)]}{E_t[\lambda_1(\theta, \theta_t)]} \tag{4.60}$$

结合劳动收入税率的表达式

$$\tau_t^y = \frac{E_t[\lambda(\theta, \theta')(1 - w(\theta_t, \theta_t'))]}{E_t[\lambda_1(\theta, \theta_t)]} \tag{4.61}$$

可以看出三种财政政策的相似性,其中,补贴的比率与劳动收入税率呈相反的趋势。当了解了劳动收入税率之后,则两种补贴应该以相反的方向进行。也即当劳动收入税与能力呈 Logistic 关系时,以上两种补贴与能力应该呈反 Logistic 关系。于是,在下面的数值分析时,仅给出最优的资本和劳动收入税与能力的关系。在得到这些关系的同时也就可以得到两种补贴与能力之间的关系了。首先看资本收入税率与劳动能力的关系随时间变化的趋势,如图 4-3 所示。

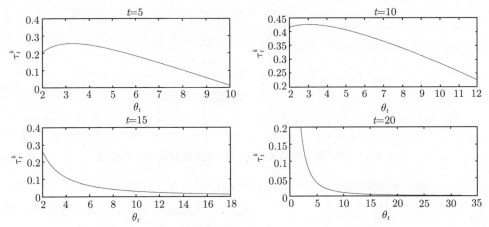

图 4-3 资本收入税率与劳动能力的关系随时间变化的趋势

从图 4-3 可以得出资本收入税率经历了一个先增加后减少的过程,在社会能力结构调整时(体现在 $t=10$ 时),此时需要积极的财政政策参与。为了转移支付政策的顺利实施,必须辅以重税完成这一目标。当社会能力结构趋向于稳定状态时,资本收入税下降,而且有渐近为 0 的趋势,这与 Chamely(1986) 的结论相似,但我们现在的框架是不对称信息框架,Chamely (1986) 考察的是次优税收理论。下面再给出劳动收入税随时间变化的趋势图。

图 4-4 说明劳动收入税和劳动能力的关系随时间变化的趋势与第 3 章相同,图 4-4 同时还反映了随着时间的推移,Logistic 曲线越来越陡。这是因为社会能力不断集中,在能力均值附近的人群占据社会总人群的绝大部分,于是劳动收入税当然集中在此类人群,在图像中反映的就是 Logistic 曲线越来越陡。最后给出信息混同指标 I_t 和福利水平 W_t 与时间的关系。此处的 I_t 和 W_t 是基于初始状态为 k_t, θ_t 的经济而言的,它们的关系如图 4-5 所示。

信息混同指标 I_t 不断下降,反映了虽然社会能力分布更加集中,更方便相互模仿,但是政府的差异性财政政策使得模仿的成本过高,于是 I_t 不断下降,但是福利水平随着政府财政政策的实施却不断提高。这一结论与第 3 章的信息混同指标与福利水平关系是不一致的,在第 3 章,两者的改变来源于经济外生变量的变

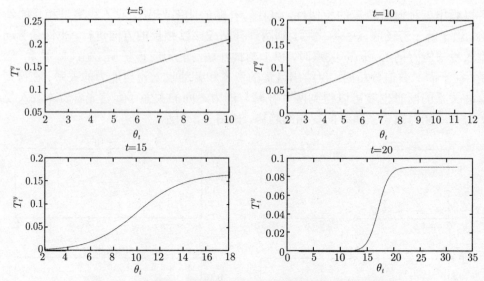

图 4-4　劳动收入税与劳动能力的关系随时间变化的趋势

动,所以出现信息混同指标与福利水平同步增长的情形。而本章中内生的能力演化机制使得政府的财政政策更加丰富,从而避免了信息越混乱,福利水平越高的反常现象。

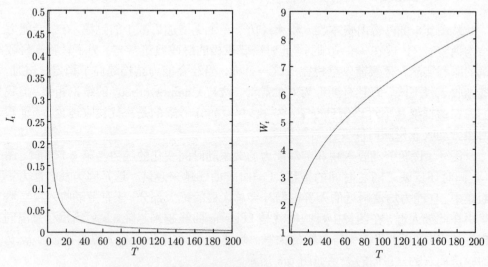

图 4-5　信息混同指标和福利水平与时间的关系

4.4 本章小结

本章研究了信息不对称情况下，带内生能力演化机制下的经济，着重考虑了最优的教育公共投资和私人投资在不同人群间的分布关系，同时指出随时间演变，二者的变化趋势。在考察政府的最优财政政策时，首先指出仅仅通过税收政策难以完成分散经济复制计划者经济的目标，于是本书设计了对于私人用于提高劳动能力的资本投入和劳动投入进行差异性补贴，在一定的假设下，完成了分散经济复制计划者经济的目标。这一方面指出政府公共政策多样性是合理的，另一方面指出政府最优政策的设计路径是多样化的。最后给出各类最优财政政策的表达式并提供相应的数值解，给出它们随时间的演变趋势。

第5章 财政分权下的最优财政政策

本章研究在财政分权体制下，应如何设计存在信息不对称时的最优分权结构。传统上关于财政分权的研究始于 Tiebout(1956)，之后学术界围绕财政分权是否有利于提高公共资源配置的效率、是否有助于限制政府规模、财政分权对政府间职能分配的影响等问题展开了激烈的争论，并产生了一系列理论成果，从而构成当代财政分权的理论框架。

虽然有些学者很早就将信息不对称引入对财政分权结构的研究，但大多是基于对经济个体偏好的假设，如 Stigler(1988) 和 Tresh(1990)。他们认为，与中央政府相比较，地方政府对消费者的偏好有更好的把握，于是建议财政分权结构应该使得地方和中央关于税种有所区分。这样的结论不仅在上述两位学者的论述中出现，在有关分权的实证文章中也经常被提到。Stigler(1988) 和 Tresh(1990) 是从中央政府和地方政府关于居民消费偏好的了解程度不同角度，给出信息不对称结构。本章的研究基于经济个体的劳动能力为私有信息，而且地方政府公共开支的偏好相对于中央政府为私有信息的双重信息不对称结构。本章的研究将涵盖以上两位作者的模型。在此假设下，本章研究此时最优财政分权结构。

本章的结论包括以下两点：第一，本章的结论支持地方政府和中央政府同时征税，这与 Stigler(1988) 提出的地方与中央政府分税种征税结论不同。中央政府关于税收的结论与本书第3章的结论保持一致，在本章设计的一个特殊情形下，中央政府对个人的资本收入税为0。除此以外，两级政府的税收都不为0。事实上，中央和地方政府的扭曲性税收是分别针对个人对中央政府的 IC 约束和个人对地方政府的 IC 约束设定的。从这点来看，这个税收的根源来自经济系统的内在特征，所以只要存在这两种类型的 IC 约束，就会存在中央和地方对经济个体应同时征税的结论。

第二，本章还提出了另外一个层次的激励相容约束，即地方政府对中央政府隐瞒自己关于公共支出的偏好信息。这样，在中央政府优化社会总体福利水平时，还要加上对对方政府的激励相容约束，这个激励相容约束的参与使得中央政府对地方政府的公共支出应该采取对应性支付策略。这一结论与 Gong and Zou(2003) 不一样，在那篇文章中得到最优对应性转移支付为0 的结论；也与 Wilson(1990) 的结论有所差别，那篇文章认为对应性转移支付不为0，但是对所有的地方政府应是一样的比例，而本书得到的是应采取差异性对应性支付比率政策。下面给出模型的基本设定。

5.1 基本模型设定

设经济中存在两种类型的政府，一类是中央政府，另一类是地方政府，两种政府都分别具有设定税收政策的能力，并且中央政府对地方政府公共开支具有对应性转移支付的责任。本书假定经济中存在一个中央政府，地方政府的个数假定是连续统个，分布在 [0,1] 区间上，其总体测度为 1。地方政府除了设置税收政策，还需要进行公共开支 s，假设经济个体的效用函数建立在个人消费 c、个人劳动 l 和地方政府公共开支 s 上，具有如下形式：

$$u(c,l,s) = u(c) - v(l) + \phi(s,\pi) \tag{5.1}$$

其中 π 为地方政府的私有信息，通常体现为对地方政府公共开支的偏好信息。在 Gordon(1983)、Persson 和 Tabellini(1996) 中，将 $\phi(s,\pi)$ 写成

$$\phi(s,\pi) = \pi\phi(s)$$

其中 π 可以被认为对地方政府公共开支的权重。若

$$\phi(s,\pi) = \frac{s^{1-\pi}}{1-\pi}$$

此时的 π 可以认为是地方政府公共开支的风险回避系数。当然 π 也可以是向量，当 $\pi = (\lambda,\sigma)$ 时，可以设

$$\phi(s,\pi) = \lambda\frac{s^{1-\sigma}}{1-\sigma}$$

总之，地方政府公共开支的私有信息 π 含义可以很丰富，上述三种类型的私有信息基本涵盖了大多数有意义的情形。此外，本书假定地方政府的私有信息 π 对不同的政府是独立同分布的。

在每个地方政府辖区内存在测度为 1 的连续统个经济个体，每个经济个体的劳动能力 θ 是私有信息，并且假定不同经济个体的劳动能力 θ 独立同分布。设经济持续时间为 T，随机过程 $\{\theta_t\},\{\pi_t\}$ 为概率空间 $(\Omega,\mathcal{F},\mathcal{F}_t,\mu)$ 上的任意随机过程。t 期时政府可以观测到每个经济个体的有效劳动 $y_t = l_t\theta_t$，但不可以观测 l_t 和 θ_t。设 θ_t 的值域为 Θ，随机过程 $\{\theta_t\}$ 的一个实现 $\theta = (\theta_1,\cdots,\theta_T) \in \Theta^T$ 为能力序列，它可以用来指代个体，称为能力实现序列为 θ 的经济个体。同理设 π_t 的值域为 Π，同样可以定义 $\pi \in \Pi^T$ 为地方政府信息实现序列，并用它来指代地方政府。

5.1.1 信息不对称的分类

在上述的经济设定下，有以下三个方面的信息不对称。首先是个人对于中央政府隐瞒信息，其次是地方政府对中央政府信息瞒隐，最后是个人对地方政府隐瞒信

息。为了准确描述以上三种类型的信息不对称，引入

$$W((\theta',\pi'),(\theta,\pi)) = \sum_{t=1}^{T} \beta^{t-1}(u(c_t(\theta',\pi')) - v(y_t(\theta',\pi')/\theta_t) + \phi(s_t(\theta',\pi'),\pi_t)) \quad (5.2)$$

(5.2) 式表达了在 π 类型地方政府汇报类型为 π'，其下的居民 θ 在汇报自己类型为 θ' 下，π 类型地方政府辖区的 θ 型经济个体的事后折现效用。对于 π 类型地方政府下的经济个体 θ，当其向中央政府汇报能力为 θ' 时，其事后效用为

$$W(\theta',\theta,\pi) = W((\theta',\pi),(\theta,\pi))$$

此时若中央政府需要他汇报真实情况，即在资源分配时加入如下激励相容约束

$$W(\theta,\theta,\pi) \geqslant W(\theta',\theta,\pi) \text{ 对任意 } \theta,\theta' \in \Theta^T, \pi \in \Pi^T \quad (5.3)$$

对于 π 类型政府，当它向中央政府汇报其类型为 π' 时，它所辖区的居民总体事后福利为

$$W(\pi',\pi) = \sum_j W((\theta_j,\pi'),(\theta_j,\pi)) = E_\theta[W((\theta,\pi'),(\theta,\pi))]$$

当中央政府需要它如实汇报能力类型时，就需要加上如下激励相容约束

$$W(\pi,\pi) \geqslant W(\pi',\pi) \text{ 对任意 } \pi',\pi \in \Pi^T \quad (5.4)$$

对于能力为 θ 的个体，其向地方政府汇报能力为 θ' 时，在地方政府的类型未知下，他的期望事后折现效用为

$$W(\theta',\theta) = E_\pi[W((\theta',\pi),(\theta,\pi))]$$

当地方政府需要所辖居民汇报真实类型时，就需要如下的激励相容约束

$$W(\theta,\theta) \geqslant W(\theta',\theta) \text{ 对任意 } \theta,\theta' \in \Theta^T \quad (5.5)$$

这样，就给出了本书在分权框架下的三种类型激励相容约束，下面首先给出计划者经济模型。

5.1.2 计划者经济模型

考虑中央政府承担计划者的角色，则它的目的是在资源约束和激励相容约束下，最大化全体社会的福利水平。而全体社会的福利水平为

$$\sum_{i,j}\sum_{t=1}^{T} \beta^{t-1}(u(c(\theta_i^j,\pi^j)) - v(y(\theta_i^j,\pi^j)/\theta_{it}^j) + \phi(s(\theta_i^j,\pi^j),\pi_t^j)) =$$

$$E\left[\sum_{t=1}^{T} \beta^{t-1}(u(c_t) - v(y_t/\theta_t) + \phi(s_t,\pi_t))\right]$$

其中 θ_i^j 为 j 政府下的 i 居民，θ_{it}^j 为 j 政府下的 i 居民在 t 期的劳动能力，π_t^j 为 j 政府在 t 期的私有信息。有了上述记号，则中央政府的优化问题如下：

$$\max_{c_t,y_t,s_t,k_{t+1}} E\left[\sum_{t=1}^T \beta^{t-1}(u(c_t)-v(y_t/\theta_t)+\phi(s_t,\pi_t))\right] \quad (5.6)$$

受到资源约束

$$k_{t+1} = f\left(k_t, \int y_t \mathrm{d}\mu\right) - \int c_t \mathrm{d}\mu - \int s_t \mathrm{d}\mu + (1-\delta)k_t \quad (5.7)$$

经济个体的 IC 约束

$$W(\theta,\theta,\pi) \geqslant W(\theta',\theta,\pi) \text{ 对任意 } \theta,\theta' \in \Theta^T, \pi \in \Pi^T \quad (5.8)$$

和地方政府的 IC 约束

$$W(\pi,\pi) \geqslant W(\pi',\pi) \text{ 对任意 } \pi',\pi \in \Pi^T \quad (5.9)$$

初始资本 k_1 给定。如此确定了计划者的优化问题，下面求解这一问题。

5.2 计划者经济模型求解

在求解计划者经济问题 (5.6) 式至 (5.9) 式之前，先对相关的函数进行假设，假设函数 v,ϕ 满足

$$v(y/\theta') = v(y/\theta)v_1(\theta,\theta'), \quad \phi(s,\pi') = \phi(s,\pi)\phi_1(\pi,\pi') \quad (5.10)$$

定义 $\lambda_t \in \mathbb{R}$ 为资源约束 (5.7) 的 Lagrange 乘子，$\lambda(\theta',\theta,\pi)$ 为个人 IC 约束的 Lagrange 乘子，$\lambda(\pi',\pi)$ 为地方政府 IC 约束的 Lagrange 乘子，定义 Lagrange 泛函如下：

$$\mathcal{L} = E\left[\sum_{t=1}^T \beta^{t-1}(u(c_t)-v(y_t/\theta_t)+\phi(s_t,\pi_t))\right] + \quad (5.11)$$

$$\sum_{t=1}^T \beta^{t-1}\lambda_t\left(f(k_t,\int y_t\mathrm{d}\mu) - \int c_t\mathrm{d}\mu - \int s_t\mathrm{d}\mu + (1-\delta)k_t - k_{t+1}\right) +$$

$$E[\lambda(\theta',\theta,\pi)(W(\theta,\theta,\pi) - W(\theta',\theta,\pi))] +$$

$$E[\lambda(\pi',\pi)(W(\pi,\pi) - W(\pi',\pi))]$$

根据假设 (5.10) 式，若定义

$$\lambda(\theta,\pi) = 1 + E_{\theta'}[\lambda(\theta',\theta,\pi) - \lambda(\theta,\theta',\pi)] + E_{\pi'}[\lambda(\pi',\pi) - \lambda(\pi,\pi')], \quad (5.12)$$

$$\lambda(\theta,\pi,\theta_t) = 1 + E_{\theta'}[\lambda(\theta',\theta,\pi) - \lambda(\theta,\theta',\pi)v_1(\theta_t,\theta_t')] + \quad (5.13)$$
$$E_{\pi'}[\lambda(\pi',\pi) - \lambda(\pi,\pi')],$$

和

$$\lambda(\theta,\pi,\pi_t) = 1 + E_{\theta'}[\lambda(\theta',\theta,\pi) - \lambda(\theta,\theta',\pi)] + E_{\pi'}[\lambda(\pi',\pi) - \lambda(\pi,\pi')\phi_1(\pi_t,\pi_t')] \quad (5.14)$$

则可以将 Lagrange 泛函 (5.11) 式重新改写为

$$\mathcal{L} = E\left[\sum_{t=1}^{T}\beta^{t-1}(\lambda(\theta,\pi)u(c_t) - \lambda(\theta,\pi,\theta_t)v(y_t/\theta_t) + \lambda(\theta,\pi,\pi_t)\phi(s_t,\pi_t))\right] +$$
$$\sum_{t=1}^{T}\beta^{t-1}\lambda_t\left(f(k_t,\int y_t\mathrm{d}\mu) - \int c_t\mathrm{d}\mu - \int s_t\mathrm{d}\mu + (1-\delta)k_t - k_{t+1}\right) \quad (5.15)$$

通过对 c_t, k_{t+1}, y_t 和 s_t 关于泛函 $\mathcal{L}$ 的 Frechet 微分，并令其为 0 得到如下一阶条件。

$$\lambda_t = E_t[\lambda(\theta,\pi)]u'(t), \quad (5.16)$$
$$\lambda_t = \beta(f_k(t+1) + 1 - \delta)\lambda_{t+1}, \quad (5.17)$$
$$\lambda_t f_y(t) = E_t[\lambda(\theta,\pi,\theta_t)]\frac{v'(t)}{\theta_t}, \quad (5.18)$$

和

$$\lambda_t = E_t[\lambda(\theta,\pi,\pi_t)]\phi'(t) \quad (5.19)$$

其中 $\phi'(t)$ 表示公共投资在 t 期的边际效用。在以上一阶系统中消除 λ_t 后得到最优化条件如下：

$$u'(t) = \beta R_{t+1}\frac{1}{E_t[1/u'(t+1)]}, \quad (5.20)$$

$$u'(t)f_y(t)E_t[\lambda(\theta,\pi)] = E_t[\lambda(\theta,\pi,\theta_t)]\frac{v'(t)}{\theta_t}, \quad (5.21)$$

和

$$E_t[\lambda(\theta,\pi)]u'(t) = E_t[\lambda(\theta,\pi,\pi_t)]\phi'(t) \quad (5.22)$$

以上三个条件就构成计划者经济的最优化条件，(5.20) 式再次重述了"逆欧拉方程"，(5.21) 式体现消费和投资的同期边际替代关系，与以前的章节不太相同，在增加一个 IC 约束情况下，同期的边际替代关系略微发生改变。下面研究财政分权框架下如何实现上述计划者经济的最优分配。

5.3 分权体制下的实现

本节研究在财政分权框架下实现计划者经济分配问题。在分权制框架下,地方政府扮演了两种角色。一方面它具有分配资源的能力,另一方面它同时需要考虑提供公共支出和制定分散经济的财政政策。这导致在分权制经济下,应首先考虑地方政府的最优资源分配问题,其次考虑消费者在分散经济中的优化问题。在这种框架下,地方政府相当于再次充当计划者,于是就形成了一个地方政府的计划者经济。在这个经济优化问题中,地方政府在资源约束和需要所辖居民的激励相容约束下,极大化所辖居民的整体福利水平。

下面考虑两种形式的地方政府行为:一种是地方政府不具备生产能力;另一种是地方政府具备生产能力,并且假设此时只存在一个地方政府。理论结果表明两种情形下的分权制结构不同。在地方政府不具备生产能力的情况下,中央与地方同时对经济个体征收各类税 (资本收入税和劳动收入税);在地方政府具备生产能力的情况下,中央政府将退出对于资本收入税的征收。下面分别给出两种不同的地方政府优化问题。

5.3.1 地方政府的优化问题

设中央政府给出的资本收入税率、劳动收入税率分别为 τ_t^{fk} 和 τ_t^{fy},对于地方政府的公共开支对应性补贴比率为 χ_t。在这样的设定下,首先考虑地方政府不具备生产能力的情形,此时地方政府的优化问题是

$$\max_{c_t, y_t, s_t, k_{t+1}^\pi} E\left[\sum_{t=1}^T \beta^{t-1}(u(c_t) - v(y_t/\theta_t) + \phi(s_t, \pi_t))\right] \quad (5.23)$$

受到资源约束

$$k_{t+1}^\pi = (1-\tau_t^{fk})r_t k_t^\pi + (1-\tau_t^{fy})w_t \int y_t \mathrm{d}\mu - \int c_t \mathrm{d}\mu - (1-\chi_t)s_t \quad (5.24)$$

和所辖区居民的激励相容约束

$$W(\theta,\theta) \geqslant W(\theta',\theta) \text{ 对任意 } \theta,\theta' \in \Theta^T \quad (5.25)$$

同样,定义 μ_t 为上述资源约束的 Lagrange 乘子,$\mu(\theta',\theta)$ 为居民 IC 约束的 Lagrange 乘子。由于地方政府公共开支 s_t 仅是关于其私有信息 π 的随机变量,所以在上述 IC 约束中将不体现 $\phi(s_t,\pi_t)$ 这一项。记

$$\mu(\theta) = 1 + E_{\theta'}[\mu(\theta',\theta) - \mu(\theta,\theta')],$$

和
$$\mu(\theta, \theta_t) = 1 + E_{\theta'}[\mu(\theta', \theta) - \mu(\theta, \theta')v_1(\theta_t, \theta'_t)]$$

定义如下的 Lagrange 函数：

$$\mathcal{L} = E\left[\sum_{t=1}^{T} \beta^{t-1}(\mu(\theta)u(c_t) - \mu(\theta,\theta_t)v(y_t/\theta_t) + \phi(s_t, \pi_t))\right] + \quad (5.26)$$

$$E\left[\sum_{t=1}^{T} \beta^{t-1}\mu_t\left((1-\tau_t^{fk})r_t k_t^\pi + (1-\tau_t^{fy})w_t \int y_t \mathrm{d}\mu - \int c_t \mathrm{d}\mu - (1-\chi_t)s_t - k_{t+1}^\pi\right)\right]$$

求解这个优化问题可得如下一阶条件系统：

$$\mu_t = E_t[\mu(\theta)]u'(t), \quad (5.27)$$

$$\mu_t = \beta(1-\tau_{t+1}^{fk})r_{t+1}E_t[\mu_{t+1}], \quad (5.28)$$

$$(1-\tau_t^{fy})w_t\mu_t = E_t[\mu(\theta,\theta_t)]\frac{v'(t)}{\theta_t}, \quad (5.29)$$

和

$$\mu_t(1-\chi_t) = \phi'(t) \quad (5.30)$$

以上一阶系统在消去 μ_t 后得到最优化条件为

$$u'(t) = \beta r_{t+1}(1-\tau_{t+1}^{fk})\frac{E_t[E_{t+1}[\mu(\theta)]u'(t+1)]}{E_t[\mu(\theta)]}, \quad (5.31)$$

$$(1-\tau_t^{fy})w_t u'(t) = \frac{E_t[\mu(\theta,\theta_t)]}{E_t[\mu(\theta)]}\frac{v'(t)}{\theta_t}, \quad (5.32)$$

和

$$E_t[\mu(\theta)]u'(t)(1-\chi_t) = \phi'(t) \quad (5.33)$$

比较 (5.33) 式和 ((5.22) 式得到最优的中央政府对应性转移支付比率如下：

$$\chi_t = 1 - \frac{E_t[\lambda(\theta,\pi)]}{E_t[\lambda(\theta,\pi,\pi_t)]}\frac{1}{E_t[\mu(\theta)]} = 1 - \frac{u'(t)}{\phi'(t)}\frac{1}{E_t[\mu(\theta)]} \quad (5.34)$$

这个比率不是常数，也不恒等于 0。下面再考察地方政府带有生产行为的经济，此时地方政府的优化目标函数还是 (5.23) 式，激励相容约束 (5.25) 式也没有改变。唯一不同的是资源约束方程 (5.24) 变为

$$k_{t+1} = f\left(k_t, \int y_t \mathrm{d}\mu\right) - T\left(k_t, \int y_t \mathrm{d}\mu\right) - \int c_t \mathrm{d}\mu - (1-\chi_t)s_t \quad (5.35)$$

注意此时的 $T\left(k_t, \int y_t \mathrm{d}\mu\right)$ 为中央政府的税收总收入,并且此时的资本存量 k_t 不再为随机变量,公共开支 s_t 也不为随机变量。此时地方政府的优化问题为

$$\max_{c_t, y_t, s_t, k_{t+1}} E\left[\sum_{t=1}^{T}\beta^{t-1}(u(c_t) - v(y_t/\theta_t) + \phi(s_t, \pi_t))\right] \tag{5.36}$$

受到资源约束

$$k_{t+1} = f\left(k_t, \int y_t \mathrm{d}\mu\right) + (1-\delta)k_t - T\left(k_t, \int y_t \mathrm{d}\mu\right) - \int c_t \mathrm{d}\mu - (1-\chi_t)s_t \tag{5.37}$$

和所辖区居民的激励相容约束

$$W(\theta, \theta) \geqslant W(\theta', \theta), \text{ 对任意 } \theta, \theta' \in \Theta^T \tag{5.38}$$

用 Lagrange 泛函方法求解上述问题,定义和不带生产情形一样的 Lagrange 乘子,并采用相关的记号 $\mu(\theta), \mu(\theta, \theta_t)$,求解这个优化问题可得如下一阶条件系统:

$$\mu_t = E_t[\mu(\theta)]u'(t), \tag{5.39}$$

$$\mu_t = \beta(f_k(t) + 1 - \delta - T_k(t))\lambda_{t+1}, \tag{5.40}$$

$$(f_y(t) - T_y(t))\mu_t = E_t[\mu(\theta, \theta_t)]\frac{v'(t)}{\theta_t}, \tag{5.41}$$

和

$$\mu_t(1-\chi_t) = \phi'(t) \tag{5.42}$$

如果记

$$\tau_t^{fk} = \frac{T_k(t)}{f_k(t) + 1 - \delta}, \quad \tau_t^{fy} = \frac{T_y(t)}{f_y(t)}$$

上述一阶系统在消去 μ_t 后得到如下最优化条件:

$$u'(t) = \beta(f_k(t+1) + 1 - \delta)(1-\tau_t^{fk})\frac{1}{E_t[1/u'(t+1)]}, \tag{5.43}$$

$$(1-\tau_t^{fy})f_y(t)u'(t) = \frac{E_t[\mu(\theta, \theta_t)]}{E_t[\mu(\theta)]}\frac{v'(t)}{\theta_t}, \tag{5.44}$$

和

$$E_t[\mu(\theta)]u'(t)(1-\chi_t) = \phi'(t) \tag{5.45}$$

同样在这种情形下,中央政府的对应性转移支付比率和不带生产下的情形一样,它们共同由 (5.34) 式决定。接下来分析分散经济下的优化条件。

5.3.2 消费者的分散经济优化问题

在分散经济下，消费者在中央政府与地方政府的双重税收政策下进行期望折现效用最大化，其中资本回报率和有效劳动回报率固定为 r_t 和 w_t，地方政府的公共支出 s_t 既定，在此情形下，消费者的优化问题为

$$\max_{c_t, y_t, k_{t+1}^\theta} E\left[\sum_{t=1}^T \beta^{t-1}(u(c_t) - v(y_t/\theta_t)\right], \tag{5.46}$$

$$k_{t+1}^\theta = (1 - \tau_t^{fk} - \tau_t^{lk}) r_t k_t^\theta + (1 - \tau_t^{fy} - \tau_t^{ly}) w_t \int y_t \mathrm{d}\mu - \int c_t \mathrm{d}\mu + x_t \tag{5.47}$$

其中 τ_t^{lk} 和 τ_t^{ly} 分别是地方政府的资本和劳动收入税率，这个问题的最优化条件为

$$u'(t) = \beta r_{t+1}(1 - \tau_{t+1}^{fk} - \tau_{t+1}^{lk}) E_t[u'(t+1)], \tag{5.48}$$

和

$$(1 - \tau_t^{fy} - \tau_t^{ly}) w_t u'(t) = \frac{v'(t)}{\theta_t} \tag{5.49}$$

而厂商的优化行为相对简单，下面列一下它的一阶条件：

$$r_t = f_k(t) + 1 - \delta, \quad w_t = f_y(t) \tag{5.50}$$

将上述条件代入分权制结构的所有最优化条件中，再将它们与计划者经济比较就得到最优的税收政策。

5.3.3 最优的财政政策

将 (5.50) 式代入不带生产的地方政府优化问题的最优化条件 (5.31) 式至 (5.33) 式中，并将它们与计划者经济系统的最优化条件 (5.20) 式至 (5.22) 式比较得到最优的中央政府财政政策如下

$$\tau_{t+1}^{fk} = 1 - \frac{E_t[\mu(\theta)]}{E_t[E_{t+1}[\mu(\theta)]u'(t+1)]E_t[1/u'(t+1)]}, \tag{5.51}$$

$$\tau_t^{fy} = 1 - \frac{E_t[\lambda(\theta,\pi)]}{E_t[\lambda(\theta,\pi,\theta_t)]} \frac{E_t[\mu(\theta,\theta_t)]}{E_t[\mu(\theta)]}, \tag{5.52}$$

和

$$\chi_t = 1 - \frac{u'(t)}{\phi'(t)} \frac{1}{E_t[\mu(\theta)]} \tag{5.53}$$

从 (5.51) 式，利用 Jesson 不等式可得中央政府依旧要对资本进行征税。这和 Golosov et al.(2003) 得到的结论相同，但是这里是放在分权的框架下进行的。将 (5.48) 式

和 (5.49) 式与计划者经济系统的最优化条件 (5.20) 式至 (5.22) 式比较，结合 (5.51) 式和 (5.52) 式得到地方政府的最优税收政策为

$$\tau_{t+1}^{lk} = -\frac{Cov_t(u'(t+1), E_{t+1}[\mu(\theta)])}{E_t[E_{t+1}[\mu(\theta)]u'(t+1)]E_t[u'(t+1)]E_t[1/u'(t+1)]}, \quad (5.54)$$

和

$$\tau_t^{ly} = \left[\frac{E_t[\mu(\theta, \theta_t)]}{E_t[\mu(\theta)]} - 1\right] \frac{E_t[\lambda(\theta, \pi)]}{E_t[\lambda(\theta, \pi, \theta_t)]} \quad (5.55)$$

用同样比较的方法，比较系统 (5.43) 式至 (5.45) 式和系统 (5.20) 式至 (5.22) 式得到在地方政府拥有生产时的最优中央政府财政政策为

$$\tau_{t+1}^{fk} = 0, \quad (5.56)$$

$$\tau_t^{fy} = 1 - \frac{E_t[\lambda(\theta, \pi)]}{E_t[\lambda(\theta, \pi, \theta_t)]} \frac{E_t[\mu(\theta, \theta_t)]}{E_t[\mu(\theta)]}, \quad (5.57)$$

和

$$\chi_t = 1 - \frac{u'(t)}{\phi'(t)} \frac{1}{E_t[\mu(\theta)]} \quad (5.58)$$

而最优的地方政府税收政策为

$$\tau_{t+1}^{lk} = 1 - \frac{1}{E_t[u'(t+1)]E_t[1/u'(t+1)]}, \quad (5.59)$$

和

$$\tau_t^{ly} = \left[\frac{E_t[\mu(\theta, \theta_t)]}{E_t[\mu(\theta)]} - 1\right] \frac{E_t[\lambda(\theta, \pi)]}{E_t[\lambda(\theta, \pi, \theta_t)]} \quad (5.60)$$

由 (5.56) 式得到此时的分权结构使得中央政府的资本收入税为 0，这个结论支持了一些学者关于分权要分税种进行征收的建议。同时可以看到两种类型的地方政府除了在资本收入税上不同，在劳动收入税和对应性转移支付比率上都相同，这说明了劳动收入税和对应性转移支付政策的稳健性。在下一节中，将汇报一些模拟计算结果。

5.4 模拟计算结果

本节将重点汇报地方政府是否具备生产两种情形下的最优财政分权结构。为此对本章提出的模型进行如下假设，设效用函数为

$$U(c, l, s) = \frac{c^{1-\sigma_1}}{1-\sigma_1} - \frac{l^\gamma}{\gamma} + \lambda \frac{s^{1-\sigma_2}}{1-\sigma_2} \quad (5.61)$$

生产函数采用柯布–道格拉斯形式，即 $f(k,l) = k^\alpha l^{1-\alpha}$。居民的劳动能力 $\{\theta_t\}$ 和地方政府公共开支的偏好 $\{\pi_t\}$ 为独立的随机过程。并且假设 θ_t 独立同分布，为区间 $[2,22]$ 上的均匀分布；π_t 独立同分布于二维矩形 $[0.1,0.8] \times [2,6]$ 上的均匀分布；经济持续的期数 $T=50$。

在本章的模拟过程中，恒取 $\sigma_1 = 2, \gamma = 2$ 和 $\alpha = 0.3$，重点考虑中央与地方政府税收与劳动能力 θ_t 的关系，和中央政府对地方政府对应性转移支付与地方政府公共开支偏好的关系。根据本章开头关于地方政府公共开支偏好 π 的解释，地方政府的私有信息在模拟中采用 (5.61) 式中的 (λ, σ_2) 的向量形式。①因此计算得到各类财政政策都分别是劳动能力 θ 和地方政府的私有信息 (λ, σ_2) 的函数，即各类财政政策都是三个自变量的函数。在以下关于最优税收政策的汇报中，固定地方政府的私有信息 π，将最优税收政策表达成劳动能力 θ 的函数。在汇报中央政府对地方政府的最优转移支付政策时，固定个体能力 θ，将其表达成 π 的二元函数。在描述这个二元函数时，也将采用固定其中一个分量的方式，将它表述成单变量的函数以方便汇报。下面分别汇报计算结果。

5.4.1 最优中央政府财政政策

中央政府财政政策分为对居民的资本和劳动收入税与中央政府对地方政府的公共开支补贴，在上述设定下，首先给出中央政府对居民的资本收入税与劳动能力的关系，如图 5-1 所示。

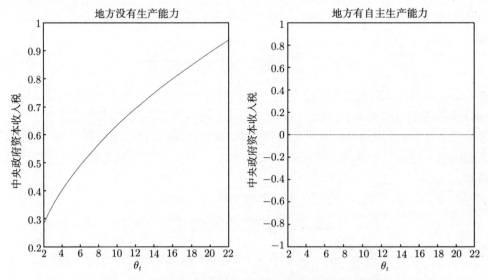

图 5-1 中央政府资本收入税与居民劳动能力的关系

---

① 当采用向量形式时，本章的假设 (5.10) 式不再满足。虽然此时得不到书中所述关于各类税收的显示表达式，但是在计算中可以实现这一目标。

图 5-1 给出当 $t = 20$ 时中央政府资本收入税与居民劳动能力之间的关系是在固定 $\pi = (0.4, 3)$ 的情况下得到的。可以看到,在地方政府不具备生产能力时,中央政府的资本收入税为正,并且随居民劳动能力增加而递增。可见中央政府对居民的资本收入税是能力惩罚性的,这是由于中央政府的主要职责在于做好转移支付政策,没有必要通过征收资本收入税来激励高能力者。既然中央政府对居民的资本收入税采取能力惩罚性策略,为了激励高能力的居民,可以预见其要在劳动收入税上采用能力递减的策略。事实上,模拟的结果正是如此,如图 5-2 所示。

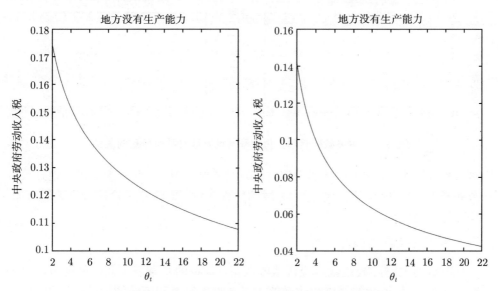

图 5-2 中央政府劳动收入税与居民劳动能力的关系

图 5-2 反映了中央政府为了激励高能力者,采用递减的劳动收入税政策。这比 Mirrlees(1971) 和 Golosov et al.(2003) 的结论更加强了,这几位作者的结论是通过边际劳动收入税递减来激励高能力者工作。结合图 5-1 和图 5-2 可以得到,此时中央政府对于居民的税收激励不再体现在边际税收上了,而直接体现在总量税收上。虽然在资本收入税上采取惩罚性税收政策,但是可通过递减的劳动收入税进行补偿,从而实现对高能力者的激励。下面考察中央政府对地方政府的转移支付政策。

根据本节开始的讨论,可知中央政府的转移支付政策是 λ, σ_2 的二元函数,所以当考虑转移支付与 λ 的关系时,固定 $\sigma_2 = 3$;当考虑转移支付与 σ_2 的关系时,固定 $\lambda = 0.4$。如图 5-3 所示。

图 5-3 反映了转移支付政策与地方政府的私有信息呈现递增的关系。左边的两幅图表明随着地方政府公共开支给居民带来的效用比重增加,中央政府的对于地方政府公共开支的转移支付力度更大。右边的两幅图表明随着对公共开支的风

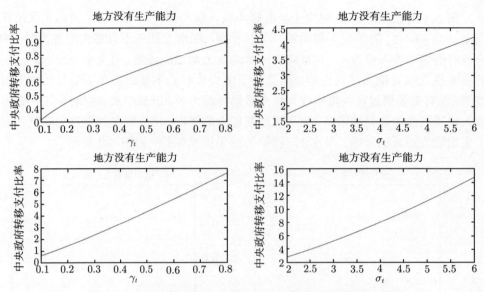

图 5-3 中央政府转移支付比率与地方政府私有信息的关系

险规避系数的增加,地方政府越不愿意进行公共开支投入,此时为了鼓励地方政府的公共开支,中央政府应该进行大力度的转移支付,即随着风险规避系数的增加,转移支付的力度加大。

5.4.2 最优地方政府财政政策

地方政府的财政政策就是最优税收政策,模拟的结果表明此时的地方政府最优政策类似于第 3 章的最优税收政策。资本收入税率和劳动能力的关系如图 5-4 所示。

图 5-4 表明此时资本收入税率与劳动能力的关系与第 3 章的情况类似,这说明 (5.54) 式中消费的边际效用 $u'(t+1)$ 与 $E_{t+1}[\mu(\theta)]$ 是负相关的。由图 5-5 可知,劳动收入税率与劳动能力之间呈 Logistic 关系。根据上一节的讨论,地方政府的最优劳动收入税与劳动能力的关系建立在三重 IC 约束基础之上。如果粗略地认为一个类型的 IC 约束就代表一层 Logistic 关系,那么图 5-5 表明有两重 IC 约束关系互相抵消了。当然以上的数据表明所有的财政分权相关政策变量都大于 0,这与模拟时采用的参数相关,当参数发生变化时,中央政府对地方政府转移支付不一定都是大于 0 的。因为当消费的边际效用远大于地方政府公共开支的边际效用时,表明地方政府的公共开支已经相对较大了,此时应该控制其公共开支,这就需要对公共开支征税而不再是补贴了。至此,本章的讨论结束。

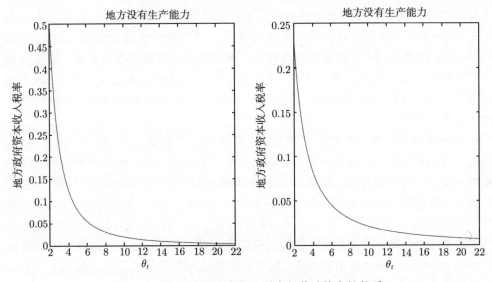

图 5-4　地方政府资本收入税率与劳动能力的关系

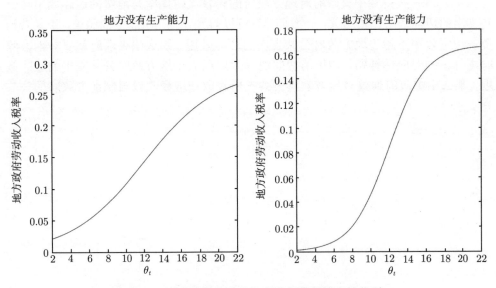

图 5-5　地方政府劳动收入税率与劳动能力的关系

5.5　本章小结

本章给出了财政分权体制下，考虑不对称信息机制时的最优财政分权的结构，给出最优的财政政策。在对地方政府进行优化设置时，分别讨论了主导生产及不主导生产两种情形。在地方政府不主导生产时得到最优的中央政府资本收入税率大于 0 的结论。地方政府的资本收入税率的正负取决于其边际效用 $u'(t+1)$ 与 $E_{t+1}[\mu(\theta)]$ 的相关关系，如果两者正相关，地方政府采取资本收入补贴；如果负相关则征税。当地方政府主导生产时，此时最优的中央政府资本收入税为 0，地方政府承担征收资本收入税的任务，同样利用 Jesson 不等式得到此时的地方政府资本收入税为正的结论。

两种设置下的最优劳动收入税相同。从中央政府和地方政府的劳动收入税表达式来看，很难区它们与劳动能力之间的关系。重要的一点是此时两者的表达式中牵涉多层 IC 约束的作用。在第 3 章的基本模型里面，可以得出在仅存在一种 IC 约束下，最优的劳动收入税与能力之间具有 Logistic 关系。如果沿用这个结论，本章中的劳动收入税就是三重 Logistic 关系的复合，导致关于劳动收入税和能力间关系是不定的，具体的关系只能够通过模拟来识别。本章给出的模拟结果表明将有两重的 IC 约束有相互抵消的效果，从而再次形成地方政府劳动收入税与劳动能力关系呈现 Logistic 关系。

从 (5.58) 式得到中央政府对地方政府的转移支付比率与消费的边际效用与公共支出的边际效用比值相关，一般而言，可以得到 $E_t[\mu(\theta)] > 1$ 的结论，于是若消费的边际效用不超过地方政府公共支出的边际效用，那么中央政府就要对地方政府进行正的对应性补贴。如果消费的边际效用远大于地方政府公共支出的边际效用，那么中央政府通过对地方政府公共支出收取相应税收以限制地方政府的公共开支水平。

第 6 章　财富关注与最优财政政策

本章在 Golosov et al.(2003) 发展的新公共财政模型中加入财富关心变量，在 Golosov et al.(2003) 中，由于信息不对称导致社会资本过度积累，最优的社会差距 (Social Wedge) 为正，这就导致了正的资本收入税。当加入财富关心，资本积累可以增加居民福利，此时资本积累未必就是过度的。从而跨期的社会差距可以为正、零或负，这就导致了正的、零、负的资本收入税。这说明，信息不对称导致的社会资本过度积累此时有可能并非"过度"，有时候甚至是不足的。

6.1　引　言

Golosov et al. (2003) 和 Werning (2002) 在 Mirrlees (1971) 的基础上构建了新动态公共财政 (NDPF) 模型框架，这是将信息不对称模型动态化的一个初步尝试。本章就是在 NDPF 的框架中考虑经济个体具有财富关心的效用函数，重点考察经济个体的最优税收问题。事实上，在静态的 Mirrlees 模型中，如 Diamond (1998) 和 Saez (2001)，都仅仅考虑了最优的劳动收入税，得出倒 S 形的最优劳动收入税形式。虽然这为研究最优的非线性收入税开创了先河，也为累进制收入税收结构提供了理论基础，但现实经济中不仅有劳动收入税，还有资本收入税，这就要求对模型要进行动态化设置。

Golosov et al. (2003) 以及其后续一系列工作采用 Rogerson (1985a, 1985b) 发展的对偶方法，对动态化的 Mirrless 模型进行求解。在动态 Mirrlees 模型中，Golosov et al. (2003) 假设模型中经济个体具有的劳动能力为私有信息，并且对能力的分布不做任何假设，在非常宽泛的条件下得到如下的"逆欧拉方程"：

$$1/u'(c_t) = (\beta R_{t+1})^{-1} E_t[1/u'(c_{t+1})],$$

其中 R_{t+1} 是资本回报率。上述方程之所以被称为"逆欧拉方程"，是因为在一般情形下，关于经济个体的跨期优化，最优性条件应该是资源的边际替代率 MRS 等于边际转换率 MRT，这将导致如下的最优性条件：

$$u'(c_t) = \beta R_{t+1} E_t[u'(c_{t+1})]$$

与上述方程相比较，可以得出在信息不对称条件下，有

$$u'(c_t) = \beta R_{t+1} \frac{1}{E_t[1/u'(c_{t+1})]},$$

由于函数 $f(y) = 1/y$ 关于变量 y 为凸函数，因此根据 Jesson 不等式得到

$$\frac{1}{E_t[1/u'(c_{t+1})]} \leqslant E_t[u'(c_{t+1})]$$

于是在信息不对称条件下有

$$u'(c_t) \leqslant \beta R_{t+1} E_t[u'(c_{t+1})]$$

而上述不等式左右两边的差距就是社会差距，这即是"逆欧拉方程"的由来。在分散经济中，为了实现"逆欧拉方程"的配置，右边数值必须降低，因此，就会产生正的资本收入税，以平衡上述方程。

"逆欧拉方程"是信息不对称条件下，资源跨期流动所满足的最优性条件。正是因为社会差距，资源流动的 MRS 和分散经济下的 MRT 不等。这为分散经济下很多政策实施提供了强有力的理论支持。如 Golosov et al. (2006)、Golosov et al. (2010) 和 Kocherlakota (2010) 都是在 NDPF 的框架下，得到不同版本的逆欧拉方程，从而推导出不同的最优政策。

在 Golosov et al. (2003) 中，经济个体的效用仅仅依赖于消费，本章将假设效用建立在消费和资本积累上，体现了经济个体对社会财富积累的关注，即此时的效用函数为 $u(c,k)$，对应于这样的效用函数，逆欧拉方程发生如下的变化：

$$1/u_c(t) = [\beta(R_{t+1} + E[u_k(t+1)]/\lambda_{t+1})]^{-1} E_t[1/u_c(t+1)]$$

而此时分散经济中，经济个体的跨期最优性条件中关键变量为 $u_c(t)$，$u_c(t+1)$，β 和 R_{t+1}。因为经济个体不能选择社会总体资本水平，故此时 $u_k(t+1)$ 并不出现在分散经济的最优性条件中。此时对应不同的政策，最优性条件也有所不同。如设置可料的资本收入税率 τ_t，对应于此时的跨期最优性条件是

$$u_c(t) = (1 - \tau_{t+1}) \beta R_{t+1} E_t[u_c(t+1)]$$

而从逆欧拉方程可得

$$u_c(t) = [\beta(R_{t+1} + E[u_k(t+1)]/\lambda_{t+1})] \frac{1}{E_t[1/u_c(t+1)]}$$

虽然 Jesson 不等式保证了

$$\frac{1}{E_t[1/u'(c_{t+1})]} \leqslant E_t[u'(c_{t+1})]$$

因为有 $E[u_k(t+1)]/\lambda_{t+1}$ 的加入，我们也无法比较 $u_c(t)$ 和 $\beta R_{t+1} E_t[u_c(t+1)]$ 的大小，它们之间的关系为

$$u_c(t) <=> \beta R_{t+1} E_t[u_c(t+1)],$$

这就对应了分散经济中正、零和负的资本收入税率。

经济个体的效用函数中出现资本最早来源于 Kurz (1968)，这篇文章认为个体的效用是建立在国民财富的基础上的，国家越富强，人民的幸福程度越高。Zou (1994, 1995) 采用带有资本主义精神的效用函数研究了经济增长的若干问题，并结合马克斯·韦伯的《新教伦理与资本主义精神》，为个体的效用建立在资本积累上提供了坚实的理论基础。Chen (1996) 利用这一类效用函数解释了风险溢金之谜 (Risk Premium Puzzle)。本章首次将此类效用函数应用在 NDPF 模型中，用于解释最优的财政政策。

Golosov et al. (2003) 采用 Rogerson (1985a, 1985b) 的对偶方法解决信息不对称条件下的经济个体最优化问题，构建了一个跨期资源，使用极小化问题推导经济资源跨期配置的一阶条件。但其忽略了经济体的同期内最优边际替代条件，并没有完整求解 NDPF 模型的所有最优性条件，因而没有得到最优的劳动收入税。本章采用本书在第 3 章介绍的 Lagrange 泛函方法，完整求解 NDPF 所有最优性条件，同时给出最优资本收入税和劳动收入税。结果发现，最优的资本收入税形式不同于 Golosov et al. (2003) 得出的形式，而最优的劳动收入税形式上等同于第 3 章推导的结论。

本章接下来的安排如下，在第二节中给出 NDPF 模型的基本设置，在第三节中给出带有财富关注的经济，在第四节中给出最优的税收形式，在第五节中进行总结。

6.2 NDPF 模型的基本设置

考虑经济体中有两个群体 A 和 B，A 具有分配资源的能力，B 具备各自的私有信息，这个私有信息 A 并不知道，只有 B 自己知道。因此当 A 分配资源时，需要 B 汇报他们的私有信息，并根据此私有信息进行资源分配。据此我们进行 NDPF 模型基本设置。

设 $\{\theta_t\}, t=1,\cdots T$ 是 $(\Omega, \mathcal{F}, \mu)$ 上的随机过程，并且关于递增的信息流 $\{\mathcal{F}_t\}, t=1\cdots T$ 可测，令 $\mathcal{F}$ 为所有 $\mathcal{F}_t$ 的并。随机过程 $\{\theta_t\}$ 代表 B 的私有信息，利用这一随机过程我们来构建如下的随机模型。假定经济中存在无穷多个 B，可以假设他们均匀分布在 [0,1] 闭区间上。每个个体在 t 时期具有私有信息 θ_t，并且 θ_t 在人群 B 中是独立同分布的 (i.i.d)。在 t 时期，具有 θ_t 的个体的回报函数为

$$f(x(\theta_t), u(\theta_t), \theta_t, t),$$

其中 $x(\theta_t), u(\theta_t)$ 分别是基于 A 对于 B 分配的状态变量和控制变量，A 希望通过分配资源来极大化所有 B 群体的加总回报。

$$\max_{x_t^j, u_t^j} \sum_{j \in [0,1]} \sum_{t=1}^{T} \beta^{t-1} f(x_t^j, u_t^j, \theta_t^j, t) = \max_{x_t, u_t} E\left[\sum_{t=1}^{T} \beta^{t-1} f(x_t, u_t, \theta_t, t)\right],$$

其中 E 代表期望算子，$\beta \in (0,1)$ 为贴现因子。等式的成立是因为大数定理。A 面临两种类型约束，第一类是资源约束，具体如下：

$$x_{t+1} = g(x_t, \Lambda(u_t, \theta_t), t), \quad t = 1, \cdots, T$$

其中 $\Lambda(u_t, \theta_t)$ 是关于随机变量 u_t, θ_t 的一个泛函，$\Lambda = (\Lambda_1, \cdots, \Lambda_m)$ 表达分配 u_t 和私有信息 θ_t 对总体资源 x 积累的影响，下面几节将通过实例来表示这种过程。

第二类约束为激励相容约束 (IC)，A 希望每个 B 汇报自己的类型，Θ 为所有 θ_t 的值域，任意 $\theta \in \Theta^T$ 可以看作随机过程 $\{\theta_t\}$ 的一个实现。对于 B 中具有私有信息 $\theta \in \Theta^T$ 的个体，如果他汇报 $\theta' \in \Theta^T$，则 IC 约束就是

$$\sum_{t=1}^{T} \beta^{t-1} f(x_t(\theta'), u_t(\theta'), \theta_t, t) \leqslant \sum_{t=1}^{T} \beta^{t-1} f(x_t(\theta), u_t(\theta), \theta_t, t)$$

这个不等式表明，从事后效用的角度看，具有能力为 θ 的个体的最优汇报策略是真实汇报自己的能力类型。

综上所述，A 在进行资源分配时面临的动态最优化问题是

$$\begin{aligned}
&\max_{x_t, u_t} E\left[\sum_{t=1}^{T} \beta^{t-1} f(x_t, u_t, \theta_t, t)\right], \\
&\text{subject to } x_{t+1} = g(x_t, \Lambda(u_t, \theta_t), t), \quad t = 1, \cdots, T, \\
&\sum_{t=1}^{T} \beta^{t-1} f(x_t(\theta'), u_t(\theta'), \theta_t, t) \leqslant \sum_{t=1}^{T} \beta^{t-1} f(x_t(\theta), u_t(\theta), \theta_t, t)
\end{aligned} \quad (6.1)$$

接下来我们采用 Luenberg (1969) 发展的向量空间优化方法，通过 Lagrange 泛函来求解最优化问题 (6.1) 式，给出最优性条件。令 $\lambda_t \in \mathbb{R}, t = 1, \cdots, T$ 为资源约束的 Lagrange 乘子，$\lambda : \Theta^T \times \Theta^T \to \mathbb{R}$ 是 IC 约束的 Lagrange 乘子，定义泛函

$$\begin{aligned}
\mathcal{L}(x, u) = &E\left[\sum_{t=1}^{T} \beta^{t-1} \left(1 + E_{\theta'}[\lambda(\theta', \theta)]\right) f(x_t(\theta), u_t(\theta), \theta_t, t)\right] - \\
&E\left[\sum_{t=1}^{T} \beta^{t-1} E_{\theta'}[\lambda(\theta; \theta') f(x_t(\theta), u_t(\theta), \theta'_t, t)]\right] - \\
&E\left[\sum_{t=1}^{T} \beta^{t-1} \lambda_t [g(x_t, \Lambda(u_t, \theta_t), t) - x_{t+1}]\right]
\end{aligned} \quad (6.2)$$

假定 $x_t \in \mathbb{R}$, $u_t \in \mathbb{R}^n$, 对 $\mathcal{L}(x,u)$ 关于 x_t 和 $u_t^i, i=1,\cdots,n$ 求 Frechet 导数, 并令其为 0, 可得

$$\lambda_t = \beta\Big\{\lambda_{t+1}g_x(t+1) + E[(1+E_{\theta'}[\lambda(\theta',\theta)])f_x(t+1)] - E[\lambda(\theta',\theta)f_x(t+1,\theta'_{t+1})]\Big\} \quad (6.3)$$

和

$$\lambda_t \sum_{j=1}^m g_{\Lambda_j}(t)w_{ij}(t) = -(1+E_t[E_{\theta'}\lambda(\theta',\theta)])f_{u^i}(t) + E_t[E_{\theta'}[\lambda(\theta,\theta')f_{u^i}(t,\theta'_t)]] \quad (6.4)$$

其中 $f_x(t), g_x(t)$ 表示相应的偏导数在 t 时刻的取值, $f_x(t,\theta'_t) = f_x(x_t(\theta),u_t(\theta),\theta_t,t)$。$w_{ij}(t)$ 为线性泛函 $\delta_{u^i}\Lambda_j(t)$ 的尼兹表现元。下面将利用 (6.3) 式和 (6.4) 式给出带有财富关注模型的最优性条件。

6.3 带有财富关注的经济

本节给出信息不对称条件下带有财富关注的个体偏好, 此时博弈双方可以看成政府和居民, 全 A 代表政府, B 代表居民。其中居民的私有信息为自己的劳动能力, θ_t 代表个体在 t 时期的劳动能力, 它是 $(\Omega, \mathcal{F}_t, \mu)$ 上的随机过程。居民通过劳动时间 l_t 和劳动能力结合产生有效劳动 $y_t = l_t \times \theta_t$。居民的效用函数为

$$f(x_t, u_t, \theta_t, t) = u(c_t, k_t) - v(y_t/\theta_t),$$

其中 c_t 和 k_t 分别代表 t 期的消费和社会财富。资源演化方程为

$$g(x_t, \Lambda(u_t, \theta_t), t) = F\left(k_t, \int y_t \mathrm{d}\mu\right) - \int c_t \mathrm{d}\mu + (1-\delta)k_t,$$

F 为社会生产函数, δ 为资本折旧率。IC 约束和问题 (6.1) 式中的类似, 不再赘述。若记 $R_t = F_k(t) + 1 - \delta$, 根据上一节的最优性条件, 我们可以得到

$$\lambda_t = \beta\lambda_{t+1}R_{t+1} + \beta E[u_k(t+1)], \quad (6.5)$$

$$\lambda_t = E_t\left[(1+E_{\theta'}[\lambda(\theta',\theta) - \lambda(\theta,\theta')])\right]u_c(t), \quad (6.6)$$

和

$$\lambda_t F_y(t) = E_t\left[1+E_{\theta'}[\lambda(\theta',\theta)]\right]v_l(t)/\theta_t - E_t\left[E_{\theta'}[\lambda(\theta,\theta')v_l(y_t(\theta)/\theta'_t)/\theta'_t]\right] \quad (6.7)$$

(6.7) 式相当复杂, 为了使问题表述得更简洁, 本章采用如下的"信息分离"假设。

假设 6.1 假定函数 $v(y_t(\theta)/\theta_t)$ 满足

$$v(y_t(\theta)/\theta'_t) = v(y_t(\theta)/\theta_t)\omega(\theta_t, \theta'_t),$$

并且 $\omega(\theta_t, \theta_t) = 1$ 对任意的 $\theta_t \in \Theta$。

有很多效用函数满足"信息分离"假设,例如 $v(l) = l^\gamma$ 就满足信息分离假设。

$$v(y_t(\theta)/\theta'_t) = \left(\frac{y_t(\theta)}{\theta'_t}\right)^\gamma = \left(\frac{y_t(\theta)}{\theta_t}\right)^\gamma \left(\frac{\theta_t}{\theta'_t}\right)^\gamma,$$

利用这一假设,(6.7) 式简化为

$$\lambda_t F_y(t) = E_t\left[1 + E_{\theta'}[\lambda(\theta', \theta) - \lambda(\theta, \theta')w(\theta_t, \theta'_t)]\right] v_l(t)/\theta_t \tag{6.8}$$

结合 (6.5) 式和 (6.6) 式,可以得到修正的"逆欧拉方程"

$$u_c(t)E_t\left[\frac{1}{u_c(t+1)}\right] = \beta\left[R_{t+1} + E\left(u_k(t+1)\right)/\lambda_{t+1}\right], \tag{6.9}$$

将 (6.6) 式和 (6.8) 式结合,可得

$$\frac{E_t\left[(1 + E_{\theta'}(\lambda(\theta', \theta) - \lambda(\theta, \theta')))\right]}{E_t\left[1 + E_{\theta'}[\lambda(\theta', \theta) - \lambda(\theta, \theta')w(\theta_t, \theta'_t)]\right]} F_y(t)u_c(t) = v_l(t)/\theta_t \tag{6.10}$$

(6.9) 式表明的就是 Pareto 最优时,消费和投资的跨期平衡方程。当效用函数带有财富关注,决策者需要考虑适当地增加社会资本积累,才能有效地增进居民的福利水平。因此对于信息不对称所诱导的资本积累,不应采取一味的限制政策,而应该因势利导,根据不同的情况,可以限制资本过度积累,也可以鼓励资本积累。这就是财富关注的主要经济效应。现实中,这种偏好往往体现为某种形式的爱国主义,社会资本往往是国家和地区综合国力的体现,而综合国力的提升带来居民效用的增加。此时,居民并不是通过消费来获得满足感,而是通过民族情结,对国家信心增强带来满足感。如果居民效用函数具备财富关注的特点,我们在政策设计的时候就要尤其注意,此时消费不再是我们唯一关注的重点,还有整体国力的提升。(6.10) 式表达的是消费和劳动相互替代的期内条件,由于信息不对称,不同能力的居民可通过调节自己的消费和劳动来获得更大的效用,如果没有 IC 约束,高能力的个体可以通过减少一些消费,从而大幅减少劳动时间,获得更高的效用水平;长此以往,在社会生产中,由于高能力者的劳动时间减少,生产的有效劳动投入将变得不足,导致整体社会产出下降。因此在 Pareto 最优消费和劳动的边际替代中,体现为限制高能力者为追求减少劳动时间而减少消费的努力,使得他们正确选择各自的消费和劳动时间,从而呈现了 (6.10) 式所示的边际替代条件。(6.10) 式和第 3 章得到

的结论一致，因为财富关注并不影响个体在期内的消费-劳动边际替代关系，因此可以预期此时的最优劳动收入税形式和 Mirrlees(1971) 的结论一样。

财富关注的偏好很早就引起经济学家的关注，马克斯·韦伯在其著作《新教伦理与资本主义精神》中盛赞财富积累是资本主义经济起飞的根本因素，而韦伯把人们对于财富积累的追逐落脚在新教伦理上，这何尝不是一种偏好呢。Kurz(1968) 首次将韦伯的这一理论建立数学模型，考虑了此时的经济增长问题。后期又有多位经济学者在 Kurz(1968) 的框架下考虑了诸多经济现象。如 Zou(1994,1995) 在资本主义精神模型中考虑了财政分权，Chen(1996) 在这一框架下重新考虑了"风险溢金"之谜。在下一节，我们将在分散经济情况下求解最优税收的形式。

6.4 最优税收

为了得到最优税收的公式，我们首先考虑如下的分散经济。

经济个体：

令 τ_t^k 和 τ_t^l 分别是资本和劳动收入税率，代表性个体的最优化问题是

$$\max_{x_t,u_t} E\left[\sum_{t=1}^T \beta^{t-1} u(k_t, c_t) - v(y_t/\theta_t)\right], \tag{6.11}$$

$$\text{subject to} \quad a_{t+1} = (1-\tau_t^k)r_t a_t + (1-\tau_t^l)w_t y_t - c_t + \chi_t$$

其中 a_t 是个体财富，k_t 是社会财富，后者不能被个体选择。r_t 和 w_t 分别是资本和劳动的回报率，χ_t 是转移支付。问题 (6.11) 的最优性条件如下：

$$u_c(t) = \beta E_t[(1-\tau_{t+1}^k)r_{t+1} u_c(t+1)], \tag{6.12}$$

$$(1-\tau_t^l)w_t u_c(t) = v_l(t)/\theta_t \tag{6.13}$$

(6.12) 式表达的是分散经济下的消费投资一阶条件，就是普通的欧拉方程，体现本期消费和下一期消费在最优选择下的跨期替代关系；(6.13) 式表达的是同期内劳动和消费的边际替代关系。由于扭曲性税收的参与，它们与完全竞争的分散经济存在差别。

厂商：

厂商在固定的 r_t 和 w_t 下极大化自己的各期利润：

$$\pi_t = \max_{k_t,y_t} F(k_t, \int y_t \mathrm{d}\mu) - r_t k_t - w_t \int y_t \mathrm{d}\mu + (1-\delta)k_t, \tag{6.14}$$

最优性条件是

$$r_t = F_k(t) + 1 - \delta, \ w_t = F_y(t) \tag{6.15}$$

这两个条件给出了要素市场的需求曲线，综合经济个体的优化问题，得到如下均衡。

一般均衡：

在一般均衡时，首先社会财富来源于个体财富的加总，即 $\int a_t \mathrm{d}\mu = k_t$，并且

$$\int \chi_t \mathrm{d}\mu = \pi_t + \tau_t^k r_t \int a_t \mathrm{d}\mu + \tau_t^l w_t \int y_t \mathrm{d}\mu,$$

将厂商优化条件代入经济个体的优化条件可得

$$u_c(t) = \beta E_t[(1 - \tau_{t+1}^k) R_{t+1} u_c(t+1)], \tag{6.16}$$

$$(1 - \tau_t^l) F_y(t) u_c(t) = v_l(t)/\theta_t, \tag{6.17}$$

其中 $R_t = F_k(t) + 1 - \delta$ 是资本的一期回报率。将一般均衡条件代入经济个体预算约束中，结合厂商优化条件，可得

$$k_{t+1} = F\left(k_t, \int y_t \mathrm{d}\mu\right) - \int c_t \mathrm{d}\mu + (1-\delta) k_t \tag{6.18}$$

比较 (6.16) 式和 (6.9) 式，可得最优的资本收入税率；比较 (6.17) 式和 (6.10) 式，可得最优的劳动收入税率，这些总结在下述定理中。

定理 6.1 当经济中的个体具备私有信息，个体的偏好具有财富观注特征时，则最优的资本收入税率具有如下结构：

$$\tau_{t+1}^k = 1 - \left(1 + \frac{E\left[u_k(t+1)\right]}{R_{t+1}\lambda_{t+1}}\right) \frac{1}{u_c(t+1)} \frac{1}{E_t\left[\dfrac{1}{u_c(t+1)}\right]} + \frac{\epsilon}{R_{t+1} u_c(t+1)}, \tag{6.19}$$

其中 ϵ 是任意随机变量，满足 $E_t[\epsilon] = 0$。当 $\tau_{t+1}^k \in \mathcal{F}_t$，最优资本收入税率为

$$\tau_{t+1}^k = 1 - \left(1 + \frac{E\left[u_k(t+1)\right]}{R_{t+1}\lambda_{t+1}}\right) \frac{1}{E_t\left[u_c(t+1)\right]} \frac{1}{E_t\left[\dfrac{1}{u_c(t+1)}\right]}, \tag{6.20}$$

最优劳动收入税为

$$\tau_t^l = \frac{E_t\left[E_{\theta'}\left(1 - w(\theta_t, \theta_t')\right) \lambda(\theta, \theta')\right]}{E_t\left[1 + E_{\theta'}[\lambda(\theta', \theta) - \lambda(\theta, \theta') w(\theta_t, \theta_t')]\right]} \tag{6.21}$$

证明 分别比较 (6.16) 式和 (6.9) 式，比较 (6.17) 式和 (6.10) 式，可得结论。

□

由 (6.20) 式可以得出，在财富关注偏好的假设下，最优的资本收入税率可以为正、零或负。这与 Golosov (2003) 的结论有很大差异，在那篇文章中，最优税收具有如下形式：

$$\tau_{t+1}^k = 1 - \frac{1}{E_t\left[u_c(t+1)\right]} \frac{1}{E_t\left[\dfrac{1}{u_c(t+1)}\right]},$$

由 Jesson 不等式可得

$$\frac{1}{E_t\left[u_c(t+1)\right]} \frac{1}{E_t\left[\dfrac{1}{u_c(t+1)}\right]} < 1,$$

因此资本的过度积累应该被克以重税。当人们的偏好出现财富关注后，积累不再是一件坏事情，对于居民福利是有提升的，因而此时的资本收入税率应该小于 Golosov (2003) 里面的税率。(6.21) 式给出的最优劳动收入税和之前章节得到的并无特别差异，和最初的 Mirrlees (1971) 的最优劳动收入税也是一致的。

假定模型中没有信息不对称，此时我们考虑不带 IC 约束的最优化问题 (6.1)，最优性条件是

$$u_c(t) = \beta E_t[R_{t+1}u_c(t+1) + u_k(t+1)], \tag{6.22}$$

和

$$F_y(t)u_c(t) = v_l(t)/\theta_t \tag{6.23}$$

比较 (6.16) 式，(6.17) 式和 (6.22) 式，(6.23) 式，可得此时分散经济下的最优税率为

$$\tau_{t+1}^k = -\frac{E_t\left[u_k(t+1)\right]}{R_{t+1}E_t\left[u_c(t+1)\right]} < 0, \; \tau_t^l = 0 \tag{6.24}$$

此时的最优资本收入税率为负，表明对经济个体都要进行补贴，以此鼓励资本积累。若我们记 $\tau_t^k(2)$ 为财富关注下无信息不对称结构经济的最优资本收入税率，$\tau_t^k(1)$ 为财富关注下具备信息不对称结构经济的最优资本收入税率，$\tau_t^k(0)$ 为无财富关注偏好下，具备信息不对称结构经济的最优资本收入税率。则可得

$$\tau_t^k(2) < \tau_t^k(1) < \tau_t^k(0)$$

这表明财富关注的加入会削弱对社会资本过度积累的惩罚程度。当然本章中的财富关注具有对国民财富增加的自豪感，是一种值得提倡的行为。政府在施政时应充分考虑这种财富关注，适当减少对资本积累的惩罚力度。

6.5 本章小结

在本章中，我们采用 Zhao (2015) 创新的 Lagrange 泛函方法给出带有财富关注的效用函数，给出在信息不对称结构下的经济个体最优化问题的一阶条件。本章的主要贡献是在新公共财政理论框架中加入财富关注的个体偏好，由于对财富积累的偏好，此时的个体资本积累不仅是隐藏私有信息的一种手段，同时也对社会财富积累具有重要意义。因此此时对居民的财富积累应该持积极的态度，而不应像在 Golosov (2003) 的框架中，对过度积累一味征收高资本收入税。本章的结论可以改善人们对于资本收入税的看法。采用非激进的方式来征收资本收入税，能够有效刺激经济的长期发展。

未来的研究可进一步考虑经济个体各自的财富偏好，此时的最优资本收入税率将会有所改变，资本的积累会不会再次像 Golosov et al. (2003) 所述的那样是过度的？从直觉上看，此时的最优解仍会降低社会对于过度积累的惩罚力度，但降低的幅度应该不如本章降低的那么多。因此最优的资本收入税率介于本章的和 Golosov et al.(2003) 中的最优资本收入税率之间，即在 $\tau_t^k(1)$ 和 $\tau_t^k(0)$ 之间。

第7章 信息分离偏好下的零劳动收入税

在本章中我们继续应用前几章发展的 Lagrange 泛函方法处理信息不对称下的经济优化问题。本章考虑一类特殊的偏好，我们称之为信息分离。在此类偏好结构下，最优的劳动收入税为 0。这与大部分学者的发现有巨大差别，从最早的 Mirrlees (1971) 到 Golosov et al. (2003)，都强调在非线性税收结构下，最优的劳动收入税不为 0，从而体现对经济个体的激励作用。然而本章指出在信息分离的偏好下，征收劳动收入税对经济个体的激励将失去作用，此时信息不对称对经济的扭曲作用完全通过资本收入税体现。在静态的时候，最优税收为 0，等价于完全竞争的配置。

7.1 引　　言

在最优税收理论中，零税收扮演了一个基本的角色，很多税收理论都是以此为基础进行相应的经济结构设置，得到非零税收的结论。在基础的 Ramsey 税收理论框架中，如果经济中不存在摩擦，最优税收应该为 0；但在大部分次优政策选择问题中，扭曲性税收必须征收，此时必定存在非零的税收，而不同商品的税收必须服从逆弹性法则。短期内，因为政府的公共开支必须采用非零的扭曲性税收提供，造成短期内最优的税收 (无论资本收入税或劳动收入税) 都可以不为 0。在长期，Judd (1985) 和 Chamly (1986) 发现，在次优税收框架中，资本收入税在极限时趋于 0，此时的税收负担完全落在了劳动收入税，也即说明劳动收入税在极限时不为 0。而本文的结论指出，劳动收入税处处为 0，与上述结论有根本性的差异。

本章在信息不对称的框架中得出这一结论，也就是在一类特殊的带摩擦经济结构中，我们得到最优的非线性劳动收入税处处为 0 的结论。信息不对称最早源于 Mirrlees (1971)，此文中发现最优的劳动收入税采取的是 S 形曲线的激励形式，成为后世学者研究信息不对称下的公共政策的一个标杆。Golosov et al. (2003) 采用 Rogerson (1985a,1985b) 发展的对偶方法将 Mirrlees (1971) 的框架拓展到动态情形，并重点讨论了此时的最优资本收入税，通过推导出的"逆欧拉方程"指出一定需要正的资本收入税用以限制社会资本的过度积累。

本章是在 Golosov et al. (2003) 的框架下，考虑一类特殊的个体偏好，该偏好很好地分离了信息不对称对经济的影响，从而得出劳动收入税为 0，也即信息不对称对经济的扭曲作用完全体现在资本积累上，这很好地分离了信息不对称对经济的影响。一种经济摩擦对经济的影响主要体现在两个方面：一是同期内各类经济变量的相互替代关系，二是跨期各类经济变量的替代关系。本章的结论是当偏好具有"信息分离"特征时，信息不对称只可能影响跨期经济变量的替代关系，而不会影响同期内各个变量之间的替代关系，并且这一结论是稳健的。本章考虑总量冲击的经济环境和带有财富关注的偏好，得出的结论依旧是零劳动收入税。

本章接下来的安排如下：第二节给出不对称信息下最优化问题的基本设置；第三节导出最优性条件；第四节给出最优税收法则，第五节总结全章。

7.2 模型基本设置

考虑经济体中有两个群体 A 和 B。A 具有分配资源的能力，B 具备各自的私有信息，这个私有信息 A 并不得知，只有 B 自己知道。因此当 A 分配资源时，需要 B 汇报他们的私有信息，并根据此私有信息进行资源分配。据此我们进行模型基本设置。

设 $\{\theta_t, z_t\}, t = 1, \cdots T$ 是 $(\Omega, \mathcal{F}, \mu)$ 上的随机过程，并且关于递增的信息流 $\{\mathcal{F}_t\}, t = 1 \cdots T$ 可测，令 $\mathcal{F}$ 为所有 $\mathcal{F}_t$ 的并。随机过程 $\{\theta_t\}$ 代表 B 的私有信息，$\{z_t\}$ 是一列总量冲击，使得经济总量呈现随机运行状态。利用这两个随机过程构建如下的随机模型。假定经济中存在无穷多个 B，可以假设他们均匀分布在 $[0,1]$ 闭区间上。每个个体在 t 时期具有私有信息 θ_t，并且 θ_t 在人群 B 中是独立同分布的 (i.i.d)。在 t 时期，具有 θ_t 的个体的回报函数为

$$f(x(\theta_t), u(\theta_t), \theta_t, z_t, t),$$

其中 $x(\theta_t), u(\theta_t)$ 分别是基于 A 对于 B 分配的状态变量和控制变量，A 希望通过分配资源来极大化所有 B 群体的加总回报：

$$\max_{x_t^j, u_t^j} E_Z \left[\sum_{j \in [0,1]} \sum_{t=1}^{T} \beta^{t-1} f(x_t^j, u_t^j, \theta_t^j, z_t, t) \right] = \max_{x_t, u_t} E_Z \left[E_{\theta|z} \left[\sum_{t=1}^{T} \beta^{t-1} f(x_t, u_t, \theta_t, z_t, t) \right] \right]$$

$$= \max_{x_t, u_t} E \left[\sum_{t=1}^{T} \beta^{t-1} f(x_t, u_t, \theta_t, z_t, t) \right]$$

其中 E_z 代表期望算子，表明对关于 z 的函数求期望，不失一般性，我们简记为 E。$E_{\theta|z}$ 为条件期望算子，是在 z 固定下，关于 θ 求期望。其中 $z = (z_1, \ldots, z_T)$，$\theta = (\theta_1, \ldots, \theta_T)$ 分别为随机变量的实现，为随机向量。$\beta \in (0,1)$ 为贴现因子。等式成立是因为大数定理。A 面临两种类型约束，第一类是资源约束，如下：

$$x_{t+1} = g(x_t, \Lambda(u_t, \theta_t), z_t, t), \quad t = 1, \cdots, T$$

其中 $\Lambda(u_t,\theta_t)$ 是关于随机变量 u_t,θ_t 的一个泛函，$\Lambda=(\Lambda_1,\cdots,\Lambda_m)$ 表达分配 u_t 和私有信息 θ_t 对总体资源 x 积累的影响，在下面几节中，我们将通过实例来表示这种过程。

第二类约束为激励相容约束 (IC)，A 希望每个 B 汇报自己的类型，令 Θ 为所有 θ_t 的值域，任意 $\theta\in\Theta^T$ 可以看作随机过程 $\{\theta_t\}$ 的一个实现。对于 B 中具有私有信息 $\theta\in\Theta^T$ 的个体，如果他汇报 $\theta'\in\Theta^T$，则 IC 约束就是

$$\sum_{t=1}^T \beta^{t-1} f(x_t(\theta'),u_t(\theta'),\theta_t,z_t,t) \leqslant \sum_{t=1}^T \beta^{t-1} f(x_t(\theta),u_t(\theta),\theta_t,z_t,t) \qquad (7.1)$$

这个不等式表明，从事后效用的角度看，具有能力为 θ 的个体最优汇报策略是真实汇报自己的能力类型。

综上所述，A 在进行资源分配时面临的动态最优化问题是

$$\begin{aligned}
&\max_{x_t,u_t} E\left[\sum_{t=1}^T \beta^{t-1} f(x_t,u_t,\theta_t,z_t,t)\right], \\
&\text{s.t. } x_{t+1}=g(x_t,\Lambda(u_t,\theta_t),z_t,t),\quad t=1,\cdots,T, \\
&\sum_{t=1}^T \beta^{t-1} f(x_t(\theta'),u_t(\theta'),\theta_t,z_t,t) \leqslant \sum_{t=1}^T \beta^{t-1} f(x_t(\theta),u_t(\theta),\theta_t,z_t,t)
\end{aligned} \qquad (7.2)$$

7.3 最优性条件

接下来我们采用 Luenberg (1969) 发展的向量空间优化方法，通过 Lagrange 泛函来求解最优化问题 (7.2) 式，给出最优性条件。令 $\lambda_t\in\mathcal{F}_t$，$t=1,\cdots,T$ 为资源约束的 Lagrange 乘子，$\lambda:\Theta^T\times\Theta^T\times Z^T\longrightarrow\mathbb{R}$ 是 IC 约束的 Lagrange 乘子，定义泛函

$$\begin{aligned}
\mathcal{L}(x,u)=&E\left[\sum_{t=1}^T \beta^{t-1}\left(1+E_{\theta'}[\lambda(\theta',\theta,z)]\right)f(x_t(\theta),u_t(\theta),\theta_t,z_t,t)\right]-\\
&E\left[\sum_{t=1}^T \beta^{t-1}E_{\theta'}[\lambda(\theta,\theta',z)f(x_t(\theta),u_t(\theta),\theta'_t,z_t,t)]\right]+\\
&E\left[\sum_{t=1}^T \beta^{t-1}\lambda_t\left[g(x_t,\Lambda(u_t,\theta_t),z_t,t)-x_{t+1}\right]\right]
\end{aligned} \qquad (7.3)$$

假定 $x_t\in\mathbb{R}$，$u_t\in\mathbb{R}^n$，对 $\mathcal{L}(x,u)$ 关于 x_t 和 $u_t^i,i=1,\cdots,n$ 求 Frechet 导数，可得

$$\langle\lambda_t-\beta\lambda_{t+1}g_x(t+1),\eta\rangle=\langle\beta(1+E_{\theta'}[\lambda(\theta',\theta,z)])f_x(t+1),\eta\rangle-\qquad(7.4)$$
$$\langle\beta E_{\theta'}[\lambda(\theta,\theta',z)f_x(t+1,\theta'_{t+1})],\eta\rangle$$

对所有 η 关于 $\mathcal{F}_t^z$ 可测，

和

$$\langle (1+E_{\theta'}[\lambda(\theta',\theta,z)])f_{u^i}(t),\xi\rangle = \langle E_{\theta'}[\lambda(\theta,\theta',z)f_{u^i}(t,\theta'_t)],\xi\rangle - \quad (7.5)$$
$$\left\langle \lambda_t g_\Lambda(t)\delta_{u^i}\sum_{j=1}^m g_{\Lambda_j}(t)\delta_{u^i}\Lambda_j(t),\xi\right\rangle$$

对所有 $\xi\in\mathcal{F}_t$, 成立

其中 $f_x(t), g_x(t)$ 表示相应的偏导数在 t 时刻的取值,

$$f_x(t,\theta'_t) = f_x(x_t(\theta), u_t(\theta), \theta'_t, z_t, t),$$
$$f_{u^i}(t,\theta'_t) = f_{u_i}(x_t(\theta), u_t(\theta), \theta'_t, z_t, t)$$

$\mathcal{F}_t^z$ 是 $\{z_1,..,z_t\}$ 生成的信息域, $\delta_{u^i}\Lambda_j(t)$ 是 Λ_j 关于 u^i 在 t 时刻 Frechet 导数的 Rize 表现元。从 (7.4) 式和 (7.5) 式可得

$$\lambda_t = \beta E_{z^t}\left[\lambda_{t+1}g_x(t+1) + (1+E_{\theta'}[\lambda(\theta',\theta,z)])f_x(t+1)\right] - \quad (7.6)$$
$$\beta E_{z^t}\left[E_{\theta'}[\lambda(\theta,\theta',z)f_x(t+1,\theta'_{t+1})]\right],$$

和

$$\lambda_t\sum_{j=1}^m g_{\Lambda_j}(t)\delta_{u^i}\Lambda_j(t) = -[1+E_t[E_{\theta'}[\lambda(\theta',\theta,z)]]]f_{u^i}(t) + E_t[E_{\theta'}[\lambda(\theta,\theta',z)f_{u^i}(t,\theta'_t)]] \quad (7.7)$$

其中记号 E_{z^t} 是关于信息域 $\mathcal{F}_t^z$ 求条件期望, $E_{\theta'}$ 是关于 $\theta'=(\theta'_1,\ldots,\theta'_T)$ 求条件期望。

7.4 最优税收法则

本节给出信息不对称条件下带有财富关注的个体偏好,以及存在总量冲击的经济情景。此时博弈双方可以看成政府和居民,在上节中的 A 代表政府,B 代表居民。其中居民的私有信息为自己的劳动能力,θ_t 代表个体在 t 时期的劳动能力,它是 $(\Omega,\mathcal{F}_t,\mu)$ 上的随机过程。居民通过劳动时间 l_t 和劳动能力结合产生有效劳动 $y_t = l_t\times\theta_t$。考虑到总量随机波动 z_t, 居民的效用函数为

$$f(x_t, u_t, \theta_t, z_t, t) = u(k_t, c_t, y_t/\theta_t, z_t),$$

其中 c_t 和 k_t 分别代表 t 期的消费和社会财富。资源演化方程为

$$g(x_t,\Lambda(u_t,\theta_t),z_t,t) = F\left(k_t,\int y_t \mathrm{d}\mu, z_t\right) - \int c_t \mathrm{d}\mu + (1-\delta)k_t,$$

F 为社会生产函数,δ 为资本折旧率。IC 约束和问题 (6.1) 中的类似,不再赘述。若记 $R_t = F_k(t) + 1 - \delta$,根据上一节的最优性条件,我们可以得到

$$\lambda_t = \beta E_{z^t}[\lambda_{t+1} R_{t+1} + (1 + E_{\theta'}[\lambda(\theta',\theta,z)]) u_k(t+1)] - \qquad (7.8)$$
$$\beta E_{z^t}\left[E_{\theta'}[\lambda(\theta,\theta',z) u_k(k_{t+1}, c_{t+1}(\theta), y_{t+1}(\theta)/\theta'_{t+1})]\right],$$

$$\lambda_t = E_t\left[(1 + E_{\theta'}[\lambda(\theta',\theta,z)])\right] u_c(t) - \qquad (7.9)$$
$$E_t\left[E_{\theta'}[\lambda(\theta,\theta',z) u_c(k_t(\theta), c_t(\theta), y_t(\theta)/\theta'_t)]\right],$$

和

$$-\lambda_t F_y(t) = E_t\left[1 + E_{\theta'}[\lambda(\theta',\theta)]\right] u_l(t)/\theta_t - \qquad (7.10)$$
$$E_t\left[E_{\theta'}[\lambda(\theta,\theta') u_l(k_t(\theta), c_t(\theta), y_t(\theta)/\theta'_t)/\theta'_t]\right]$$

上述方程相当复杂,为了使问题的表述得以简化,本章采用如下的"信息分离"假设,

假设 7.1 假定函数 $u(k_t, c_t, y/\theta_t, z_t)$ 满足

$$u(k_t, c_t, y/\theta_t^*, z_t) = u(k_t, c_t, y/\theta_t, z_t) w(\theta_t, \theta_t^*),$$

并且 $\omega(\theta_t, \theta_t) = 1$ 对任意的 $\theta_t \in \Theta$。

事实上,有很多效用函数满足"信息分离"假设,例如

$$U(k, c, l, z) = \frac{(z^\alpha k^\gamma c^\omega l^{-\varepsilon})^{1-\sigma}}{1-\sigma},$$

其中 $\alpha, \gamma, \omega, \varepsilon$ 和 $\sigma > 0$ 为常数,这样的效用函数就满足信息分离假设,即

$$U(k, c, y(\theta)/\theta^*, z) = \frac{(z^\alpha k^\gamma c^\omega (y(\theta)/\theta^*)^{-\varepsilon})^{1-\sigma}}{1-\sigma} = \frac{(z^\alpha k^\gamma c^\omega (y(\theta)/\theta)^{-\varepsilon})^{1-\sigma}}{1-\sigma} (\theta/\theta^*)^{-\varepsilon(1-\sigma)}$$

利用这一假设,若记

$$\mu(\theta, z, t) = 1 + E_{\theta'}[\lambda(\theta',\theta,z)] - E_{\theta'}[\lambda(\theta,\theta',z) w(\theta_t, \theta'_t)],$$

(7.8) 式至 (7.10) 式可简化为

$$\lambda_t = \beta E_{z^t}[\lambda_{t+1} R_{t+1} + \mu(\theta, z, t+1) u_k(t+1)], \qquad (7.11)$$

$$\lambda_t = E_t\left[\mu(\theta, z, t)\right] u_c(t), \qquad (7.12)$$

和

$$-\lambda_t F_y(t) = E_t\left[\mu(\theta, z, t)\right] u_l(t)/\theta_t \qquad (7.13)$$

下面在分散经济下求解最优性条件，并与 (7.11) 式至 (7.13) 式比较得到最优税收。

经济个体：

令 τ_t^k 和 τ_t^l 分别是资本和劳动收入税率，代表性个体的最优化问题是

$$\max_{x_t, u_t} E\left[\sum_{t=1}^{T} \beta^{t-1} u(a_t, c_t, y_t/\theta_t, z_t)\right], \quad (7.14)$$
$$\text{s.t.} \quad a_{t+1} = (1-\tau_t^k) r_t a_t + (1-\tau_t^l) w_t y_t - c_t + \chi_t$$

其中 a_t 是个体财富，r_t 和 w_t 分别是资本和劳动的回报率，χ_t 是转移支付。问题 (7.14) 的最优性条件如下：

$$u_c(t) = \beta E_t[(1-\tau_{t+1}^k) r_{t+1} u_c(t+1)], \quad (7.15)$$

$$(1-\tau_t^l) w_t u_c(t) = v_l(t)/\theta_t \quad (7.16)$$

(7.15) 式表达的是分散经济下的消费投资的一阶条件，就是普通的欧拉方程，体现本期消费和下一期消费在最优选择下的跨期替代关系；(7.16) 式表达的是同期内劳动和消费的边际替代关系。由于扭曲性税收的参与，它们与完全竞争的分散经济存在差别。

厂商：

厂商在固定的 r_t 和 w_t 下极大化自己的各期利润：

$$\pi_t = \max_{k_t, y_t} F\left(k_t, \int y_t \mathrm{d}\mu, z_t\right) - r_t k_t - w_t \int y_t \mathrm{d}\mu + (1-\delta) k_t, \quad (7.17)$$

最优性条件是

$$r_t = F_k(t) + 1 - \delta, \quad w_t = F_y(t) \quad (7.18)$$

这两个条件给出了要素市场的需求曲线，综合经济个体的优化问题，得到如下均衡。

一般均衡：

在一般均衡时，首先社会财富来源于个体财富的加总，即 $\int a_t \mathrm{d}(\mu|z^t) = k_t$，并且

$$\int \chi_t \mathrm{d}(\mu|z^t) = \pi_t + \tau_t^k r_t \int a_t \mathrm{d}(\mu|z^t) + \tau_t^l w_t \int y_t \mathrm{d}(\mu|z^t),$$

其中 $\mathrm{d}(\mu|z^t$ 表示随机冲击 $\{z_1, \ldots, z_t\}$ 诱导的测度，将厂商优化条件代入经济个体的优化条件可得

$$u_c(t) = \beta E_t[(1-\tau_{t+1}^k) R_{t+1} u_c(t+1) + u_k(t+1)], \quad (7.19)$$

$$(1-\tau_t^l) F_y(t) u_c(t) = -u_l(t)/\theta_t, \quad (7.20)$$

和
$$k_{t+1} = F\left(k_t, \int y_t \mathrm{d}\mu, z_t\right) - \int c_t \mathrm{d}\mu + (1-\delta)k_t \tag{7.21}$$

其中 $R_t = F_k(t) + 1 - \delta$ 是资本的一期回报率。将上述等式与 (7.11) 式至 (7.13) 式比较得到最优税收。

定理 7.1 在信息不对称经济环境下，当经济个体的偏好具备"信息分离"特征时，最优税收法则如下：

$$\tau_{t+1}^k = 1 - \frac{E_{z^t}[\mu(\theta,z,t+1)R_{t+1}u_c(t+1)]}{E_t[\mu(\theta,z,t)]R_{t+1}u_c(t+1)} + \frac{\epsilon}{R_{t+1}u_c(t+1)} + \tag{7.22}$$

$$\frac{E_{z^t}[u_k(t+1)(\mu(\theta,z,t) - \mu(\theta,z,t+1))]}{E_t[\mu(\theta,z,t)]R_{t+1}u_c(t+1)},$$

其中 ϵ 为任意随机变量，具有性质 $E_t[\epsilon] = 0$，若 $\tau_{t+1}^k \in \mathcal{F}_t$，则 τ_{t+1}^k 具有唯一解

$$\tau_{t+1}^k = 1 - \frac{E_{z^t}[\lambda(\theta,z)R_{t+1}u_c(t+1)]}{E_t[\lambda(\theta,z)]E_t[R_{t+1}u_c(t+1)]} + \tag{7.23}$$

$$\frac{E_{z^t}[u_k(t+1)(\mu(\theta,z,t) - \mu(\theta,z,t+1))]}{E_t[\mu(\theta,z,t)]E_t[R_{t+1}u_c(t+1)]}$$

最优劳动收入税为0：
$$\tau_t^l = 0 \tag{7.24}$$

证明 从 (7.11) 式和 (7.12) 式，可得

$$u_c(t) = \beta \frac{1}{E_t[\mu(\theta,z,t)]} E_{z^t}[\mu(\theta,z,t+1)R_{t+1}u_c(t+1) + \mu(\theta,z,t+1)u_k(t+1)], \tag{7.25}$$

从 (7.12) 式和 (7.13) 式，进一步得到

$$F_y(t)u_c(t) = -u_l(t)/\theta_t \tag{7.26}$$

比较 (7.19) 式和 (7.25) 式我们可得 (7.22) 式和 (7.23) 式。再比较 (7.20) 式和 (7.26) 式，进一步得到 $\tau_t^l = 0$。 □

定理 7.2 表明"信息分离"的个体偏好在信息不对称的环境下，会导致最优劳动收入税为 0。甚至在存在财富关注偏好，总体经济存在波动的情况下，这一结论依旧稳健。这表明由信息不对称带来对经济的扭曲将不会影响同期内劳动和消费的替代关系，仅会影响消费和投资之间的跨期替代关系。而在 Mirrlees (1971) 的框架中，即 $T = 1$ 时的情形，我们看到此时信息不对称对经济无影响，因为此时仅仅有劳动和消费之间的替代关系，因为静态，所以没有经济变量间的跨期替代关系。

7.5 本章小结

本章采用 Lagrangge 泛函的方法解决了信息不对称环境下的经济优化问题，并由此给出了分散经济下最优资本收入税和劳动收入税法则。当经济个体偏好具备"信息分离"特征时，最优劳动收入税为 0，此时信息不对称对经济的影响完全转到对资源跨期替代上面了。并且劳动收入税为 0 的结论在个体具备财富关注、经济存在总量冲击的情形下依旧成立，这体现了这一结论的稳健性。

未来的研究可以继续在这一框架中考察最优的资本收入税形式，由于此时的信息不对称对经济的扭曲完全转嫁到资本收入税这一部分来了，会不会因此增加居民的税收负担？这样的税收负担在极限时是否会趋于 0？相关结论可以与 Chamly(1985) 进行类比。

第8章 能力连续状态下的最优财政政策

8.1 引 言

当经济中存在信息不对称时，中央计划者经济与分散经济的最优解之前会出现一些"楔子"，此时计划者可以设计最优税收规则以消除这些"楔子"。Mirrlees(1971)将不对称信息引入计划者经济中，探讨了最优劳动收入税和劳动者能力(私有信息)间的逻辑关系。进一步，Golosov et al.(2003)以及 Golosov and Tsyvinski(2006)利用 Rogerson(1985a, 1985b)所提出的方法研究了动态经济中的最优间接税，其中代理人的能力是私有信息且服从任意随机过程。他们的工作将 Mirrlees(1971)的模型拓展到动态框架中，并指出正的资本税是帕累托最优选择。

Mirrlees(1971)用一阶方法证明了最优的劳动收入税规则，并指出在连续隐藏信息的假设下，替代复杂的激励相容(IC)约束的做法是利用一阶条件取代 IC 约束。这种做法缩减了原始最优化问题的可行集并使之简化，但最优化问题也随之改变，因此有必要证明修改后的最优化问题与原问题是等价的。Guesneire and Laffont(1984)在一个委托代理模型中用一阶和二阶条件取代 IC 约束，证明了两个最优化问题的等价性并指出二阶条件是松弛的。这意味着二阶条件是冗余的，需要用其他合适的条件进行替换，这正是本章的写作目的。

Rogerson(1985a, 1985b)用对偶法构建了一个最小化问题，其核心在于给所有类型的人分配相同的效用，即在每期都在资源约束下最大化代理人的效用。然而，这种方法不能直接扩展至动态框架。Golosov et al.(2003)以及 Golosov and Tsyvinski(2006)假定效用函数关于消费和闲暇是可分的，以便用对偶法考察最优收入税。如果效用函数不可分，那么对消费的扰动将不仅通过消费影响效用，还会同时通过劳动供给影响产出。因此，对偶法在不可分效用情形下是不适用的。而一方面 Golosov et al.(2003)仅仅考虑了最优的资本收入税。如果同时考察劳动收入税和资本收入税，那么对于消费的扰动会同时影响劳动供给，对偶法同样不适用。

基于此，本章给出了一种新的方法，利用中间值函数取代存在连续隐藏信息的经济中的原 IC 约束。本章剔除了冗余的二阶条件，证明了下界和上梯度界条件可以代替 IC 约束。修正的最优化问题与原问题等价，但更容易求解。同时，本章修正了著名的 Kuhn-Tucker 定理以求解修正后的最优化问题，并指出了新问题和原问题之间的等价性。

在证明等价性的过程中，本章推导出了 KGT 模型最优解的一系列性质，包括：

(1) 在某些常规条件下，KGT 模型存在唯一的最优解。KGT 模型的可行集是非凸集，因此可能存在多个最优解。通过取代 IC 约束，本章为修正后的最优化问题构建了一个凸的可行集，因而这一问题存在唯一解。由于修正后的问题与原问题等价，因此 KGT 模型的最优解也是唯一的。

(2) 紧 IC 约束测度为 0 或 1，当所有的 IC 约束为紧时，最优解是常数。也就是说，当最优化问题的解并非常数时，IC 约束并非处处为紧。在此情形下，IC 约束似乎是冗余的，但在连续隐藏信息的情形下，这些"似乎冗余"的 IC 约束能够产生实际效应，这与离散隐藏信息的情形有很大差异。

(3) 最优解全都分布在最低劳动能力者的无差异表面上。信息不对称的存在会对社会总福利产生损失，且所有劳动者的最优选择都位于最低劳动能力者的无差异曲线上时，这一结论可以用来识别存在信息不对称时的社会福利损失。

(4) 本章再次考察了 Golosov et al.(2003) 提出的偏好，并发现最优解是时间一致解，且动态框架可以被分解为许多静态的最优化问题（所有静态问题都与 Mirrlees(1971) 所描述的一致）。此外，本章引入了一个信息可分的偏好，即 $u(c, y, \theta) = u(c, y)v(\theta)$，并推导出了 KGT 模型的最优常数解。因此在消费和劳动的替代中不存在楔子，且最优劳动收入税应为 0。

本章剩余部分的安排如下。第二节介绍了基础的 KGT 模型，以及替换了 IC 约束后的修正的最优化问题。在第三节中我们在函数空间内扩展了 Kuhn-Tucker 定理，并将之应用于求解修正后的最优化问题的一阶条件。本章的第四节证明了修正的最优化问题与原 KGT 模型的等价性，同时给出了关于 KGT 模型解的诸多重要性质的证明。在第五节，我们考察了两个具体的例子，并分别得出了其最优税收规则。第六节是本章小结。

8.2 基本框架

本节首先简要介绍基本的 KGT 模型，并讨论其解的一些重要特征。笔者发现，如果隐藏信息是离散的，则 KGT 模型可能存在多解。接下来本章替换了原模型中的 IC 约束，并引出了修正后的最优化问题。在一些关于偏好和技术的常规假设下，本章证明了这一新的最优化问题存在唯一解。

Golosov et al.(2003) 考虑了如下中央计划者问题：

$$P_0: \quad \max_{c_t, y_t, k_t} E\left[\sum_{t=0}^{T} \beta^t u\left(c_t, y_t, \theta_t\right)\right],$$

第 8 章 能力连续状态下的最优财政政策

资源约束为

$$k_{t+1} - k_t \leqslant f\left(k_t, \int y_t \mathrm{d}\mu\right) - \int c_t \mathrm{d}\mu, t = 0, \cdots, T, \qquad (8.1)$$

IC 约束为

$$W(\theta, \theta) \geqslant W(\theta, \theta'), 任意 \theta, \theta' \in \Theta^T, \qquad (8.2)$$

且可行性条件为

$$c_t \geqslant 0, \quad y_t \geqslant 0, \quad k_t \geqslant 0, \quad 给定 k_0 \qquad (8.3)$$

其中 u 和 f 分别是效用函数和生产函数，θ_t 是第 t 期代理人的私有信息，且 $\theta_t \in \Theta$ 对于所有 t 都成立，$\theta = (\theta_1, \cdots, \theta_T) \in \Theta^T$ 是代理人一生期的私有信息的实现值序列。(c_t, y_t) 是第 t 期的消费和有效劳动，它们都是私有信息的函数，即 $c_t = c_t(\theta)$ 和 $y_t = y_t(\theta)$。此外，我们也定义了事前折现效用为

$$W(\theta, \theta') = \sum_{t=0}^{T} \beta^t u\left(c_t(\theta'), y_t(\theta'), \theta_t\right)$$

信息结构：

在经济的初始期，对于代理人而言其未来的私有信息是未知的，因此 θ_t 在实现前是随机的。令 $\mathcal{F}_t = \sigma(\theta_1, \cdots, \theta_t)$ 为直到第 t 期的信息集。一个自然而然的假设是 $c_t, y_t \in \mathcal{F}_t$，$\mu$ 是 $\mathcal{F}_t$ 上的概率测度。

接下来考察 (8.2) 式的 IC 约束，用 Ω 表示 $(c(\theta), y(\theta)) = ((c_0(\theta), y_0(\theta)), \cdots (c_T(\theta), y_T(\theta)))$ 的状态空间，定义：

$$C(\Theta^T, \Omega) = \{g : \Theta^T \to \Omega \text{是连续的}\},$$

为包含 P_0 的所有可行解 $(c(\theta), y(\theta))$ 的函数空间，令

$$F_1 = \{(c(\theta), y(\theta)) \in C(\Theta^T, \Omega) 满足 (8.1) 式和 (8.3) 式\},$$

若 $f(k, y)$ 关于 k 和 y 是凹的，则 F_1 是一个闭凸函数空间。进一步，令

$$H = \{(c(\theta), y(\theta)) \in C(\Theta^T, \Omega) \ \exists \theta, \theta' \in \Theta^T \ s.t. \ W(\theta, \theta) < W(\theta, \theta')\},$$

由于 $c(\theta)$ 和 $y(\theta)$ 是连续的，因此 H 是 $C(\Theta^T, \Omega)$ 上的开集。记完备空间 H^c 中的 $(c(\theta), y(\theta))$ 满足 (8.2) 式的 IC 约束，则最优化问题 P_0 的可行空间为 $F_2 = F_1 \cap H^c$，F_2 是去除了大量开集的非凸集。如果信息状态是离散的且经济的时期 T 是有限的，那么集合 H 是有限相邻开集的并集。图 8.1 分别给出了凸空间 F_1 和非凸空间 F_2 的示例。

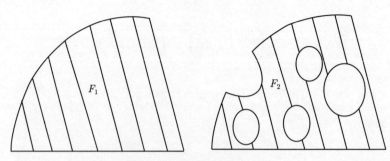

图 8-1　凸空间和非凸空间

事实上，F_1 是不存在 IC 约束的最优化问题 P_0 的可行空间。如果 $u(c,y,\theta_t)$ 关于 c 和 y 是严格凹的，那么 $E\left[\sum_{t=0}^{T}\beta^t u(c_t,y_t,\theta_t)\right]$ 是一个关于 $C(\Theta^T,\Omega)$ 的严格凹函数，且在 F_1 上只有一个最优解，在 F_2 上可能存在两个最优解，如图 8.2 所示。

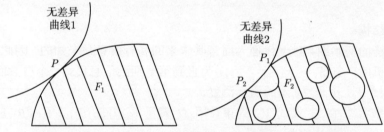

图 8-2　存在或不存在 IC 约束时最优化问题 P_0 的可能的解

如果信息状态是连续的，那么 H 是无限相邻开集的并集，这可以使 F_2 的边界趋于平滑，且 KGT 模型的最优解将再次变为唯一，如图 8.3 所示。

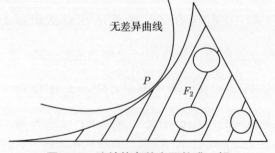

图 8-3　连续信息状态下的唯一解

在上述连续信息状态的情形下，KGT 模型存在唯一的解。本章利用中间值函数作为约束取代原模型的 IC 约束，以保证 KGT 模型解的唯一性。考虑如下最优化

问题:

$$P_1: \max_{c_t,y_t,k_t} E\left[\sum_{t=0}^T \beta^t u(c_t,y_t,\theta_t)\right],$$

相应的资源约束为

$$k_{t+1} - k_t \leqslant f\left(k_t, \int y_t \mathrm{d}\mu\right) - \int c_t \mathrm{d}\mu, t=0,\cdots,T, \tag{8.4}$$

下界约束为

$$v(\theta) \leqslant \sum_{t=0}^T \beta^t u(c_t(\theta), y_t(\theta), \theta_t), \tag{8.5}$$

且上梯度界约束为

$$\frac{\partial v(\theta)}{\partial \theta_t} \geqslant \beta^t u_{\theta_t}(c_t(\theta), y_t(\theta), \theta_t) \text{对所有} t \text{都成立} \tag{8.6}$$

其中 v 是任意可微函数。当 (8.5) 式和 (8.6) 式为紧时,我们称 v 为中间值函数。此外,如果令

$$U(X(\theta),\theta) = \sum_{t=0}^T \beta^t u(c_t(\theta), y_t(\theta), \theta_t),$$

其中 $X(\theta) = (c_0(\theta), y_0(\theta), \cdots, c_t(\theta), y_t(\theta), \cdots, c_T(\theta), y_T(\theta))$。对 (8.5) 式求关于 θ 的导数,并结合 (8.6) 式,可以得到

$$\nabla_\theta X \nabla_X U = 0 \tag{8.7}$$

其中 ∇_θ 是 θ 的梯度算子,(8.7) 式是 IC 约束 (8.2) 式的必要条件。本章第四节将证明在某些条件下,问题 P_1 与问题 P_0 等价。首先,为了验证 P_1 解的唯一性,需要做如下假设。

假设 8.1 效用函数 $u(c,y,\theta)$ 关于 c 和 y 是严格凹的,且 $u_\theta(c,y,\theta)$ 关于 c 和 y 是凸的;生产函数 $f(k,y)$ 关于 k 和 y 是凹的。

在假设 8.1 下,问题 P_1 的可行解构成了一个凸集,而目标函数的严格凹性保证了 P_1 最优解的唯一性。我们在命题 8.1 中总结了这些结论。

命题 8.1 在假设 1 下,P_1 的最优解是唯一的。

综上所述,如果证明了 P_1 与 P_0 的等价性,那么就相当于证明了 P_0 的解的唯一性。在下一节中,将推导出 P_1 的一阶条件。

8.3 改进问题的最优性条件

求解问题 P_1,需要先介绍相关的数学基础知识。本节首先回顾了函数空间框架下的一些微分概念,这有助于更好地利用变分法;其次讨论了光滑流形的概

念，以及函数空间中的切空间，这使得后文中我们可以用线性代数的方法处理大多数非凸约束的动态最优化问题；最后在函数空间中扩展了 Kuhn-Tucker 定理，以便求解 P_1 的一阶条件。接下来我们直接列出结论而不加证明，详细的证明参见 Conway(1990)，Luenberger(1969)，Milnor(1965) 和 Rockafellar(1997)，在此不再赘述。

8.3.1 数学基础

现在讨论修正的 Kuhn-Tucker 定理，首先介绍函数空间内的切空间。令 Θ 为基准空间，与拓扑空间 T_Θ 形成对比。令 M^T 为从 Θ 到 $\mathbb{R}^T$ 的所有的连续函数，与内积 $\langle \cdot, \cdot \rangle$ 形成对比，且 $\{M^T, \langle \cdot, \cdot \rangle\}$ 为希尔伯特 (Hilbert) 空间。子集 $M \subset M^T$ 被称为 M^T 的可微流形。如果 (1)M 的每一个开集关于 N 的开集是同胚的，其中 N 是 M^T 的子空间；(2) 每个点 $x \in M$ 是可微的，则可得到定义 8.1。

定义 8.1 假定 $x \in U \subset M$，一个连续路径 $\gamma : (-\varepsilon, \varepsilon) \to U$，且 $\gamma(0) = x$，则称 γ 在 x 处可微，如果存在 $y \in M^T$，使得对于所有的 $z \in M^T, \langle z, \gamma(t) \rangle$ 在 $t = 0$ 处可微，且

$$\frac{\mathrm{d}}{\mathrm{d}t} \langle z, \gamma(t) \rangle |_{t=0} = \langle z, y \rangle, \tag{8.8}$$

y 被称为 γ 关于 x 的导数，即 $\mathrm{d}_x \gamma = y$。

对于上述定义中的子集 U，存在一个同胚 $h : U \to V \subset N$，其中 U 和 V 分别是 M 和 M_1 的开子集。令 Γ 表示所有通过 U 中的 x 的可微路径的子集，且令 $T_x M$ 为 $\gamma \in \Gamma$ 关于 x 的所有导数的集合，则可证明 $T_x M$ 是线性空间。对于每两条路径 γ_1 和 γ_2 而言，令新路径

$$\gamma_3(t) = h^{-1}(h(\gamma_1(at)) + h(\gamma_2(bt))),$$

因此 γ_3 可微，且

$$\frac{\mathrm{d}}{\mathrm{d}t} \langle z, \gamma_3(t) \rangle |_{t=0} = \langle z, a\mathrm{d}_x \gamma_1 + b\mathrm{d}_x \gamma_2 \rangle \tag{8.9}$$

对于任意 $z \in M^T$ 成立。这意味着对于任意 $a, b \in \mathbb{R}$，都有 $\mathrm{d}_x \gamma_3 = a\mathrm{d}_x \gamma_1 + b\mathrm{d}_x \gamma_2$，即 $T_x M$ 是 M^T 上的线性空间，则称 M^T 为流形 M 上的 x 的正切空间。下面的例子有助于更直观地阐述上述结论。

例 8.1 假定 $f(x, \theta)$ 为从 $\mathbb{R}^T \times \Theta$ 到 $\mathbb{R}$ 的可微函数，且 f 关于测度空间 $(\Theta, \mathcal{F}, \mu)$ 是可积的，则

$$M = \left\{ x \in M^T : \int f(x, \theta) \mathrm{d}\mu = c \right\},$$

定义了函数空间 M^T 的一个平滑流形。对于任意 $x \in M$，正切空间为

$$T_x M = \left\{ h \in M^T : \int \nabla_x f(x, \theta) \cdot h(\theta) \mathrm{d}\mu = 0 \right\}$$

例 8.2 令 $f(x,\theta)$ 如上所定义，$g(\theta)$ 为一个从 Θ 到 $\mathbb{R}$ 的连续函数，则

$$M_1 = \{x \in M^T : f(x,\theta) = g(\theta), \forall \theta \in \Theta\},$$

定义另一个光滑流形，且对任意 $x \in M_1$，正切空间为

$$T_x M_1 = \{h \in M^T : \nabla_x f(x,\theta) \cdot h(\theta) = 0, \forall \theta \in \Theta\}$$

如果测度 μ 关于 Lebesgue 测度是绝对连续的，则 $T_x M_1$ 可以被写成如下积分形式：

$$T_x M_1 = \left\{h \in M^T : \int \lambda(\theta) \nabla_x f(x,\theta) \cdot h(\theta) \mathrm{d}\mu = 0, \forall \lambda(\theta) \in M^1\right\}$$

例 8.3 令基本空间 $\Theta \subset \mathbb{R}^T$ 为 $\mathbb{R}^T$ 的子集，$F(x,\theta)$ 为从 $\mathbb{R}^1 \times \Theta$ 到 $\mathbb{R}^T$ 的可微函数。再令 $N \subset M^1$ 为从 Θ 到 $\mathbb{R}$ 的所有可微函数，则

$$M_2 = \{x \in N : \nabla_\theta x = F(x,\theta), \forall \theta \in \Theta\},$$

是 N 上的流形，对所有 $x_2 \in M_2$，切空间为

$$T_x M_2 = \{h \in N : \nabla_\theta h = h \cdot \nabla_x F(x,\theta), \forall \theta \in \Theta\},$$

同理我们可以将 $T_x M_2$ 表示为

$$T_x M_2 = \left\{h \in N : \int \lambda(\theta) \cdot (\nabla_\theta h - h \cdot \nabla_x F(x,\theta)) \mathrm{d}\mu = 0, \forall \lambda(\theta) \in M^T\right\}$$

上述例子对应了 P_1 中等号成立时的约束 (8.4) 式、(8.5) 式和 (8.6) 式。接下来求解流形约束下最优化问题的最优性条件。假定 $\Lambda : M^T \to \mathbb{R}$ 是目标函数，且其关于 M^T 中的每个点都是可微的，然后求 Λ 的一阶导数和二阶导数。一阶导数又被称为 Frechet 导数，其定义如下：

定义 8.2 假定 $(X, \|\cdot\|_X)$ 和 $(Y, \|\cdot\|_Y)$ 为两个函数空间，令 N 为从 X 到 Y 的所有线性映射。如果存在 $A \in N$，使得对任意 $x' \in U_x$，都有

$$\Lambda(x') - \Lambda(x) = A(x' - x) + o(\|x' - x\|_X), \tag{8.10}$$

则称连续映射 $\Lambda : X \to Y$ 在点 $x \in U_x \subset X$ 处是可微的。A 是 Λ 在 x 处的 Frechet 导数，将之记为 $\delta_x \Lambda$，其中 U_x 是包含 x 的开邻域。

注意 Frechet 导数是 $\mathbb{R}^n$ 空间中普通导数的拓展。当 $Y = \mathbb{R}$ 时，我们称 Λ 为泛函。如下例子可以说明这一点。

例 8.4 若 $X = C[0,1]$ 为 $[0,1]$ 上的所有连续函数的集合，且 $\Lambda(x) = f(x(1/2))$，则

$$\delta_x \Lambda(\eta) = f'(x(1/2))\eta(1/2) \text{ 对所有 } \eta \in X \text{ 成立。}$$

例 8.5 假定 X 是概率空间 $(\Omega, \mathcal{F}, \mu)$ 上所有可积函数的集合，且 $\Lambda(x) = \int f(x)\mathrm{d}\mu$，因此：

$$\delta_x \Lambda(\eta) = \int f'(x)\eta(x)\mathrm{d}\mu, \text{ 对所有 } \eta \in X \text{ 成立}$$

Λ 的二阶导数定义在内积空间 $(X, \langle \cdot, \cdot \rangle)$ 上，范数 $\|\cdot\|_X$ 由内积导出，此外，Λ 是从 X 到 $\mathbb{R}$ 的连续映射。令 N 为从 X 到 $\mathbb{R}$ 的所有线性映射的集合，且 N_1 为从 X 到 X 的所有对称线性映射的集合。

定义 8.3 如果存在 $A \in N, B \in N_1$，使得

$$\Lambda(x') - \Lambda(x) = A(x' - x) + \langle x' - x, B(x' - x) \rangle + o\left(\|x' - x\|_X^2\right), \tag{8.11}$$

则称连续映射 $\Lambda : X \to \mathbb{R}$ 在点 $x \in U_x \subset X$ 处是二阶可微的。如前所述，A 是 Λ 在 x 处的 Frechet 导数，将之记为 $\delta_x \Lambda$。B 则是 Λ 的二阶导数，记为 $\delta_x^2 \Lambda$。

例 8.6 假定 X 是所有将概率空间 $(\Omega, \mathcal{F}, \mu)$ 映射到 $\mathbb{R}^n$ 的可积函数的集合，$f : \mathbb{R}^n \to \mathbb{R}$ 是一个至少二阶可微的函数，定义 $\Lambda(x) = \int f(x)\mathrm{d}\mu$，那么

$$\delta_x \Lambda(\eta) = \int \nabla_x f(x) \eta \mathrm{d}\mu, \text{ 对所有 } \eta \in X \text{ 成立},$$

$$\delta_x^2 \Lambda(\eta)(\omega) = \nabla_x^2 f(x(\omega))\eta(\omega), \text{ 对所有 } \eta \in X \text{ 和 } \omega \in \Omega \text{ 成立}。$$

现在令 M 为 M^T 的可微流形，考虑如下问题：

$$\max \Lambda(x), \quad s.t. \ x \in M \tag{8.12}$$

命题 8.2 假定 x^* 是问题 (8.12) 的最优解，令 $\delta_{x^*}\Lambda$ 为 Λ 在 x 处的 Frechet 导数，则 $T_{x^*}M \subset \ker \delta_{x^*}\Lambda$。此外，如果 $T_{x^*}M \subset \ker \delta_{x^*}\Lambda$，且 $\delta_{x^*}^2\Lambda$ 在 $T_{x^*}M$ 上是负定的，即

$$\langle h, \delta_{x^*}^2 \Lambda(h) \rangle < 0, \quad 0 \neq h \in T_{x^*}M, \tag{8.13}$$

那么 x^* 为问题 (8.12) 的局部最优解。

接下来阐述 $T_{x^*}M \subset \ker \delta_{x^*}\Lambda$ 的含义，如果流形 M 形如例 8.1、例 8.2 和例 8.3 所述，则可得出如下命题。

命题 8.3 如果流形 M 形如例 8.1，则 $T_{x^*}M \subset \ker\delta_{x^*}\Lambda$ 意味着存在一个标量 $\lambda \in \mathbb{R}$，使得

$$\delta_{x^*}\Lambda(h) = \lambda \int \nabla_x f(x,\theta) \cdot h(\theta) \, \mathrm{d}\mu, \text{对所有} h \in M^T \text{成立。}$$

若 M 形如例 8.2，则 $T_{x^*}M \subset \ker\delta_{x^*}\Lambda$ 意味着存在 $\lambda(\theta) \in M^1$，使得

$$\delta_{x^*}\Lambda(h) = \int \lambda(\theta) \nabla_x f(x,\theta) \cdot h(\theta) \, \mathrm{d}\mu, \text{对所有} h \in M^T \text{成立。}$$

若 M 形如例 8.3，则 $T_{x^*}M \subset \ker\delta_{x^*}\Lambda$ 意味着存在 $\lambda(\theta) \in M^T$，使得

$$\delta_{x^*}\Lambda(h) = \int \lambda(\theta) (\nabla_\theta h - h \cdot \nabla_x F(x,\theta)) \, \mathrm{d}\mu, \text{对所有} h \in M^T \text{成立。}$$

若 $\mathrm{d}\mu = g(\theta)\mathrm{d}\theta$，则可应用分部积分法得到

$$\int \lambda(\theta) \cdot \nabla_\theta h \mathrm{d}\mu = \sum_{i=1}^T g(\theta_{-i},\theta_i) \lambda_i(\theta_{-i},\theta_i) h(\theta_{-i},\theta_i)\Big|_{\underline{\theta}_i}^{\bar{\theta}_i} \mathrm{d}\theta_{-i} \\ - \sum_{i=1}^T \int \frac{\partial g(\theta)\lambda_i(\theta)}{\partial \theta_i} h(\theta) \, \mathrm{d}\theta \tag{8.14}$$

其中 $\theta_{-i} = (\theta_1, \cdots, \theta_{i-1}, \theta_{i+1}, \cdots, \theta_T)$，$\underline{\theta}_i$ 和 $\bar{\theta}_i$ 是 Θ 中 θ 的第 i 个分量的边界值。

8.3.2 函数空间内的 Kuhn-Tucker 定理

本节讨论修正的 Kuhn-Tucker 定理。首先给出最优化问题：假定 $x \in M^T$，且 $\Lambda: M^T \to \mathbb{R}$ 是至少二阶可微的映射，$f_1(x,\theta)$ 为从 $\mathbb{R}^T \times \Theta$ 到 $\mathbb{R}$ 的可微函数，且 f 在测度空间 $(\Omega, \mathcal{F}, \mu)$ 上是可积的，$f_2(x,\theta)$ 为另一个从 $\mathbb{R}^T \times \Theta$ 到 $\mathbb{R}$ 的可微函数，$g(\theta)$ 为从 Θ 到 $\mathbb{R}$ 的连续函数，令 $\Theta \subset \mathbb{R}^T$，$F(x,\theta)$ 为从 $\mathbb{R}^T \times \Theta$ 到 $\mathbb{R}^T$ 的可微函数，$G(\theta)$ 为从 Θ 到 $\mathbb{R}^T$ 的连续函数，$c \in \mathbb{R}$ 是标量，考虑如下最优化问题：

$$P^*: \max \Lambda(x),$$

使得

$$\int f_1(x,\theta) \, \mathrm{d}\mu \geqslant c, \tag{8.15}$$

$$f_2(x,\theta) \geqslant g(\theta), \tag{8.16}$$

且

$$\nabla_\theta x \geqslant F(x,\theta) + G(\theta), \quad \forall \theta \in \Theta \tag{8.17}$$

定理 8.1 (Kuhn-Tucker)： 假定 x^* 为问题 P^* 的最优解，那么

(1) 一阶条件: 存在 $\lambda \in \mathbb{R}, \lambda_1(\theta) \in M^1$ 和 $\lambda_1(\theta) \in M^T$, 其中 $\lambda, \lambda_1(\theta), \lambda_2(\theta) \geqslant 0$, 使得

$$\delta_{x^*}\Lambda(h) = \lambda \int \nabla_x f_1(x,\theta) \cdot h(\theta) \,\mathrm{d}\mu + \int \lambda_1(\theta) \nabla_x f_2(x,\theta) \cdot h(\theta) \,\mathrm{d}\mu +$$
$$\int \lambda_2(\theta) (\nabla_\theta h - h \cdot \nabla_x F(x,\theta)) \,\mathrm{d}\mu$$

对于所有 $h \in M^T$ 成立。

(2) 松弛条件:

$$\lambda \geqslant 0, \int f_1(x,\theta) \,\mathrm{d}\mu \geqslant c, \lambda \left(\int f_1(x,\theta) \,\mathrm{d}\mu - c \right) = 0;$$

$$\lambda_1(\theta) \geqslant 0, f_2(x,\theta) \geqslant g(\theta), \lambda_1(\theta)(f_2(x,\theta) - g(\theta)) = 0;$$

以及

$$\lambda_2(\theta) \geqslant 0, \nabla_\theta x \geqslant F(x,\theta) + G(\theta), \lambda_2(\theta)(\nabla_\theta x - F(x,\theta) - G(\theta)) = 0$$

(3) 二阶条件: 对任意 $\lambda_1(\theta) > 0$, $\lambda_2(\theta) > 0$ 和 $\lambda > 0$, 约束将为紧。令 M 表示这些紧约束, 那么 M 即为 M^T 的一个流形, 如果 (8.1) 式成立且 $\delta_{x^*}\Lambda$ 在 $T_{x^*}M$ 上是负定的, 那么 x^* 是 P^* 的局部最优解。

(4) 包络引理: 令 $V(c,g,G)$ 为 P^* 的值函数, 则 V 关于 c,g 和 G 是连续可微的, 且

$$\frac{\partial V}{\partial c} = \lambda,$$

$$\delta_g V(h) = \int \lambda_1(\theta) h(\theta) \,\mathrm{d}\mu, \text{ 对所有} h(\theta) \in M^1 \text{成立},$$

$$\delta_G V(h) = \int \lambda_2(\theta) h(\theta) \,\mathrm{d}\mu, \text{ 对所有} h(\theta) \in M^T \text{成立}。$$

8.3.3 P_1 的一阶条件

接下来应用修正的 Kuhn-Tucker 定理来推导 P_1 的最优性条件。对于所有的 t, 令 $\beta^t \lambda_t \in \mathbb{R}$ 为 (8.11) 式的乘子, 再令 $\lambda_2^t(\theta) \in M^1$ 为 (8.13) 式的乘子。由于 $(c_t, y_t) \in \mathcal{F}_t$, 可以看出 $\lambda_2^t(\theta) \in \mathcal{F}_t$。此外, 定义 $M_{t_1,\cdots,t_k} = \sigma(\theta_{t_1},\cdots,\theta_{t_k})$, $g(\theta)$ 为 μ 的密度函数, 且 $\mathrm{supp}(\mu) = \Theta$, $g(\theta)|_{\partial\Theta} > 0$, 则可以得到如下命题。

命题 8.4 如果 P_1 由最优解 (c_t, y_t, k_t, v), 那么我们有

(1) 一阶条件:

$$\lambda_t = \beta(1 + f_k(t+1))\lambda_{t+1}, \tag{8.18}$$

$$E_t[1 + \lambda_1(\theta)]u_c(t) = \lambda_2^t(\theta)u_{\theta c}(t) + \lambda_t, \tag{8.19}$$

第 8 章 能力连续状态下的最优财政政策

$$E_t\left[1+\lambda_1(\theta)\right]u_y(t) = \lambda_2^t(\theta)u_{\theta y}(t) - \lambda_t f_y(t), \tag{8.20}$$

$$\lambda_1(\theta) = \sum_{t=0}^{T}\left[\frac{\partial \lambda_2^t(\theta)}{\partial \theta_t} + \lambda_2^t(\theta)\frac{\partial g(\theta)}{\partial \theta_t}\frac{1}{g(\theta)}\right], \tag{8.21}$$

$$\begin{aligned}E\left[\lambda_1(\theta)|M_{t_1,\cdots,t_k}\right] &= \sum_{i=1}^{k}E\left[\frac{\partial \lambda_2^{t_i}(\theta)}{\partial \theta_{t_i}} + \lambda_2^{t_i}(\theta)\frac{\partial g(\theta)}{\partial \theta_{t_i}}\frac{1}{g(\theta)}\bigg|M_{t_1,\cdots,t_k}\right] \\ &= \sum_{i=1}^{k}\frac{\partial E\left[\lambda_2^{t_i}(\theta)|M_{t_1,\cdots,t_k}\right]}{\partial \theta_{t_i}}, T>0\end{aligned} \tag{8.22}$$

(2) 边界条件:

$$\lambda_2^t(\theta_{-t},\underline{\theta}_t) = 0 \text{ 或 } \lambda_2^t(\theta_{-t},\bar{\theta}_t) = 0, \tag{8.23}$$

对于所有的 $\theta_{-t} \in \Theta_{-t} = \Theta_1 \times \cdot \times \Theta_{t-1} \times \cdot \times \Theta_T$ 和 $t \leqslant T$ 都成立。

(3) 松弛条件:

$$\lambda_t \geqslant 0, \text{ 且若 } \lambda_t > 0 \text{ 则 } (8.4) \text{ 式为紧}, \tag{8.24}$$

$$\lambda_1(\theta) \geqslant 0, \text{ 且若 } \lambda_1(\theta) > 0 \text{ 则 } (8.5) \text{ 式为紧}, \tag{8.25}$$

$$\lambda_2^t(\theta) \leqslant 0, \text{ 且若 } \lambda_2^t(\theta) < 0 \text{ 则 } (8.6) \text{ 式为紧}。 \tag{8.26}$$

由于假设 8.1, u 的凹性使得二阶条件存在,且包络性质在证明 P_1 和 P_0 的等价性中是不必要的,因此我们从定理 8.1 中删除后两个条件。除了 (8.19) 式中的额外项 $\lambda_2^t(\theta)u_{\theta c}(t)$ 以及 (8.20) 式中的额外项 $\lambda_2^t(\theta)u_{\theta y}(t)$, (8.18) 式、(8.19) 式和 (8.20) 式是常规的最优性条件,因此我们称 $\lambda_2^t(\theta)$ 为信息乘子。若 $\lambda_2^t(\theta) = 0$,则由 (8.19) 式除以 (8.20) 式可得到

$$\frac{u_c(t)}{u_y(t)} = -\frac{1}{f_y(t)} \tag{8.27}$$

这意味着在劳动和消费的边际替代关系中不存在任何扭曲,因此在分散经济中的最优劳动收入税应该为 0。从边界条件 (8.23) 式可以看出,在每一期,对拥有最低和最高劳动能力的代理人征收的劳动收入税应为 0。由于 (8.19) 式和 (8.20) 式有共同的乘子 $E_t[1+\lambda_1(\theta)]$,结合 (8.18) 式可知,当效用函数关于 c 和 (y,θ) 可分时,我们可以再次得到 Golosov et al.(2003) 提出的"逆欧拉方程",因此在这种结构下,最优资本积累的扭曲依然存在。

由边界条件 (8.23),我们可以看出如果 $\theta_t = \underline{\theta}_t$ 或 $\theta_t = \bar{\theta}_t$,那么对于所有 $\theta_{-t} \in \Theta_{-t}$, $\lambda_2^t(\theta_{-t},\underline{\theta}_t) = \lambda_2^t(\theta_{-t},\bar{\theta}_t) = 0$ 都成立。因此由 (8.22) 式可知,对 $M_{-t} = \sigma(\theta_{-t})$ 取期望,可以得到

$$E\left[\lambda_1(\theta_{-t},\underline{\theta}_t)|M_{-t}\right] = 0 \text{ 或 } E\left[\lambda_1(\theta_{-t},\bar{\theta}_t)|M_{-t}\right] = 0 \tag{8.28}$$

由 $\lambda_1(\theta) \geqslant 0$ 可推断出对所有 $\theta_{-t} \in \Theta_{-t}$，都有

$$\lambda_1\left(\theta_{-t}, \underline{\theta}_t\right) = 0 \text{ 或 } \lambda_1\left(\theta_{-t}, \bar{\theta}_t\right) = 0 \tag{8.29}$$

再次考虑最优性条件 (8.19) 式和 (8.20) 式，可以得到

$$u_c\left(t, \underline{\theta}_t\right) = \lambda_t, u_y\left(t, \underline{\theta}_t\right) = -\lambda_t f_y(t),$$

或

$$u_c\left(t, \bar{\theta}_t\right) = \lambda_t, u_y\left(t, \bar{\theta}_t\right) = -\lambda_t f_y(t)$$

这与不存在信息约束 (8.5) 式和 (8.6) 式的解是一致的。此外，可以看到 $x(\theta_{-t}, \underline{\theta}_t)$ 或 $x(\theta_{-t}, \bar{\theta}_t) \in M_t$，且与 θ_{-t} 不相关。因此本书认为，当达到边界点时，至少在某一边界（$\underline{\theta}_t$ 或 $\bar{\theta}_t$），资本收入和劳动收入都不存在扭曲。

8.4 原问题与改进问题等价性证明

本节给出关于问题 P_0 和 P_1 的等价性证明。首先，识别出 P_1 的最优解应使得约束 (8.4) 式、(8.5) 式和 (8.6) 式为紧。接下来证明对任意的 $\theta \in \Theta$，当 $\theta' = \theta$ 时，P_1 的最优解为

$$W(\theta, \theta') = \sum_{t=0}^{T} \beta^t u\left(c_t(\theta'), y_t(\theta'), \theta_t\right),$$

是局部最优的。最后，将 $W(\theta, \theta')$ 拓展至全局最优，因此 P_1 的全局最优解满足 (8.2) 式所定义的 IC 约束，且等价性不言自明。此外，在证明过程中，本节还讨论了一些其他的重要性质。

8.4.1 P_1 的解使得所有约束为紧

P_1 的最优解 (c_t, y_t, k_t, v) 是唯一的，其内涵是 (c_t, y_t, k_t) 是唯一的，但 v 不一定唯一。对于充分大的常数 $c > 0$，$(c_t, y_t, k_t, v - c)$ 同样是 P_1 的最优解。因此必须固定中间值函数，令 (c_t, y_t, k_t) 为 P_1 的最优解，再令 v 满足：

$$v^*(\theta) = \sum_{t=0}^{T} \beta^t u\left(c_t(\theta), y_t(\theta), \theta_t\right), \tag{8.30}$$

那么对于 (c_t, y_t, k_t, v^*) 而言，仅当 (8.23) 式成立时，边界条件满足，由此可以得出如下命题。

命题 8.5 当 (c_t, y_t, k_t, v^*) 为 P_1 的最优解且 v^* 为中间值函数时，则边界条件为

$$\lambda_2^t\left(\theta_{-t}, \bar{\theta}_t\right) = 0 \text{ 对所有 } \theta_{-t} \in \Theta_{-t} \text{ 和所有 } t \leqslant T \text{ 都成立。}$$

证明 由于 v^* 为中间值函数，因此命题 8.5 中 v^* 的变分 $h(\theta_{-t},\theta_t)$ 必须满足

$$h(\theta_{-t},\underline{\theta}_t) = 0 \text{ 或 } h(\theta_{-t},\bar{\theta}_t) = 0 \tag{8.31}$$

这意味着

$$\lambda_2^t(\theta_{-t},\underline{\theta}_t) = 0 \text{ 对所有} \theta_{-t} \in \Theta_{-t} \text{ 和所有} t \leqslant T \text{都成立},$$

或

$$\lambda_2^t(\theta_{-t},\bar{\theta}_t) = 0 \text{ 对所有} \theta_{-t} \in \Theta_{-t} \text{ 和所有} t \leqslant T \text{都成立}。$$

上两个边界条件至少有一个是成立的。考虑 (8.22) 式，取 $M_t = \sigma(\theta_t)$，有

$$E[\lambda_1(\theta)|M_t] = \frac{\partial E[\lambda_2^t(\theta)|M_t]}{\partial \theta_t} > 0, \tag{8.32}$$

因此 $E[\lambda_2^t(\theta)|M_t]$ 随 θ_t 的增加而增加。如果对于所有的 $\theta_{-t} \in \Theta_{-t}$，有 $\lambda_2^t(\theta_{-t},\bar{\theta}_t) = 0$，那么应该存在某些 θ_t，使得 $\lambda_2^t(\theta_{-t},\theta_t) > 0$，而这与 $\lambda_2^t(\theta_t) < 0$ 相矛盾，得到

$$\lambda_2^t(\theta_{-t},\bar{\theta}_t) = 0 \text{ 对所有} \theta_{-t} \in \Theta_{-t} \text{ 和所有} t \leqslant T \text{都成立}。 \tag{8.33}$$

$\square$

(8.21) 式和 (8.22) 式的相似之处在于中间值函数变分的不同，(8.21) 式源于 v 的总体变分，而 (8.22) 式只是因 $v(\theta)$ 中部分项 $\theta_{t_1},\cdots,\theta_{t_k}$ 的变动引起的 v 的部分变分，这保证了 P_1 的最优解为紧。由于我们将 v^* 作为中间值函数，因此 (8.12) 式为紧。为证明 P_1 所有约束为紧，我们仅需要重要证明对于所有的 t 而言，都有 $\lambda_2^t(\theta_t) < 0$，参见下列命题。

命题 8.6 在假设 8.1 以及 v^* 为中间值函数的条件下，P_1 的最优解 (c_t,y_t,k_t,v^*) 使得 P_1 所有的约束都为紧。

证明 如上所言，由 c 和 u 单调增的性质可推断出资源约束是紧的，且由 v^* 为中间值函数可知 (8.4) 式与 (8.5) 式为紧，我们只需要证明 (8.6) 式为紧。假定 (8.6) 中的某些式子非紧，例如在某个 t 期，(8.6) 式的不等号严格成立，则存在 θ_0 的某个开邻域 V_{θ_0}，使得对于所有的 $\theta \in V_{\theta_0}$，有

$$\frac{\partial v^*(\theta)}{\partial \theta_t} > \beta^t u_{\theta_t}(c_t(\theta),y_t(\theta),\theta_t), \tag{8.34}$$

因此对于所有的 $\theta \in V_{\theta_0}$，都有 $\lambda_2^t(\theta_t) = 0$。利用 (8.22) 式可得

$$E\left[\lambda_1(\theta)\Big| M_t^{V_{\theta_0}}\right] = E\left[\frac{\partial \lambda_2^t(\theta)}{\partial \theta_t} + \lambda_2^t(\theta)\frac{\partial g(\theta)}{\partial \theta_t}\frac{1}{g(\theta)}\bigg| M_t^{V_{\theta_0}}\right] = 0, \tag{8.35}$$

其中 $M_t^{V_{\theta_0}} = \sigma(\theta_t : \exists \theta' \in V_{\theta_0}, \text{ s.t. } \theta_t = \theta'_t)$,从命题 8.4 的松弛条件可知,$\lambda_1(\theta_t) \geqslant 0$,因此对于所有的 $\theta \in V_{\theta_0}$,都有

$$\lambda_1(\theta) = 0, a.s. \quad \mathrm{d}\mu,$$

这意味着

$$v^*(\theta) < \sum_{t=0}^{T} \beta^t u(c_t(\theta), y_t(\theta), \theta_t) \tag{8.36}$$

且这与 v^* 为中间值函数相矛盾。 □

8.4.2 $W(\theta, \theta')$ 的局部最优解

接下来我们证明 P_1 的最优解也满足 P_0 中的 IC 约束。首先证明沿着最优路径:

$$\Gamma = \{X(\theta) = (c(\theta), y(\theta)) | (c(\theta) = c_0(\theta), \cdots, c_T(\theta), y(\theta) = y_0(\theta), \cdots, y_T(\theta)), \theta \in \Theta\},$$

函数 $W(\theta, \theta') = \sum_{t=0}^{T} \beta^t u(c_t(\theta'), y_t(\theta'), \theta_t)$ 是局部最优的,即对于每一个 $\theta \in \Theta$,存在一个开邻域 V_θ,使得对于所有的 $\theta' \in V_\theta$,有

$$W(\theta, \theta) \geqslant W(\theta, \theta') \tag{8.37}$$

事实上可以固定 θ,并找到

$$\nabla_{\theta'} W(\theta, \theta')|_{\theta=\theta'} = \nabla_\theta X \nabla_X U, \tag{8.38}$$

以及

$$\nabla^2_{\theta'} W(\theta, \theta')|_{\theta'=\theta} = \nabla_\theta X \nabla^2_X U (\nabla_\theta X)^\mathrm{T} + \nabla_\theta (\nabla_\theta X) \cdot \nabla_X U \tag{8.39}$$

其中 $\nabla_\theta X$ 是 $(T+1) \times (T+1)$ 维矩阵,注意 $X(\theta) = (x_0(\theta), \cdots, x_T(\theta))$,且 $x_i(\theta) = (c_i(\theta), y_i(\theta))$,

$$\nabla_\theta X = \begin{pmatrix} \dfrac{\partial x_0(\theta)}{\partial \theta_0} & \cdots & \dfrac{\partial x_T(\theta)}{\partial \theta_0} \\ \vdots & & \vdots \\ \dfrac{\partial x_1(\theta)}{\partial \theta_T} & \cdots & \dfrac{\partial x_T(\theta)}{\partial \theta_T} \end{pmatrix},$$

$\nabla_\theta(\nabla_\theta X) \cdot \nabla_X U$ 是一个 $(T+1) \times (T+1)$ 维矩阵,其第 i 行形如

$$\left(\begin{pmatrix} \dfrac{\partial^2 x_0(\theta)}{\partial \theta_0 \partial \theta_i} & \cdots & \dfrac{\partial^2 x_T(\theta)}{\partial \theta_0 \partial \theta_i} \\ \vdots & & \vdots \\ \dfrac{\partial^2 x_1(\theta)}{\partial \theta_T \partial \theta_i} & \cdots & \dfrac{\partial^2 x_T(\theta)}{\partial \theta_T \partial \theta_i} \end{pmatrix} \nabla_X U \right)^\mathrm{T},$$

$\nabla^2_X U$ 是 U 的海塞矩阵，是一个 $2(T+1) \times 2(T+1)$ 维的矩阵。由命题 8.6 可知，式 (8.6) 也成立。将式 (8.6) 对 θ 求微分，可以得到

$$\nabla_\theta X \nabla^2_X U (\nabla_\theta X)^{\mathrm{T}} + \nabla_\theta (\nabla_\theta X) \cdot \nabla_X U + \nabla_\theta X \cdot \nabla_\theta \nabla_X U = 0, \tag{8.40}$$

其中：

$$\nabla_\theta X \cdot \nabla_\theta \nabla_X U =$$

$$\begin{pmatrix} \dfrac{\partial x_0(\theta)}{\partial \theta_0} \dfrac{\partial u_\theta(x_0(\theta), \theta_0)}{\partial x_0} & \cdots & \dfrac{\partial x_i(\theta)}{\partial \theta_0} \dfrac{\partial u_\theta(x_i(\theta), \theta_i)}{\partial x_i} & \cdots & \dfrac{\partial x_T(\theta)}{\partial \theta_0} \dfrac{\partial u_\theta(x_T(\theta), \theta_T)}{\partial x_T} \\ 0 & \cdots & \dfrac{\partial x_i(\theta)}{\partial \theta_i} \dfrac{\partial u_\theta(x_i(\theta), \theta_i)}{\partial x_i} & \cdots & \dfrac{\partial x_T(\theta)}{\partial \theta_i} \dfrac{\partial u_\theta(x_T(\theta), \theta_T)}{\partial x_T} \\ 0 & \cdots & 0 & \cdots & \dfrac{\partial x_T(\theta)}{\partial \theta_T} \dfrac{\partial u_\theta(x_T(\theta), \theta_T)}{\partial x_T} \end{pmatrix}$$

是一个上三角矩阵，由 (8.39) 式可知，$\nabla_\theta X \nabla^2_X U (\nabla_\theta X)^{\mathrm{T}} + \nabla_\theta (\nabla_\theta X) \cdot \nabla_X U$ 为对角矩阵，且 $\nabla_\theta X \cdot \nabla_\theta \nabla_X U$ 也为对角阵，因此可以得出对于所有的 $j < i$，有

$$\frac{\partial x_i(\theta)}{\partial \theta_j} \frac{\partial u_\theta(x_i(\theta), \theta_j)}{\partial x_i} = 0, \tag{8.41}$$

以及

$$\nabla_\theta X \cdot \nabla_\theta \nabla_X U =$$

$$\begin{pmatrix} \dfrac{\partial x_0(\theta)}{\partial \theta_0} \dfrac{\partial u_\theta(x_0(\theta), \theta_0)}{\partial x_0} & \cdots & 0 & \cdots & 0 \\ 0 & \cdots & \dfrac{\partial x_i(\theta)}{\partial \theta_i} \dfrac{\partial u_\theta(x_i(\theta), \theta_i)}{\partial x_i} & \cdots & 0 \\ 0 & \cdots & 0 & \cdots & \dfrac{\partial x_T(\theta)}{\partial \theta_T} \dfrac{\partial u_\theta(x_T(\theta), \theta_T)}{\partial x_T} \end{pmatrix}$$

再一次，由 (8.40) 式可知

$$\nabla^2_\theta W(\theta, \theta')|_{\theta'=\theta} = \nabla_\theta X \nabla^2_X U (\nabla_\theta X)^{\mathrm{T}} + \nabla_\theta (\nabla_\theta X) \cdot \nabla_X U = -\nabla_\theta X \cdot \nabla_\theta \nabla_X U$$

以及

$$\nabla_{\theta'} W(\theta, \theta')|_{\theta'=\theta} = \nabla_\theta X \nabla_X U = 0 \tag{8.42}$$

现在，如果可以证明矩阵 $\nabla_\theta X \cdot \nabla_\theta \nabla_X U$ 是半正定的，那么就能够得到 (8.37) 式。回忆最优性条件 (8.19) 式和 (8.20) 式，可以将这两个式子整理为矩阵形式：

$$\nabla_X U =$$

$$\begin{pmatrix} \dfrac{\partial u_\theta (x_0(\theta),\theta_0)}{\partial x_0} & \cdots & 0 & \cdots & 0 \\ 0 & \cdots & \dfrac{\partial u_\theta (x_i(\theta),\theta_i)}{\partial x_i} & \cdots & 0 \\ 0 & \cdots & 0 & \cdots & \dfrac{\partial u_\theta (x_T(\theta),\theta_T)}{\partial x_T} \end{pmatrix} \begin{pmatrix} \dfrac{\lambda_2^0(\theta)}{E_0[1+\lambda_1(\theta)]} \\ \vdots \\ \dfrac{\lambda_2^i(\theta)\beta^i}{E_i[1+\lambda_1(\theta)]} \\ \vdots \\ \dfrac{\lambda_2^T(\theta)\beta^T}{E_T[1+\lambda_1(\theta)]} \end{pmatrix} +$$

$$\begin{pmatrix} \begin{pmatrix} 1 \\ -f_y(0) \end{pmatrix} & \cdots & 0 & \cdots & 0 \\ 0 & \cdots & \begin{pmatrix} 1 \\ -f_y(i) \end{pmatrix} & \cdots & 0 \\ 0 & \cdots & 0 & \cdots & \begin{pmatrix} 1 \\ -f_y(T) \end{pmatrix} \end{pmatrix} \begin{pmatrix} \dfrac{\lambda_0(\theta)}{E_0[1+\lambda_1(\theta)]} \\ \vdots \\ \dfrac{\lambda_i \beta^i}{E_i[1+\lambda_1(\theta)]} \\ \vdots \\ \dfrac{\lambda_T \beta^T}{E_T[1+\lambda_1(\theta)]} \end{pmatrix} \tag{8.43}$$

将 (8.43) 式左右两边同乘 $\nabla_\theta X$，由于 $x_t \in \mathcal{F}_t$，$\nabla_\theta X$ 是一个上三角矩阵：

$$\nabla_\theta X = \begin{pmatrix} \dfrac{\partial x_0}{\theta_0} & \cdots & \dfrac{\partial x_T}{\theta_0} \\ \vdots & \dfrac{\partial x_i}{\theta_0} & \vdots \\ 0 & \cdots & \dfrac{\partial x_T}{\theta_T} \end{pmatrix}$$

可以很容易求得

$$0 = \begin{pmatrix} \dfrac{\partial x_0(\theta)}{\partial \theta_0} \dfrac{\partial u_\theta(x_0(\theta),\theta_0)}{\partial x_0} & \cdots & 0 & \cdots & 0 \\ 0 & \cdots & \dfrac{\partial x_i(\theta)}{\partial \theta_i} \dfrac{\partial u_\theta(x_i(\theta),\theta_i)}{\partial} x_i & \cdots & 0 \\ 0 & \cdots & 0 & \cdots & \dfrac{\partial x_T(\theta)}{\partial \theta_T} \dfrac{\partial u_\theta(x_T(\theta),\theta_T)}{\partial x_T} \end{pmatrix}$$

$$\begin{pmatrix} \dfrac{\lambda_2^0(\theta)}{E_0[1+\lambda_1(\theta)]} \\ \vdots \\ \dfrac{\lambda_2^i(\theta)\beta^i}{E_i[1+\lambda_1(\theta)]} \\ \vdots \\ \dfrac{\lambda_2^T(\theta)\beta^T}{E_T[1+\lambda_1(\theta)]} \end{pmatrix} +$$

$$\begin{pmatrix} \dfrac{\partial x_0(\theta)}{\partial \theta_0} \begin{pmatrix} 1 \\ -f_y(0) \end{pmatrix} & \cdots & 0 & \cdots & 0 \\ 0 & \cdots & \dfrac{\partial x_i(\theta)}{\partial \theta_i} \begin{pmatrix} 1 \\ -f_y(i) \end{pmatrix} & \cdots & 0 \\ 0 & \cdots & 0 & \cdots & \dfrac{\partial x_T(\theta)}{\partial \theta_T} \begin{pmatrix} 1 \\ -f_y(T) \end{pmatrix} \end{pmatrix}$$

$$\begin{pmatrix} \dfrac{\lambda_0(\theta)}{E_0[1+\lambda_1(\theta)]} \\ \vdots \\ \dfrac{\lambda_i \beta^i}{E_i[1+\lambda_1(\theta)]} \\ \vdots \\ \dfrac{\lambda_T \beta^T}{E_T[1+\lambda_1(\theta)]} \end{pmatrix}$$

(8.44)

如果定义

$$A(\theta) =$$

$$\begin{pmatrix} \dfrac{\partial x_0(\theta)}{\partial \theta_0} \dfrac{\partial u_\theta(x_0(\theta),\theta_0)}{\partial x_0} & \cdots & 0 & \cdots & 0 \\ 0 & \cdots & \dfrac{\partial x_i(\theta)}{\partial \theta_i} \dfrac{\partial u_\theta(x_i(\theta),\theta_i)}{\partial x_i} & \cdots & 0 \\ 0 & \cdots & 0 & \cdots & \dfrac{\partial x_T(\theta)}{\partial \theta_T} \dfrac{\partial u_\theta(x_T(\theta),\theta_T)}{\partial x_T} \end{pmatrix}$$

$$B(\theta) = \begin{pmatrix} \dfrac{\partial x_0(\theta)}{\partial \theta_0} \begin{pmatrix} 1 \\ -f_y(0) \end{pmatrix} & \cdots & 0 & \cdots & 0 \\ 0 & \cdots & \dfrac{\partial x_i(\theta)}{\partial \theta_i} \begin{pmatrix} 1 \\ -f_y(i) \end{pmatrix} & \cdots & 0 \\ 0 & \cdots & 0 & \cdots & \dfrac{\partial x_T(\theta)}{\partial \theta_T} \begin{pmatrix} 1 \\ -f_y(T) \end{pmatrix} \end{pmatrix}$$

$$\Lambda_1(\theta) = \begin{pmatrix} \dfrac{\lambda_2^0(\theta)}{E_0[1+\lambda_1(\theta)]} \\ \dfrac{\lambda_2^i(\theta)\beta^i}{E_i[1+\lambda_1(\theta)]} \\ \dfrac{\lambda_2^T(\theta)\beta^T}{E_T[1+\lambda_1(\theta)]} \end{pmatrix}, \quad \Lambda_2(\theta) = \begin{pmatrix} \dfrac{\lambda_0(\theta)}{E_0[1+\lambda_1(\theta)]} \\ \dfrac{\lambda_i \beta^i}{E_i[1+\lambda_1(\theta)]} \\ \dfrac{\lambda_T \beta^T}{E_T[1+\lambda_1(\theta)]} \end{pmatrix},$$

则可以将 (8.44) 式简写为

$$0 = A(\theta)\Lambda_1(\theta) + B(\theta)\Lambda_2(\theta) \tag{8.45}$$

在证明 $A(\theta)$ 的半负定性之前，先讨论 $B(\theta)$ 的性质。令 $h(\theta') = (h_0(\theta'),\cdots,h_T(\theta'))$ 为一个 $T+1$ 维的行向量，其关于 $\theta' \in V(\theta)$ 是连续的，且在 $\theta' \in \partial V$ 处 $h(\theta') = 0$。可以将 h 拓展至全空间 Θ，且 $h(\theta')$ 仅在 $\theta' \in V(\theta)$ 处取非 0 值。现在考虑映射 $\chi : \Theta \to \Theta$，且 $\chi(\theta) = \theta + h(\theta)$，定义新路径为

$$X_1(\theta) = X(\chi(\theta)) \tag{8.46}$$

以及

$$k_{1,t+1} - k_{1,t} = f\left(k_{1,t}, \int y_t(\chi(\theta))\mathrm{d}\mu\right) - \int c_t(\chi(\theta))\mathrm{d}\mu, \quad t = 0,\cdots,T \tag{8.47}$$

其中 $k_{1,0} = k_0$，对应的资本积累路径为 $k_1 = (k_{1,0},\cdots,k_{1,T+1})$。一个问题是 k_1 的路径是可持续的吗？即 $k_{1,i} \geqslant 0$ 是否对于所有的 $i < T+1$ 都成立？事实上，最优路径 $k = (k_0,\cdots,k_{T+1})$ 满足对于所有的 $i < T+1$，都有 $k_i > 0$，且 $k_{T+1} = 0$，因此当邻域 V_θ 足够小时，我们可以说对于所有的 $i < T+1$，都有 $k_{1,i} > 0$，但如果没有额外的信息，$k_{1,T+1}$ 的性质则不得而知。下面的引理解决了这个问题，定义 $\Lambda_2 = (\lambda_0,\cdots,\lambda_T)^T$ 为一个 $T+1$ 维的列向量。

引理 8.1 如果 $h(\theta')$ 足够小，且对于所有的 $\theta' \in V_\theta$，有 $h(\theta')B(\theta')\Lambda_2 < 0$，则 $k_{1,T+1} > 0$；如果对于所有的 $\theta' \in V_\theta$，有 $h(\theta')B(\theta')\Lambda_2 > 0$，则 $k_{1,T+1} < 0$。此外，令

$$h(t,\theta') = (h_0(\theta'),\cdots,h_t(\theta'),0,\cdots,0)$$

如果对于所有的 $\theta' \in V_\theta$，有 $h(t,\theta')B(\theta')\Lambda_2 < 0$，则 $k_{1,t+1} > k_{t+1}$；如果对于所有的 t 和 $\theta' \in V_\theta$，有 $h(t,\theta')B(\theta')\Lambda_2 < 0$，则新路径 (X_1, k_1) 是可持续的。

证明 从 (8.47) 式的迭代式可知，如果定义 M_Θ 为所有连续映射 $\chi : \Theta \to \Theta$ 的函数空间，可知 $k_{1,T+1}$ 是从 $M_\Theta \to \mathbb{R}$ 的函数。此外，根据定义 8.2，$k_{1,T+1}$ 是可微的，现在考虑一个恒等映射 $I(\theta) = \theta$，可以得到对任意 $h(\theta)$，都有

$$\delta_1 k_{1,T+1}(h(\theta)) = -\int \frac{h(\theta)B(\theta)\Lambda_2}{\lambda_0}\mathrm{d}\mu \tag{8.48}$$

由中值定理可知

$$k_{1,T+1} - k_{T+1} = k_{1,T+1}(\chi(\theta)) - k_{1,T+1}(I(\theta)) = -\int \frac{h(\theta)B(\theta')\Lambda_2}{\lambda_0}\mathrm{d}\mu \tag{8.49}$$

其中 θ' 在区间 $(\theta, \theta + h(\theta))\,(h(\theta) > 0)$ 或 $(\theta + h(\theta), \theta)\,(h(\theta) < 0)$ 中，由于 $\bar{V}_\theta$ 是紧集，因此当 $h(\theta)$ 足够小时，如果对于所有的 $\theta' \in V_\theta$，有 $h(\theta')B(\theta')\Lambda_2 < 0$，则

对于在区间 $(\theta', \theta' + h(\theta'))\,(h(\theta') > 0)$ 或 $(\theta' + h(\theta'), \theta')\,(h(\theta') < 0)$ 的 θ'' 而言，我们依然有 $h(\theta'')B(\theta')\Lambda_2 < 0$。此外，由于 $\lambda_0 > 0$，可以得到

$$k_{1,T+1} = k_{1,T+1} - k_{T+1} > 0 \tag{8.50}$$

引理 8.1 剩余部分的逻辑相同，在此不再赘述。□

接下来我们证明矩阵 $A(\theta)$ 是半正定的，结论如下。

命题 8.7 $A(\theta)$ 是半正定矩阵，$B(\theta)$ 是半负定矩阵。

证明 由于 $A(\theta)$ 和 $B(\theta)$ 是两个对角矩阵，因此仅需证明 $A(\theta)$ 中的所有对角线上的元素是非负的，且 $B(\theta)$ 对角线上的所有元素是非正的。回忆 (8.45) 式，$A(\theta)$ 的半正定性意味着 $B(\theta)$ 的半负定性，因此仅需要证明 $A(\theta)$ 是半正定的。

假定 $A(\theta)$ 对角线上的某个元素为负，即

$$\frac{\partial x_i(\theta)}{\partial \theta_i}\frac{\partial u_\theta(x_i(\theta),\theta_i)}{\partial x_i} < 0 \tag{8.51}$$

因此存在 θ 的某个邻域 V_θ 使得对于所有的 $\theta' \in V_\theta$，有

$$\frac{\partial x_i(\theta')}{\partial \theta_i}\frac{\partial u_\theta(x_i(\theta'),\theta_i')}{\partial x_i} < 0 \tag{8.52}$$

且对于所有的 $\theta' \in V_\theta$，都存在 $h_i(\theta') > 0$，使得 $h_i : \Theta \to \mathbb{R}$ 是连续可微的，且对于 $\theta' \in V_\theta^C$，有 $h_i(\theta') = 0$，现在定义向量

$$h(\theta') = (0,\cdots,h_i(\theta'),\cdots,0) \tag{8.53}$$

考虑映射 $\chi : \Theta \to \Theta$ 且 $\chi(\theta') = \theta' + h(\theta')$，并考虑新路径 $X_1(\theta) = X(\chi(\theta))$，$v_1(\theta) = U(X_1(\theta),\theta)$，资本积累路径 k_1 如前定义，首先注意新路径 $(X_1(\theta),v_1(\theta),k_1)$ 是 P_1 的可行解。由于 $X(\theta)$ 是 P_1 的最优解，由命题 8.6 可知所有约束为紧，因此 $\nabla_\theta X \nabla_X U = 0$，且有

$$\nabla_\theta \chi \nabla_\chi X_1 \nabla_{X_1} U = \nabla_\theta \chi 0 = 0$$

这意味着

$$\frac{\partial v_1(\theta)}{\partial \theta_t} = \beta^t u_{\theta_t}(c_t(\chi(\theta)),y_t(\chi(\theta)),\theta_t)$$

此外，可以验证资本积累路径 k_1 是可持续的，在 (8.52) 式中这意味着

$$B(i,i) = \frac{\partial x_i(\theta)}{\partial \theta_i}\begin{bmatrix} 1 \\ -f_y(i) \end{bmatrix} > 0 \tag{8.54}$$

且

$$h(t,\theta')B(\theta')\Lambda_2 = \begin{cases} 0, t < i, \\ h_i(\theta')B(i,i) < 0, t \geqslant i \end{cases} \tag{8.55}$$

由引理 8.1 可知 k_1 是可持续的，现在又有 $(X_1(\theta), v_1(\theta), k_1)$ 是可行的。此外，$U(X_1(\theta), \theta) = U(X(\chi(\theta)), \theta)$ 有如下性质：

$$U(X(\chi(\theta')), \theta') = U(X(\theta'), \theta'), \text{对所有的}\theta' \in V_\theta^C\text{都成立}。 \tag{8.56}$$

当 $\theta' \in V_\theta$ 时，

$$U(X(\chi(\theta')), \theta') - U(X(\theta'), \theta') = h(\theta')\nabla_{\theta'}X\nabla_X U + o\left(|h(\theta')|^2\right) + \frac{1}{2}h(\theta')\left[\nabla_{\theta''}^2 W(\theta', \theta'')\big|_{\theta''=\theta'}\right]h^T(\theta')$$

考虑 (8.41) 式，可以进一步得到 $\nabla_{\theta''}^2 W(\theta', \theta'')\big|_{\theta''=\theta'} = -A(\theta')$，因此

$$h(\theta')\left[\nabla_{\theta''}^2 W(\theta', \theta'')\big|_{\theta''=\theta'}\right]h^T(\theta') = -h_i^2(\theta')\frac{\partial x_i(\theta')}{\partial \theta_i}\frac{\partial u_\theta(x_i(\theta'), \theta_i')}{\partial x_i} > 0$$

由于 $\nabla_{\theta'}X\nabla_X U = 0$，对于 $\theta' \in V_\theta$，有

$$U(X(\chi(\theta')), \theta') > U(X(\theta'), \theta') \tag{8.57}$$

现在在这条新路径上，可以得到

$$\int U(X_1(\theta), \theta)\,\mathrm{d}\mu > \int U(X(\theta), \theta)\,\mathrm{d}\mu \tag{8.58}$$

这与 $(X(\theta), v(\theta), k)$ 的最优性矛盾。 □

8.4.3 $W(\theta, \theta')$ 的严格局部最优性

迄今为止，本书证明了 $W(\theta, \theta)$ 在路径 $\Gamma = \{X(\theta), \theta \in \Theta\}$ 是局部最优的，即证明了 (8.37) 式。下一步的目标是证明 $W(\theta, \theta)$ 在路径 $\Gamma = \{X(\theta), \theta \in \Theta\}$ 是严格局部最优的，即要求几乎对于所有的 $\theta \in \Theta$，都存在一个开邻域 V_θ，使得对于所有的 $\theta \neq \theta' \in V_\theta$，都有

$$W(\theta, \theta) > W(\theta, \theta') \tag{8.59}$$

为了证明固定 θ 的 (8.59) 式，对 $W(\theta, \theta')$ 做关于 θ' 的泰勒展开，步骤如下。

第一步：如果 $\dfrac{\partial^{n-1}}{(\partial\theta_i')^{n-1}}W(\theta,\theta')\bigg|_{\theta'=\theta} = \sum_{i=0}^{T}(h_i(\theta))^n \dfrac{\partial^n}{(\partial\theta_i')^n}W(\theta,\theta')\bigg|_{\theta'=\theta}$ 令 $h(\theta) = (h_0(\theta), \cdots, h_T(\theta)) = \theta' - \theta$ 为 $T+1$ 维行向量，则有

$$W(\theta, \theta') - W(\theta, \theta) = \sum_{n=1}^{\infty}\left(\sum_{i=0}^{T}h_i(\theta)\frac{\partial}{\partial\theta_i'}\right)^n \circ W(\theta, \theta')\bigg|_{\theta'=\theta}, \tag{8.60}$$

其中 $\left(\sum_{i=0}^{T} h_i(\theta) \frac{\partial}{\partial \theta'_i}\right)^n$ 表示偏导算子。由于

$$W(\theta, \theta') = U(X(\theta'), \theta)$$

且

$$\nabla_\theta X = \begin{pmatrix} \frac{\partial x_0}{\theta_0} & \cdots & \frac{\partial x_T}{\theta_0} \\ \vdots & \frac{\partial x_i}{\theta_0} & \vdots \\ 0 & \cdots & \frac{\partial x_T}{\theta_T} \end{pmatrix}$$

令 $\alpha = (\alpha_0, \cdots, \alpha_T)$ 为 $\alpha_i \geqslant 0$ 的向量，且 α_i 是整数，定义：

$$\frac{\partial^\alpha}{\partial \theta'} = \frac{\partial^{|\alpha|}}{(\partial \theta'_0)^{\alpha_0} \cdots (\partial \theta'_T)^{\alpha_T}}, \text{其中} |\alpha| = \sum_{i=0}^{T} \alpha_i$$

如果令 $\theta_{i+} = (\theta_i, \theta_{i+1}, \cdots, \theta_T)$，则有

$$\frac{\partial^{\alpha_i}}{(\partial \theta'_i)^{\alpha_i}} W(\theta, \theta') = F(\theta_{i+}, \theta'),$$

其中 $F(\theta_{i+}, \theta')$ 为可微函数，且当 $j < i$ 时独立于 θ_j，对于所有的 $\theta \in \Theta'$，有

$$F(\theta_{i+}, \theta) = \left. \frac{\partial^{\alpha_i}}{(\partial \theta'_i)^{\alpha_i}} W(\theta, \theta') \right|_{\theta'=\theta} = 0,$$

其中 Θ' 是 Θ 的开邻域。当 $j < i$ 时，对于任意正整数 $\alpha_i > 0$，有

$$\left. \frac{\partial^{\alpha_j}}{(\partial \theta'_j)^{\alpha_j}} \frac{\partial^{\alpha_i}}{(\partial \theta'_i)^{\alpha_i}} W(\theta, \theta') \right|_{\theta'=\theta} = \left. \frac{\partial^{\alpha_j}}{(\partial \theta'_j)^{\alpha_j}} F(\theta_{i+}, \theta') \right|_{\theta'=\theta}$$

对 $F(\theta_{i+}, \theta)$ 做关于 θ_j 的全微分可以得到对 $\theta \in \Theta'$，有

$$\left. \frac{\partial^{\alpha_j}}{(\partial \theta'_j)^{\alpha_j}} F(\theta_{i+}, \theta') \right|_{\theta'=\theta} = -\frac{\partial^{\alpha_j}}{(\partial \theta_j)^{\alpha_j}} F(\theta_{i+}, \theta) = 0 \tag{8.61}$$

因此对 $\theta \in \Theta'$，可以得到

$$\left. \frac{\partial^{\alpha_j + \alpha_i}}{(\partial \theta'_j)^{\alpha_j} (\partial \theta'_i)^{\alpha_i}} F(\theta_{i+}, \theta') \right|_{\theta'=\theta} = \left. \frac{\partial^{\alpha_j}}{(\partial \theta'_j)^{\alpha_j}} \frac{\partial^{\alpha_i}}{(\partial \theta'_i)^{\alpha_i}} W(\theta, \theta') \right|_{\theta'=\theta} = 0$$

此外若 $0 \leqslant j_1, \cdots, j_k < i$，对任意 $a_{j_1}, \cdots, a_{j_k}$，其中至少 $a_{j_s} > 0$，可以得到对 $\theta \in \Theta$，有

$$\left. \frac{\partial^{\alpha_{j_1} + \cdots + \alpha_{j_k} + \alpha_i}}{(\partial \theta'_{j_1})^{\alpha_{j_1}} \cdots (\partial \theta'_{j_k})^{\alpha_{j_k}} (\partial \theta'_i)^{\alpha_i}} F(\theta, \theta') \right|_{\theta'=\theta} = 0, i = 0, \cdots, T \tag{8.62}$$

如果要求对 $\theta \in \Theta$,有

$$F(\theta_{i+}, \theta) = \frac{\partial^{n-1}}{(\partial \theta'_i)^{n-1}} W(\theta, \theta') \bigg|_{\theta'=\theta} = 0, i = 0, \cdots, T$$

则可得出一个较为简洁的表达式:

$$\left(\sum_{i=0}^{T} h_i(\theta) \frac{\partial}{\partial \theta'_i} \right)^n W(\theta, \theta') \bigg|_{\theta'=\theta} = \sum_{i=0}^{T} (h_i(\theta))^n \frac{\partial^n}{(\partial \theta'_i)^n} W(\theta, \theta') \bigg|_{\theta'=\theta} \quad (8.63)$$

对于任意 $\theta \in \Theta'$ 都成立。

第二步:分析特征数 N,N 被定义为:

$$N = \min_{n \geqslant 1} \left\{ \exists i, s.t. \frac{\partial^n}{(\partial \theta'_i)^n} W(\theta, \theta') \bigg|_{\theta'=\theta} \neq 0, \text{其中} \theta \in \Theta^1 \subset \Theta, \text{且} \mu(\Theta^1) > 0 \right\} \quad (8.64)$$

由于 $\frac{\partial}{\partial \theta'_i} W(\theta, \theta') \big|_{\theta'=\theta} = 0$ 对任意 $\theta \in \Theta$ 且对任意 $0 \leqslant i \leqslant T$ 都成立,则 $N > 1$,且存在三种情形。

情形 1: $N = \infty$,即对于任意整数 $n \geqslant 0$ 以及任意 $0 \leqslant i \leqslant T$,有:

$$\frac{\partial^n}{(\partial \theta'_i)^n} W(\theta, \theta') \bigg|_{\theta'=\theta} = 0 \text{对于几乎所有} \theta \in \Theta \text{都成立。}$$

由于 $\frac{\partial^n}{(\partial \theta'_i)^n} W(\theta, \theta') \big|_{\theta'=\theta}$ 关于 θ 是连续的,可以进一步得出

$$\frac{\partial^n}{(\partial \theta'_i)^n} W(\theta, \theta') \bigg|_{\theta'=\theta} = 0 \text{对于几乎所有} \theta \in \Theta \text{都成立。} \quad (8.65)$$

考虑 (8.60) 式的泰勒展开,得到

$$W(\theta, \theta') = W(\theta, \theta) \text{对任意} \theta, \theta' \in \Theta \text{都成立。} \quad (8.66)$$

这意味着对于任意非恒等映射 $\chi: \Theta \to \Theta$,新路径 $X_1(\theta) = X(\chi(\theta))$, $v_1(\theta) = U(X_1(\theta), \theta)$,且 $k_1 = k$ 为另一个最优选择,而 P_1 最优解的唯一性告诉我们 $X(\theta)$ 应为常数,由此可以得到如下命题。

命题 8.8 如果 $N = \infty$,则 P_1 的最优解为常数,且也是 P_0 的可行解。在此情形下,P_1 与 P_0 等价。

情形 2: $N < \infty$ 为奇数,在此情形下,$N \geqslant 3$,因此对于 $0 \leqslant i \leqslant T$ 和 $\theta \in \Theta$ 而言:

$$\frac{\partial x_i(\theta)}{\partial \theta_i} \frac{\partial u_\theta(x_i(\theta), \theta_i)}{\partial x_i} = \frac{\partial^2}{(\partial \theta'_i)^2} W(\theta, \theta') \bigg|_{\theta'=\theta} = 0 \quad (8.67)$$

这意味着 $A(\theta) = 0$，由 (8.45) 式可以得到对任意 $\theta \in \Theta$ 有 $B(\theta) = 0$，即对任意非恒等映射 $\chi: \Theta \to \Theta$，新路径 $X_1(\theta) = X(\chi(\theta))$，$v_1(\theta) = U(X_1(\theta), \theta)$，且由引理 8.1 可知，$k_1$ 是资源可持续的。此外，新资本积累路径为 $k_1 = k$。现在假定对于 N 而言，存在 i 使得对于所有 $\theta \in \Theta^1$，$\mu(\Theta^1) > 0$，有

$$\left. \frac{\partial^N}{(\partial \theta_i')^N} W(\theta, \theta') \right|_{\theta' = \theta} \neq 0$$

不失一般性，假定对于所有 $\theta \in \Theta^1$，$\mu(\Theta^1) > 0$，有

$$\left. \frac{\partial^N}{(\partial \theta_i')^N} W(\theta, \theta') \right|_{\theta' = \theta} > 0$$

对于 $\theta \in \Theta^1$，选择 $h_i(\theta) > 0$（在另一种情形下，选择 $h_i(\theta) < 0$）；对于 $\theta \in (\Theta^1)^C$，选择 $h_i(\theta) = 0$。令 $h(\theta) = (0, \cdots, h_i(\theta), \cdots, 0)$，考虑映射 $\chi(\theta) = \theta + h(\theta)$，对于新路径而言，有

$$U(X_1(\theta), \theta) - U(X(\theta), \theta) = (h_i(\theta))^N \left. \frac{\partial^N}{(\partial \theta_i')^N} W(\theta, \theta') \right|_{\theta' = \theta} + o\left(|h_i(\theta')|^{N+1}\right) \tag{8.68}$$

由于 $(h_i(\theta))^N \left. \dfrac{\partial^N}{(\partial \theta_i')^N} W(\theta, \theta') \right|_{\theta' = \theta} > 0$，因此对于足够小的 $h_i(\theta)$，有

$$U(X_1(\theta), \theta) > U(X(\theta), \theta) \text{ 对于所有 } \theta \in \Theta^1 \text{ 都成立}.$$

这意味着新路径得到了更高的效用，这与 $X(\theta)$ 的最优性相矛盾。因此情形 2 不会发生。

情形 3：$N < \infty$ 为偶数，这一情形更为复杂，我们将之拆分为三个子情形。

子情形 1：对任意 $0 \leqslant i \leqslant T$ 和几乎所有 $\theta \in \Theta$，有

$$\left. \frac{\partial^N}{(\partial \theta_i')^N} W(\theta, \theta') \right|_{\theta' = \theta} \neq 0 \tag{8.69}$$

运用与命题 8.7 相同的逻辑可以得出

$$\left. \frac{\partial^N}{(\partial \theta_i')^N} W(\theta, \theta') \right|_{\theta' = \theta} < 0$$

这意味着对于几乎所有 $\theta \in \Theta$，存在一个开邻域 V_θ，使得

$$W(\theta, \theta) > W(\theta, \theta') \text{ 对任意} \theta \neq \theta' \in V_\theta \text{都成立}. \tag{8.70}$$

子情形 2：存在 $0 \leqslant i \leqslant T$ 以及所有 $\theta \in \Theta^1$，$\mu(\Theta^1) > 0$，使得

$$\left.\frac{\partial^n}{(\partial \theta_i')^n} W(\theta, \theta')\right|_{\theta'=\theta} = 0 \text{对所有} n \geqslant 1 \text{恒成立}。$$

由 (8.60) 式的泰勒展开可知

$$W(\theta, \theta) = W(\theta, \theta') \text{对任意} \theta' \in V_\theta \text{和} \theta \in \Theta^1, \theta'_{-i} = \theta_{-i} \text{都成立}, \tag{8.71}$$

其中 $\theta_{-i} = (\theta_0, \cdots, \theta_{i-1}, \theta_{i+1}, \cdots, \theta_T)$。运用与情形 1 中相同的逻辑可知，对于任意 $h_i(\theta_i) : \Theta_i \to \Theta_i$，考虑向量 $h(\theta) = (0, \cdots, h_i(\theta_i), \cdots, 0)$ 构成的映射 $\chi(\theta) = \theta + h(\theta)$，则新路径 $X_1(\theta) = X(\chi(\theta))$，$v_1(\theta) = U(X_1(\theta), \theta)$，和 k_1 是资源可持续的。此外新资本积累路径为 $k_1 = k$。由此可知对于所有的 $\theta, \theta' \in \Theta$，有 $X(\theta) = X(\theta')$，$\theta'_{-i} = \theta_{-i}$，即对所有的 $\theta \in \Theta$，都有

$$\frac{\partial}{\partial \theta_i} X(\theta) = 0$$

或者说对所有的 $j \neq i$，有 $x_j(\theta) = x_j(\theta_{-i})$。特别地，$x_i(\theta) = x_i(\theta_0, \cdots, \theta_{i-1})$ 且与 θ_i 无关，即 $x_i(\theta) = x_i(\theta_{-i}, \theta_i)$。由于 $x_i(\theta_{-i}, \theta_i)$ 与 θ_{-i} 无关，因此可以得到对所有 θ，都有

$$\frac{\partial}{\partial \theta_j} x_i(\theta) = 0, \quad j < i \tag{8.72}$$

从而推出 $x_i(\theta)$ 是常数。

第三步：分解 P_1。

如果我们剔除第 i 期，且定义

$$y_i = \int y_i(\theta) \, d\mu, \ c_i = \int c_i(\theta) \, d\mu \tag{8.73}$$

然后考虑 $P_1(-i)$ 这一问题的最优化，即

$$P_1(-i) : V(c_i, y_i) = \max_{c_t, y_t, k_t} E\left[\sum_{t \neq i, t=0}^{T} \beta^t u(c_t, y_t, \theta_t)\right]$$

资源约束为

$$k_{t+1} - k_t \leqslant f\left(k_t, \int y_t d\mu\right) - \int c_t d\mu, \ t = 0, \cdots, T, \text{且} t \neq i$$

对于 $t = i$，有

$$k_{i+1} - k_i \leqslant f(k_i, y_i) - c_i$$

下界约束为
$$v(\theta) \leqslant \sum_{t \neq i, t=0}^{T} \beta^t u\left(c_t(\theta), y_t(\theta), \theta_t\right)$$

且上梯度约束为
$$\frac{\partial v(\theta)}{\partial \theta_t} \geqslant \beta^t u_{\theta_t}\left(c_t(\theta), y_t(\theta), \theta_t\right), \text{对所有} t \neq i \text{成立}.$$

则路径 $X_{-i}(\theta) = (x_0(\theta), \cdots, x_{i-1}(\theta), x_{i+1}(\theta), \cdots, x_T(\theta))$ 是问题 $P_1(-i)$ 的最优解。在这一子情形下，不难看出分配对于第 i 期是常数，且 P_1 可以被简化为 $P_1(-i)$，我们在命题 8.9 中总结了这一结论。

命题 8.9 在子情形 2 中，P_1 的最优解在第 i 期为常数，对任意 $\theta', \theta \in \Theta$，有
$$W(\theta, \theta) = W(\theta, \theta'), \quad \theta'_{-i} = \theta_{-i}$$

且 P_1 可以被简化为 $P_1(-i)$。

子情形 3：对任意 $0 \leqslant i \leqslant T$，定义：
$$N(1i) = \min_{n \geqslant N} \left\{ \left.\frac{\partial^n}{(\partial \theta'_i)^n} W(\theta, \theta')\right|_{\theta'=\theta} \neq 0, \theta \in \Theta^{1i}, \mu(\Theta^{1i}) > 0 \right\}. \tag{8.74}$$

若 $N(1i) = \infty$，则情形 3 与情形 2 等价，因而考虑问题 $P_1(-i)$ 即可。但若 $N(1i) < \infty$ 且为奇数，参考情形 2，可以得出这种情况不可能发生，因此只考虑 $N(1i) < \infty$ 且为偶数的情形。令 Θ^{1i} 为满足 (8.74) 式的最大集合，易得对于 $\theta \in \Theta^{1i}$，有

$$\left.\frac{\partial^{N(1i)}}{(\partial \theta'_i)^{N(1i)}} W(\theta, \theta')\right|_{\theta'=\theta} < 0 \tag{8.75}$$

若 $\Theta^{1i} \neq \Theta$，则定义：
$$N(2i) = \min_{n \geqslant N(1i)} \left\{ \left.\frac{\partial^n}{(\partial \theta'_i)^n} W(\theta, \theta')\right|_{\theta'=\theta} \neq 0, \theta \in \Theta^{2i} \subset \left(\Theta^{1i}\right)^C, \mu(\Theta^{2i}) > 0 \right\} \tag{8.76}$$

同理，我们仅关注 $N(2i) < \infty$ 且为偶数的情况。令 Θ^{2i} 为满足 (8.76) 式的最大集合，且对于 $\theta \in \Theta^{2i}$，依然有

$$\left.\frac{\partial^{N(2i)}}{(\partial \theta'_i)^{N(2i)}} W(\theta, \theta')\right|_{\theta'=\theta} < 0$$

若 $\Theta^{1i} \cup \Theta^{2i} \neq \Theta$，继续定义 $N(ki)(k=1,\cdots,\infty)$，重复这一过程，直到 $\Theta^{1i} \cup \Theta^{2i} \cdots \cup \Theta^{ki} = \Theta$ 为止。如果没有终止，则

$$\bigcup_{k=1}^{\infty} \Theta^{ki} = \Theta. \tag{8.77}$$

且对 $\theta \in \Theta^{ki}$，有

$$\left.\frac{\partial^{N(ki)}}{(\partial \theta'_i)^{N(ki)}} W(\theta, \theta')\right|_{\theta'=\theta} < 0 \tag{8.78}$$

由于 $\Theta^{ki} \cap \Theta^{ji} \neq \emptyset$，对任意 $\theta \in \Theta$，仅有一个 k_i 使得 $\theta \in \Theta^{k_ii}$，对于这样的 θ，令 θ' 足够接近 θ，即 θ' 属于邻域 V_θ，令 $h(\theta) = \theta' - \theta$，再结合 (8.60) 式的泰勒展开，可以得到

$$W(\theta,\theta')-W(\theta,\theta)=\sum_{i=1}^{T}(h_i(\theta))^{N(k_ii)}\left.\frac{\partial^{N(k_ii)}}{(\partial\theta'_i)^{N(k_ii)}}W(\theta,\theta')\right|_{\theta'=\theta}+\sum_{i=0}^{T}o\left(|h_i(\theta')|^{N(k_ii)}\right) \tag{8.79}$$

由于 $N(k,i)$ 是偶数，且 $\left.\frac{\partial^{N(k_ii)}}{(\partial\theta'_i)^{N(k_ii)}}W(\theta,\theta')\right|_{\theta'=\theta} < 0$，对足够小的 $h(\theta)$，对于所有 $\theta \neq \theta' \in V_\theta$，都有

$$W(\theta,\theta') > W(\theta,\theta)$$

第四步：最终结论。

上述三种情形集合了所有可能的情况，我们在如下定理中总结这些结论。

定理 8.2 若假设 8.1 成立，则 P_1 的最优解 $X(\theta)$ 具有如下任一性质：

(1) $X(\theta)$ 是常数，即对于所有的 $\theta \in \Theta$，都有 $X(\theta) = \bar{X}$，且对所有的 $\theta, \theta' \in \Theta$，有

$$W(\theta,\theta) = W(\theta,\theta')$$

(2) 在时期 $i_1, \cdots, i_k, x_{i_j}(\theta), j = 1, \cdots, k$ 都为常数，这意味着 $x_{i_j}(\theta) = \bar{x}_{i_j}, j = 1, \cdots, k$，且 P_1 缩减为 $P_1(-i_1, \cdots, -i_k)$，其中 $P_1(-i_1, \cdots, -i_k)$ 与 $P_1(-i)$ 的构造类似。

(3) 对于几乎所有的 $\theta \in \overset{\circ}{\Theta}$，$W(\theta, \theta)$ 是局部严格最优的，即存在 θ 的一个邻域 V_θ，使得对于每一个 $\theta \neq \theta' \in V_\theta$，都有

$$W(\theta,\theta) > W(\theta,\theta')$$

可以进一步得出，如果定理 8.2 中的 (2) 发生，那么对任意 $\theta \in \overset{\circ}{\Theta}$，$W(\theta,\theta)$ 都不是局部最优的，而如果摘除时期 $i_1, \cdots, i_k$，缩减的问题 $P_1(-i_1, \cdots, -i_k)$ 就是定理 8.2 中的 (3)。现在关注如下无差异集合：

$$A = \{(\theta, \theta') \in \Theta \times \Theta : W(\theta, \theta) = W(\theta, \theta')\} \tag{8.80}$$

从定理 8.2，我们可以得到如下引理。

引理 8.2 A 的无差异集合有如下形式:
$$A = \left\{ (\theta, \theta') \in \Theta \times \Theta : \theta_{(-i_1,\cdots,-i_k)} = \theta'_{(-i_1,\cdots,-i_k)} \right\}. \tag{8.81}$$

如果 μ 不包含任何质量点 (即单点的测度大于 0), 则 $\mu \times \mu(A) = 0$, 而 $(i_1,\cdots,i_k) = (0,\cdots,T)$, 那么 $A = \Theta \times \Theta$, 且 $\mu \times \mu(A) = 1$。

重新考虑定理 8.2 中的 (3), 仅知道对于几乎所有的 $\theta \in \overset{\circ}{\Theta}$, $W(\theta,\theta)$ 是局部严格最优的, 那当所有的 $\theta \in \overset{\circ}{\Theta}$ 时会如何呢? 如果不考虑局部严格最优, 可以得到如下命题。

命题 8.10 对于所有的 $\theta \in \overset{\circ}{\Theta}$, $W(\theta,\theta)$ 是局部最优的。即存在 θ 的一个邻域 V_θ, 使得对于每一个 $\theta \neq \theta' \in V_\theta$, 都有
$$W(\theta,\theta) \geqslant W(\theta,\theta')$$

证明 由于
$$\nabla_{\theta'} W(\theta,\theta')|_{\theta'=\theta} = 0$$
且
$$\nabla^2_{\theta'} W(\theta,\theta')|_{\theta'=\theta} = B(\theta)$$
由命题 8.9 可知, $B(\theta)$ 是半负定的, 因此可以得出 $W(\theta,\theta)$ 是局部最优的。 □

8.4.4 $W(\theta,\theta')$ 的全局最优性

接下来考虑问题 P_1 和问题 P_0 的等价性。由定理 8.2 可知, P_1 的解有三种情形。在情形 1 中, 常数解是最优的, 它显然满足 IC 约束, 故此情形下 P_1 与 P_0 是等价的。在情形 2 中, 在时期 $i_1,\cdots,i_k$ 内最优解是常数, 所以我们可以从 IC 约束的两侧同时剔除时期 $i_1,\cdots,i_k$, 并将问题 P_1 缩减为问题 $P_1(-i_1,\cdots,-i_k)$, 而 $P_1(-i_1,\cdots,-i_k)$ 就是情形 3, 因此我们仅关注情形 3。遵循如下步骤。

第一步: P_1 的最优解落在最低能力者的无差异曲线上。

从现在起, 我们假定 P_1 的最优解为定理 8.13 中的情形 3。选择序列 $\left\{\theta^n \in \overset{\circ}{\Theta}\right\}$, 使得 θ^n 单调增, 直到 $\bar{\theta} = (\bar{\theta}_0,\cdots,\bar{\theta}_T)$, 即对任意 $0 \leqslant i \leqslant T$, $\theta^n_t \uparrow \bar{\theta}_t$。此外, 对每一个 θ^n, $W(\theta^n,\theta^n)$ 是局部严格最优的, 定义集合 Θ^n 的序列为
$$\Theta^n = \prod_{t=0}^{T} [\theta_t, \theta^n_t] \tag{8.82}$$

对任意固定的 $\theta(0) \in \Theta^n$, 考虑函数 $W(\theta(0),\theta')$ 为连续函数, 且 $\theta' \in \Theta$。由于 Θ^n 是紧的, 因此存在 $\theta(1) \in \Theta^n$, 使得对于任意 $\theta' \in \Theta^n$, 有
$$W(\theta(0),\theta(1)) \leqslant W(\theta(0),\theta')$$

则对于固定的 $\theta(1)$，依然有 $\theta(2) \in \Theta^n$，使得对于任意 $\theta' \in \Theta^n$，

$$W(\theta(1),\theta(2)) \leqslant W(\theta(1),\theta')$$

继续这一过程，可以定义序列 $\{\theta(k) \in \Theta^n\}$，使得对于任意 $\theta' \in \Theta^n$，有

$$W(\theta(k),\theta(k+1)) \leqslant W(\theta(k),\theta'), \text{其中} k \geqslant 0 \tag{8.83}$$

由于 Θ^n 是紧集，因而存在 $\{\theta(k)\}$ 的一条收敛子序列，不失一般性，把 $\{\theta(k)\}$ 看成这条序列，并令 $\theta(k) \to \theta^* \in \Theta^n$，对 (8.83) 式两边取极限，得到对任意 $\theta' \in \Theta^n$，有

$$W(\theta^*,\theta^*) \leqslant W(\theta^*,\theta') \tag{8.84}$$

由此可知 $\theta^* \notin \overset{\circ}{\Theta}{}^n$，若否，由命题 8.14，易证 $W(\theta^*,\theta^*)$ 是局部最优的，即存在 θ^* 的邻域 V_{θ^*}，使得对于所有的 $\theta' \in V_{\theta^*}$，有

$$W(\theta^*,\theta^*) \geqslant W(\theta^*,\theta')$$

结合 (8.84) 式可知对于所有的 $\theta' \in V_{\theta^*}$，都有

$$W(\theta^*,\theta^*) = W(\theta^*,\theta') \tag{8.85}$$

这正好是情形 1 中的 (8.64) 式。综上所述，P_1 的最优解为常数，这与对于几乎所有的 $\theta \in \overset{\circ}{\Theta}$，$W(\theta,\theta)$ 是局部严格最优的相矛盾，因此 $\theta^* \notin \overset{\circ}{\Theta}{}^n$，且 $\theta^* = \theta = (\theta_0,\cdots,\theta_T)$ 或 $\theta^* = \theta^n$。由于 $W(\theta^n,\theta^n)$ 式局部严格最优的，因此如果 $\theta^* = \theta^n$，(8.84) 式依然不成立。故 $\theta^* = \theta$，且对于所有的 $\theta' \in \Theta^n$，有

$$W(\theta,\theta) \leqslant W(\theta,\theta')$$

令 $n \to \infty$，我们最终可以得到对所有的 $\theta' \in \Theta$，有

$$W(\theta,\theta) \leqslant W(\theta,\theta') \tag{8.86}$$

接下来证明不存在 $\theta' \in \Theta$ 使得 $W(\theta,\theta) < W(\theta,\theta')$。若否，根据引理 1，考虑可微映射 $\chi: \Theta \to \Theta$，且在 θ 的邻域 V_θ 内有 $\chi(\theta) > \theta$，$\chi(\theta) = \theta'$，在 V_θ^C 上有 $\chi(\theta) = \theta$。由于 θ 是下界点，映射 χ 存在，现在考虑 $h(\theta) = \chi(\theta) - \theta$，有

$$h(\theta) = \begin{cases} \chi(\theta) - \theta > 0, \theta \in V_\theta, \\ 0, \theta \in V_\theta^C \end{cases} \tag{8.87}$$

由于 $B(\theta)$ 是半负定的，且在几乎处处 $\theta \in \Theta$ 上是负定的，结合 $\Lambda_2 > 0$ 可知

$$h(\theta) B(\theta) \Lambda_2 = \begin{cases} < 0, a.e.\ \theta \in V_\theta, \\ 0 \end{cases} \tag{8.88}$$

由引理 8.1 可知，新路径 $X_1(\theta) = X(\chi(\theta))$ 以及新资本积累路径 K_1 是资源可持续的，且 $X_1(\theta)$ 满足 P_1 的上下边界条件，因此 $(X_1(\theta), K_1)$ 是可行解，而

$$\begin{cases} W(\theta, \chi(\theta)) > W(\theta, \theta), \theta \in V_\theta, \\ W(\theta, \chi(\theta)) = W(\theta, \theta), 其他 \end{cases}$$

由此可以推出

$$E[W(\theta, \chi(\theta))] > E[W(\theta, \theta)] \tag{8.89}$$

这与 $X(\theta)$ 是 P_1 的最优解这一事实相矛盾，结合 (8.86) 式，可以得到对于任意 $\theta' \in \Theta$，有

$$W(\theta, \theta) = W(\theta, \theta')$$

下面的命题总结了上述结论。

命题 8.11 令 $X(\theta)$ 为 P_1 的最优解，则 $X(\theta)$ 位于劳动能力为 θ 的代理人的无差异曲线上，即对于所有的 $\theta \in \Theta$，有

$$U(\theta, X(\theta)) = U(\theta, X(\theta))$$

第二步：应用 Spence-Mirrles 条件。

现在我们需要用著名的 Spence-Mirrles 条件来证明 $X(\theta)$ 是无差异曲面

$$L_\theta : U(\theta, X) = U(\theta, X(\theta))$$

和

$$L_\theta : U(\theta, X) = U(\theta, X(\theta)) = v(\theta)$$

的切点。

假设 8.2 假定效用函数 $u(x, \theta)$ 满足 Spence-Mirrles 条件，即对于任意 $\theta_1 \neq \theta_2$ 和任意 $u_1, u_2 \in \mathbb{R}$，两条无差异曲线 $L_{\theta_1} : u(x, \theta_1) = u_1$ 和 $L_{\theta_2} : u(x, \theta_2) = u_2$ 有至多一个公共点。这一条件被称为单交条件。

根据单交条件可知，如果 X 是 L_θ 和 L_θ 的交点，则 X 唯一，即 $X(\theta)$ 是 L_θ 和 L_θ 的唯一交点。此外，由于 L_θ 与最优路径 Γ 相切于点 $X(\theta)$，且由命题 8.11 可知 $\Gamma \subset L_\theta$，因此 $X(\theta)$ 也是 L_θ 和 L_θ 的切点。

命题 8.12 如果 $u_\theta(x, \theta) > 0$，则对于任意 $X \neq X(\theta) \in L_\theta$，有

$$U(\theta, X) < U(\theta, X(\theta))$$

由于 $\Gamma \subset L_\theta$，可以进一步推出对任意 $\theta \neq \theta'$，

$$U(\theta, X(\theta')) < U(\theta, X(\theta))$$

证明 由于 $u_\theta(x,\theta) > 0$，则 L_θ 比 $L_{\bar\theta}$ 更凹，且这两个凹面相切于 $X(\theta)$，则除了切点 $X(\theta)$，L_θ 全都落在 $L_{\bar\theta}$ 的表面之上。 □

第三步：最终结论。

至此，我们终于得到了本章的一个重要定理，即

定理 8.3 在假设 8.1 和假设 8.2 下，根据定理 8.2 中的 (3)，有 $u_\theta(x,\theta) > 0$，可以得出 P_1 与 P_0 等价。

证明 假定 $X(\theta)$ 是 P_1 的最优解，则由定理 8.3 和命题 8.13 可知，对于所有的 $\theta, \theta' \in \Theta$，有

$$W(\theta, \theta') = U(\theta, X(\theta')) \leqslant U(\theta, X(\theta)) = W(\theta, \theta) \tag{8.90}$$

此即 IC 约束，即 $X(\theta)$ 是 P_0 的最优解，且这意味着 P_1 等价于 P_0。 □

事实上，由命题 8.13 可知，$W(\theta, \theta)$ 不是局部严格最优，但确是全局严格最优。此外，与定理 8.2 中的情形 3 不同，给出情形 3 的更严格的替代表示：对任意 $\theta \in \Theta$，$W(\theta, \theta)$ 是全局严格最优的。注意此处的表述为 "对任意"，而非 "对几乎所有"。此外，还有如下有用的结论。

引理 8.3 在上面所有假设下，如果 P_0 的最优解非常数，那么对于几乎所有的 $\theta \neq \theta' \in \Theta$，有

$$W(\theta, \theta') < W(\theta, \theta)$$

证明 由定理 8.3 可知，情形 3 必定发生，因此可以将问题分解，且引理的结论自然成立。 □

现在本章识别出 KGT 模型最优解的结构，根据定理 8.2，有三种典型的情形：第一种是常数解，此时所有的 IC 约束都为紧；第二种并非每期都是常数解，且几乎所有 IC 约束都是松的；第三种是在某些期为常数解，在余下期为非常数解，且几乎所有 IC 约束都为松。此外，第三种情形可以被分解为第一种和第二种的混合情形。

通常而言，如果 KGT 模型的最优解不总为常数，则 IC 约束几乎处处是松的。在离散情形下这一结论很令人惊讶，因为在求解最优解时松的约束往往都被忽略了。如果忽略 KGT 模型中的所有松 IC 约束，由此得到的最优解与 P_0 的最优解将不一致，前者是仅在资源约束 (8.1) 式下的最优解，且这种解在绝大多数情形下都会违背 IC 约束。[1] 因此我们必须关注这一点，事实上如果状态是连续的，松的 IC 约束意味着 $W(\theta, \theta)$ 是 $W(\theta, \theta')$ 的严格最优值，且 $X(\theta') \in \Gamma$，从而可以给出连续情形下的一阶条件，而这些约束在离散情形下则会被忽略。

---

[1] 在另一篇工作论文中，我们得到对于所有的 $\theta \in \Theta$，在 (θ, θ) 的邻域内，最优解不满足 IC 约束的结论。

本书描述的方法可以求解出松 IC 约束时 KGT 模型的最优解,这对于连续状态空间内的 KGT 模型而言具有较为重大的意义。下一节将上述结论应用于寻找分散经济中的最优税收规则,并进一步探讨 KGT 模型解的性质。

8.5 最优税收规则及应用

本节首先应用上文介绍的方法求出分散化经济中的最优税收规则,然后利用三个例子来具体阐释如何利用 P_1 的等价性求出 P_0。

8.5.1 最优税收规则

在分散经济中,代表性个体的效用最大化问题为

$$P_2: \max_{c_t,y_t,a_t} E\left[\sum_{t=0}^{T}\beta^t u\left(c_t, y_t, \theta_t\right)\right] \tag{8.91}$$

其预算约束为

$$a_{t+1} \leqslant \left(1-\tau_t^k\right)\left(1+r_t\right)a_t + \left(1-\tau_t^w\right)w_t y_t - c_t + \chi_t + \pi_t, \ t=0,\cdots,T$$

其中 c_t, y_t, a_t, π_t(代表性个体的股权收益) 和 χ_t(政府的转移支付) 可以被看成 θ 的函数,令 $\lambda_t(\theta)$ 为预算约束的乘子,则 P_2 的一阶条件为

$$\lambda_t(\theta) = \beta E_t\left[\left(1-\tau_{t+1}^k\right)\left(1+r_{t+1}\right)\lambda_{t+1}(\theta)\right],$$

$$u_c(t) = \lambda_t(\theta),$$

$$u_y(t) = -\left(1-\tau_t^w\right)w_t \lambda_t(\theta)$$

企业则想在每一期都最大化其利润,其利润最大化问题为

$$\pi_t = \max_{k_t,y_t} f\left(k_t, \int y_t \mathrm{d}\mu\right) - r_t k_t - w_t \int y_t \mathrm{d}\mu \tag{8.92}$$

最优性条件为

$$r_t = f_k(t), \quad w_t = f_y(t)$$

在宏观均衡中,

$$k_t = \int a_t \mathrm{d}\mu,$$

$$\int \left(\tau_t^k r_t a_t + \tau_t^w w_t y_t\right) \mathrm{d}\mu = \int \chi_t \mathrm{d}\mu,$$

$$\int \pi_t \mathrm{d}\mu = f(t) - \int \left(r_t a_t + w_t y_t\right) \mathrm{d}\mu$$

将均衡条件与上面的一阶条件相结合，可以得到分散经济的一阶条件为

$$u_c(t) = \beta(1 + f_k(t+1)) E_t\left[(1 - \tau_{t+1}^k) u_c(t+1)\right], \tag{8.93}$$

$$u_y(t) = -(1 - \tau_t^w) f_y(t) u_c(t) \tag{8.94}$$

在计划者经济中，由命题 8.4 的 (8.18) 式、(8.19) 式和 (8.20) 式可知，

$$u_c(t) = \frac{\beta(1 + f_k(t+1)) E_t[u_c(t+1)]}{\frac{E_t[u_c(t+1)]}{\lambda_{t+1}} E_t\left[\frac{\lambda_2^{t+1}(\theta) u_{\theta c}(t+1)}{u_c(t+1)} - \frac{\lambda_2^t(\theta) u_{\theta c}(t)}{u_c(t)}\right] + E_t[u_c(t+1)] E_t\left[\frac{1}{u_c(t+1)}\right]} \tag{8.95}$$

$$u_y(t) = \frac{\lambda_2^t(\theta) u_{\theta y}(t) - \lambda_t f_y(t)}{\lambda_2^t(\theta) u_{\theta c}(t) + \lambda_t} u_c(t) \tag{8.96}$$

如果分散经济可以实现计划者经济的分配，则 (8.93) 式和 (8.94) 式必然与 (8.95) 式和 (8.96) 式等价，因此我们可以得到如下的最优税收规则。

命题 8.13 如果我们要求 $\tau_{t+1}^k \in \mathcal{F}_t$，则 KGT 模型的最优税收规则为

$$\tau_{t+1}^k = 1 - \frac{1}{\frac{E_t[u_c(t+1)]}{\lambda_{t+1}} E_t\left[\frac{\lambda_2^{t+1}(\theta) u_{\theta c}(t+1)}{u_c(t+1)} - \frac{\lambda_2^t(\theta) u_{\theta c}(t)}{u_c(t)}\right] + E_t[u_c(t+1)] E_t\left[\frac{1}{u_c(t+1)}\right]} \tag{8.97}$$

$$\tau_t^w = \frac{\lambda_2^t(\theta) u_{\theta y}(t) + \lambda_2^t(\theta) u_{\theta c}(t)}{\lambda_2^t(\theta) u_{\theta y}(t) - \lambda_t f_y(t)} \tag{8.98}$$

对于任意偏好上述命题都成立，然而事实上如果偏好是任意的，在离散情形下不可能给出最优税收规则的显示解。由命题 8.11 可知，对于任意 $\theta_{-t} \in \Theta_{-t}$ 和所有 $t \leqslant T$，都有

$$\lambda_2^t(\theta_{-t}, \bar{\theta}_t) = 0$$

此外由 (8.22) 式可知，对于任意 $\theta_{-t} \in \Theta_{-t}$ 和所有 $t \leqslant T$，都有

$$\lambda_1(\theta_{-t}, \bar{\theta}_t) = 0$$

将之代入 (8.97) 式和 (8.98) 式可以得到

$$\tau_{t+1}^k(\theta_{-t}, \bar{\theta}_t) = 1 - \frac{1}{\frac{E_t[u_c(t+1)]}{\lambda_{t+1}} E_t\left[\frac{\lambda_2^{t+1}(\theta) u_{\theta c}(t+1)}{u_c(t+1)}\right] + E_t[u_c(t+1)] E_t\left[\frac{1}{u_c(t+1)}\right]}$$

$$= 1 - \frac{1}{1 - E_t[u_c(t+1)] E_t\left[\frac{1}{u_c(t+1)}\right] + E_t[u_c(t+1)] E_t\left[\frac{1}{u_c(t+1)}\right]} = 0$$

以及
$$\tau_t^w\left(\theta_{-t},\bar{\theta}_t\right)=0$$

这意味着，对于最高劳动能力的个体，不应对其征收资本或劳动收入税，这将有助于激励其更加努力地工作。此外，如果经济趋于无穷期，且如果证明了 $\lambda_2^t(\theta)$ 一致趋向于 0[①]，则可以进一步得到

$$\lim_{t\to\infty}\tau_{t+1}^k=1-\frac{1}{\lim_{t\to\infty}E_t\left[u_c(t+1)\right]E_t\left[\frac{1}{u_c(t+1)}\right]}\geqslant 0$$

以及
$$\lim_{t\to\infty}\tau_t^w=0$$

这说明不对称信息引起的扭曲将完全转移到资本收入上，且长期劳动收入税趋近于 0，而在包含信息不对称的经济中的长期资本收入税则是非负的。

8.5.2 特殊偏好形式的应用

下面利用三个例子来直观地阐述定理 8.2。首先，考虑两种类型的效用函数，第一种是例 8.7 中的关于消费和劳动可分的偏好，即 $u(c,y,\theta)=u(c)-v(y,\theta)$；第二种是例 8.8 中的关于信息可分的偏好，即 $u(c,y,\theta)=u(c,y)v(\theta)$；然后，在例 8.9 中检验这两种偏好混合后的偏好。

例 8.7 令 $u(c,y,\theta)=u(c)-v(y,\theta)$，考虑 $W(\theta,\theta')$ 的二阶导，进行简单的运算后可得

$$-\frac{\partial^2}{(\partial\theta_i')^2}W(\theta,\theta')\bigg|_{\theta'=\theta}=\frac{\partial y_i}{\partial \theta^i}\frac{\partial^2 v(y_i,\theta_i)}{\partial y_i\partial\theta_i} \tag{8.99}$$

这其实是矩阵 $A(\theta)$ 的对角线的第 i 个元素，根据上文，我们有 $\frac{\partial y_i}{\partial \theta^i}\frac{\partial^2 v(y_i,\theta_i)}{\partial y_i\partial\theta_i}\geqslant 0$ 对于所有的 $\theta\in\overset{\circ}{\Theta}$ 都成立。此外，还可以得到如下结论：

(1) 对几乎所有的 $\theta\in\overset{\circ}{\Theta}$，$W(\theta,\theta')$ 都是局部严格最优的。

可以证明对于几乎所有的 $\theta\in\overset{\circ}{\Theta}$，都有 $\frac{\partial y_i}{\partial \theta^i}\frac{\partial^2 v(y_i,\theta_i)}{\partial y_i\partial\theta_i}>0$。若否，则存在 $\Theta^1\subset\Theta$，以及 $\mu(\Theta^1)>0$，使得对于所有的 $\theta\in\Theta^1$，都有

$$\frac{\partial y_i}{\partial \theta^i}\frac{\partial^2 v(y_i,\theta_i)}{\partial y_i\partial\theta_i}=0 \tag{8.100}$$

[①] 事实上我们在第 9 章中确实证明了这一结论。

如果假定 $\dfrac{\partial^2 v(y,\theta)}{\partial y \partial \theta} > 0$ 且 $\dfrac{\partial^n v(y,\theta)}{\partial y \partial \theta^{n-1}} > 0$ 存在，我们可以进一步要求 Θ^1 为 Θ 中的开集，则经过简单的代数运算可以得到对于任意 $n \geqslant 2$ 和 $\theta \in \Theta^1$，有

$$-\left.\frac{\partial^n}{(\partial \theta_i')^n} W(\theta,\theta')\right|_{\theta'=\theta} = \frac{\partial y_i}{\partial \theta^i} \frac{\partial^n v(y_i,\theta_i)}{\partial y_i (\partial \theta_i)^{n-1}} \tag{8.101}$$

由于 $\dfrac{\partial^2 v(y,\theta)}{\partial y \partial \theta} > 0$，由 (8.100) 式可以得出，对于任意 $n \geqslant 2$ 和所有 $\theta \in \Theta^1$，有

$$-\left.\frac{\partial^n}{(\partial \theta_i')^n} W(\theta,\theta')\right|_{\theta'=\theta} = 0 \tag{8.102}$$

这就是情形 2 所描述的结论，因此可知在第 i 期，最优解 $(c_i(\theta), y_i(\theta)) = (c_i, y_i)$ 为常数，而这不可能发生。为了看清这一点，固定 (c_i, y_i) 且构造新的最优化问题 P_1^*。

$$P_1^*: \quad \max_{c_t,y_t,k_t} E\left[\sum_{t=0}^{T} \beta^t u(c_t, y_t, \theta_t)\right]$$

资源约束为

$$k_{t+1} - k_t \leqslant f\left(k_t, \int y_t \mathrm{d}\mu\right) - \int c_t \mathrm{d}\mu, \quad t = 0, \cdots, T$$

对于 $t = i$ 有

$$y_i \leqslant \int y_i(\theta) \mathrm{d}\mu, \quad c_i \leqslant \int c_i(\theta) \mathrm{d}\mu$$

下界约束为

$$v(\theta) \leqslant \sum_{t \neq i, t=0}^{T} \beta^t u(c_t(\theta), y_t(\theta), \theta_t)$$

上梯度约束为

$$\frac{\partial v(\theta)}{\partial \theta_t} \geqslant \beta^t u_{\theta_t}(c_t(\theta), y_t(\theta), \theta_t), \text{ 其中} t \neq i$$

信息约束为

$$c_i(\theta), y_i(\theta) \in M_i \Leftrightarrow (c_i(\theta), y_i(\theta)) = (c_i(\theta_i), y_i(\theta_i))$$

$t = i$ 时的下界约束为

$$v_1(\theta) \leqslant \beta^i u(c_i(\theta_i), y_i(\theta_i), \theta_i)$$

$t = i$ 时的上梯度约束为

$$\frac{\partial v_1(\theta)}{\partial \theta_i} \geqslant \beta^i u_{\theta_i}(c_i(\theta_i), y_i(\theta_i), \theta_i)$$

第 8 章 能力连续状态下的最优财政政策

可以看到 P_1^* 的可行集包含在 P_1 中,如果定义 V^* 和 V 分别为 P_1^* 和 P_1 的最大值,可以推断出

$$V^* \leqslant V \tag{8.103}$$

事实上,P_1^* 可以被拆分成两个问题:$P_1(-i)$ 和 $P_1^*(i)$,其中 $P_1^*(i)$ 为

$$P_1^*(i): \max_{c_i(\theta_i), y_i(\theta_i)} \beta^i \int u\left(c_i(\theta_i), y_i(\theta_i), \theta_i\right) d\mu$$

资源约束为

$$y_i \leqslant \int y_i(\theta_i) d\mu, \quad c_i \leqslant \int c_i(\theta_i) d\mu$$

且下界和上界约束分别为

$$v_1(\theta) \leqslant \beta^i u\left(c_i(\theta_i), y_i(\theta_i), \theta_i\right)$$

和

$$\frac{\partial v_1(\theta)}{\partial \theta_i} \geqslant \beta^i u_{\theta_i}\left(c_i(\theta_i), y_i(\theta_i), \theta_i\right)$$

回忆 $V(c_i, y_i)$ 是 $P_1(-i)$ 的最大值,由 (8.103) 式可知,

$$V^*(i) = V^* - V(c_i, y_i) \leqslant V - V(c_i, y_i) = V(i) \tag{8.104}$$

其中 $V^*(i)$ 是 $P_1^*(i)$ 的最大值,

$$V(i) = \beta^i \int u(c_i, y_i, \theta_i) d\mu$$

此时 $y_i(\theta_i) = y_i$,$c_i(\theta_i) = c_i$ 是 $P_1^*(i)$ 的可行解,因此

$$V(i) \leqslant V^*(i)$$

这意味着 $V(i) = V^*(i) \Leftrightarrow V = V^*$,即 P_1^* 和 P_1 是等价的,且 $y_i(\theta_i) = y_i$,$c_i(\theta_i) = c_i$ 为 $P_1^*(i)$ 的最优解,而这显然不可能。再考虑 $P_1^*(i)$,令 $\beta^i \lambda_1$ 和 $\beta^i \lambda_2$ 分别为两个资源约束的标量乘子,且 $\lambda_1(\theta_i)$,$\lambda_2(\theta_i)$ 分别是下界和上界约束的乘子。应用修正的 Kuhn-Tucker 定理,可以推导出

$$(1 + \lambda_1(\theta_i)) u_c = \lambda_1 \tag{8.105}$$

以及

$$(1 + \lambda_1(\theta_i)) v_y = -\lambda_2(\theta_i) v_{y\theta} + \lambda_2 \tag{8.106}$$

$c_i(\theta_i) = c_i$ 告诉我们 $1 + \lambda_1(\theta_i) = \bar{\lambda}_1$ 为常数,如果令 $v_y = \dfrac{\partial v(y, \theta)}{\partial y}$ 关于 θ 不是常数,可以看出 (8.106) 式无法保证 $y_i(\theta_i) = y_i$ 的成立。

因此在 (8.99) 式中，可以得到对几乎所有的 $\theta \in \overset{\circ}{\Theta}$，有

$$\frac{\partial^2}{(\partial \theta'_i)^2} W(\theta, \theta') \bigg|_{\theta'=\theta} = -\frac{\partial y_i}{\partial \theta^i} \frac{\partial^2 v(y_i, \theta_i)}{\partial y_i \partial \theta_i} < 0 \tag{8.107}$$

这意味着对几乎所有的 $\theta \in \overset{\circ}{\Theta}$，$W(\theta, \theta)$ 是局部最优解，即存在 θ 的邻域 V_θ 使得

$$W(\theta, \theta) > W(\theta, \theta') \text{ 对每个 } \theta \neq \theta' \in V_\theta \text{ 都成立}。$$

(2) 最优解 $x_t = (c_t, y_t) \in M_t = \sigma(\theta_t)$ 是 Markov 的。

回忆 (8.41) 式，对于所有的 $j < t$ 都有

$$\frac{\partial x_i(\theta)}{\partial \theta_j} \frac{\partial u_\theta(x_i(\theta), \theta_j)}{\partial x_i} = 0$$

由 $u(c, y, \theta) = u(c) - v(y, \theta)$ 可得

$$\frac{\partial x_t(\theta)}{\partial \theta_j} \frac{\partial u_\theta(x_t(\theta), \theta_t)}{\partial x_t} = \frac{\partial y_t(\theta)}{\partial \theta_j} \frac{\partial v_\theta(y_t(\theta), \theta_t)}{\partial y_t}$$

因为假定了 $\dfrac{\partial^2 v(y, \theta)}{\partial y \partial \theta} > 0$，可以得到对于所有的 $j < t$，有

$$\frac{\partial y_t(\theta)}{\partial \theta_j} = 0$$

即对所有的 $t \leqslant T$ 都有 $y_t(\theta) = y_t(\theta_t) \in M_t$，可以将一阶条件 (8.19) 式和 (8.20) 式重写为

$$E_t [1 + \lambda_1(\theta)] u_c(t) = \lambda_t, \tag{8.108}$$

$$E_t [1 + \lambda_1(\theta)] u_y(t) = -\lambda_2^t(\theta) v_{\theta y}(t) + \lambda_t f_y(t) \tag{8.109}$$

由 (8.109) 式，如果 $y_t(\theta) \in M_t$，则 $E_t[1 + \lambda_1(\theta)] \in M_t$，则 (8.100) 式给出了 $c_t \in M_t$，从而保证了 Markov 性质。

(3) P_1 的分解。

令 $k_0, k_1, \cdots, k_t, \cdots, k_{T+1}$ 为最优资本积累路径，定义问题 $P_1(i)$ 为

$$P_1(i) : \max_{c_i(\theta_i), y_i(\theta_i)} \beta^i \int u(c_i(\theta_i), y_i(\theta_i), \theta_i) \, d\mu$$

资源约束为

$$k_{i+1} - k_i \leqslant f\left(k_i, \int y_i(\theta_i) \, d\mu\right) - \int c_i(\theta_i) \, d\mu$$

下界和上界约束分别为

$$v_i(\theta_i) \leqslant \beta^i u(c_i(\theta_i), y_i(\theta_i), \theta_i),$$

$$\frac{\partial v_i(\theta_i)}{\partial \theta_i} \geqslant \beta^i u_{\theta_i}(c_i(\theta_i), y_i(\theta_i), \theta_i)$$

且初始条件 k_{i+1} 和 k_i 固定。

令 $w(k_i, k_{i+1})$ 为 $P_1(i)$ 的值函数，则 P_1 等价于

$$\max_{k_i, i \geqslant 1} \sum_{i=1}^{T} w(k_i, k_{i+1})$$

简单来说，可以得到

$$P_1 = \sum_{i=1}^{T} P_1(i)$$

由于 $P_1(i)$ 仅是单期问题，如果证明了 P_0 和 P_1 的等价性，接下来可以采用类似 $P_1(i)$ 中用下界和上界约束替代 IC 约束的方法构造 $P_0(i)$，进而得到

$$P_0 = \sum_{i=1}^{T} P_0(i)$$

$P_0(i)$ 正是 Mirrlees(1971) 提出的模型，由此可见当效用函数关于 c 和 y, θ 可分时，信息不对称引起的每一期的劳动收入扭曲与经典的 Mirrlees 模型相同。

接下来考虑 (8.97) 式和 (8.98) 式，对应的税收规则为

$$\tau_{t+1}^k = 1 - \frac{1}{E_t[u_c(t+1)] E_t\left[\dfrac{1}{u_c(t+1)}\right]}$$

和

$$\tau_t^w = \frac{\lambda_2^t(\theta) u_{\theta y}(t)}{\lambda_2^t(\theta) u_{\theta y}(t) + \lambda_t f_y(t)}$$

由于解是 Markov 的，因此乘子 $\lambda_2^t(\theta) \in M_t$ 也是 Markov 的，则 $\tau_t^w(\theta) = \tau_t^w(\theta_t)$ 同样具有 Markov 性质。如果劳动能力 $\{\theta_t\}$ 的演化是一个 Markov 过程，则

$$E_t[u_c(t+1)] \in M_t \text{ 且 } E_t\left[\frac{1}{u_c(t+1)}\right] \in M_t$$

因此 $\tau_{t+1}^k(\theta) = \tau_{t+1}^k(\theta_t) \in M_t$。也就是说，税收规则仅取决于当前状态，而非过去的状态，且这有助于我们在实际经济中设定最优税收规则。此外，Markov 性质意味着 KGT 模型中的最优解是时间一致的，这些结论总结在如下命题中。

命题 8.14 如果我们要求 $(c_t, y_t) \in \mathcal{F}_t$，则当且仅当 $(c_t, y_t) \in M_t$ 时，KGT 模型的最优解是时间一致的。

证明 首先讨论从第 t 期开始的最优化问题，

$$P_0^t: \max_{c_t, y_t, k_t} E\left[\sum_{j=t}^{T} \beta^{j-t} u(c_j, y_j, \theta_j)\right]$$

资源约束为

$$k_{j+1} - k_j \leqslant f\left(k_j, \int y_j \mathrm{d}\mu\right) - \int c_j \mathrm{d}\mu, \ j = t, \cdots, T-1$$

IC 约束为

$$W(t, \theta, \theta) \geqslant W(t, \theta, \theta'), \ \text{任意} \theta, \theta' \in \prod_{j=t}^{T} \Theta_j$$

可行性条件为

$$c_j \geqslant 0, \quad y_j \geqslant 0, \quad k_j \geqslant 0, \text{给定} k_t$$

其中

$$W(t, \theta, \theta') = \sum_{j=t}^{T} \beta^{j-t} u(c_j(\theta'), y_j(\theta'), \theta_j)$$

P_0^t 的最优解要求 $(c_t, y_t) \in M_t$，因此 IC 约束等同于

$$u(c_t(\theta_t), y_t(\theta_t), \theta_t) \geqslant u(c_t(\theta'_t), y_t(\theta'_t), \theta'_t), \ \text{任意} \theta_t, \theta'_t \in \Theta_t, t \leqslant T$$

那么如果令 $V(k,t)$ 为 P_0^t 的值函数，则可以得到如下递归式：

$$V(k_t, t) = \max_{(c,y) \in M_t} u(c, y, \theta_t) + \beta V(k_{t+1}, t+1)$$

约束条件为

$$k_{t+1} - k_t \leqslant f\left(k_t, \int y(\theta_t) \mathrm{d}\mu\right) - \int c(\theta_t) \mathrm{d}\mu$$

且有

$$u(c_t(\theta_t), y_t(\theta_t), \theta_t) \geqslant u(c_t(\theta'_t), y_t(\theta'_t), \theta'_t), \ \text{任意} \theta_t, \theta'_t \in \Theta_t$$

这意味着 KGT 模型的最优解是时间一致的。 □

接下来给出另一个例子以证明常数解是最优的。如果效用函数关于 c, y 和 θ 是可分的，或关于信息是可分的，那么最优解为常数意味着经济中的扭曲使每个人享有相同的消费和劳动。

例 8.8 若 $u(c,y,\theta) = u(c,y)v(\theta)$,可以得到如下结论。

(1) P_1 的解为常数。

首先从第 T 期开始分析,由于

$$\nabla_{\theta'} W(\theta,\theta')|_{\theta'=\theta} = \nabla_\theta X \nabla_X U = 0$$

可以看出

$$\frac{\partial}{\partial \theta_T} W(\theta,\theta')\bigg|_{\theta'=\theta} = \left(\frac{\partial c_T}{\partial \theta_T} u_c(T) + \frac{\partial y_T}{\partial \theta_T} u_y(T)\right) v(\theta_T) = 0 \tag{8.110}$$

由于 $v_T(\theta_T) \neq 0$,这意味着

$$\frac{\partial c_T}{\partial \theta_T} u_c(T) + \frac{\partial y_T}{\partial \theta_T} u_y(T) = 0$$

即

$$\frac{\partial^n}{(\partial \theta'_T)^n} W(\theta,\theta')\bigg|_{\theta'=\theta} = -\left(\frac{\partial c_T}{\partial \theta_T} u_c(T) + \frac{\partial y_T}{\partial \theta_T} u_y(T)\right) v^{(n-1)}(\theta_T) = 0, \quad n \geqslant 2$$

这实际上就是情形 2,因此可以认为 $x_T(\theta) = (c_T(\theta), y_T(\theta))$ 是常数解,则有 $x_T(\theta) = \bar{x}_T$,且 P_1 可以被缩减为 $P_1(-T)$。接下来考虑 $P_1(-T)$ 的最后一期,即 $T-1$,可以推断出 $x_{T-1}(\theta) = (c_{T-1}(\theta), y_{T-1}(\theta))$ 为常数解,且 $P_1(-T)$ 可以缩减为 $P_1(-T,-(T-1))$,继续上述过程,我们最终可以发现 P_1 的解为常数。

(2) 最优税收规则。

回忆一阶条件 (8.18) 式、(8.19) 式和 (8.20) 式,将 (8.19) 式和 (8.20) 式重新表述为

$$E_t\left[(1+\lambda_1(\theta))v(\theta_t) - \lambda_2^t(\theta)v'(\theta_t)\right]u_c(t) = \lambda_t,$$

$$E_t\left[(1+\lambda_1(\theta))v(\theta_t) - \lambda_2^t(\theta)v'(\theta_t)\right]u_y(t) = -\lambda_t f_y(t),$$

当且仅当 $E_t[(1+\lambda_1(\theta))v(\theta_t) - \lambda_2^t(\theta)v'(\theta_t)]$ 为非 0 常数时,上述系统存在常数解,记为

$$E_t\left[(1+\lambda_1(\theta))v(\theta_t) - \lambda_2^t(\theta)v'(\theta_t)\right] = a_t$$

对每个 $t \leqslant T$,由于对于所有的 $\theta_{-t} \in \Theta_{-t}$,都有 $\lambda_2^t(\theta_{-t},\bar{\theta}_t) = 0$ 且 $\lambda_1(\theta_{-t},\bar{\theta}_t) = 0$,则可推出对所有的 t,都有

$$a_t = E_t\left[(1+\lambda_1(\theta))v(\theta_t) - \lambda_2^t(\theta)v'(\theta_t)\right] = v(\bar{\theta}_t)$$

结合 (8.18) 式,可以求得如下最优系统:

$$\lambda_t = \beta(1+f_k(t+1))\lambda_{t+1}, \tag{8.111}$$

$$a_t u_c(t) = \lambda_t, \tag{8.112}$$

$$a_t u_y(t) = -\lambda_t f_y(t) \tag{8.113}$$

在分散经济中，我们可以得到如下最优系统：

$$\lambda_t(\theta) = \beta\left(1 - \tau_{t+1}^k\right) E_t\left[(1 + f_k(t+1))\lambda_{t+1}\right], \tag{8.114}$$

$$u_c(t) v(\theta_t) = \lambda_t(\theta), \tag{8.115}$$

$$u_y(t) v(\theta_t) = -(1 - \tau_t^w) f_y(t) \lambda_t(\theta) \tag{8.116}$$

如果分散经济可以实现预期的配置，则 (8.111) 式、(8.112) 式和 (8.113) 式组成的系统必定与 (8.114) 式、(8.115) 式和 (8.116) 式组成的系统相同，因而可以推断出

$$\lambda_t(\theta) = \frac{v(\theta_t)\lambda_t}{a_t}, \tag{8.117}$$

$$\tau_t^w = 0 \tag{8.118}$$

和

$$1 = E_t\left[\left(1 - \tau_{t+1}^k\right) \frac{a_t v(\theta_{t+1})}{a_{t+1} v(\theta_t)}\right] \tag{8.119}$$

如果要求 $\tau_{t+1}^k \in \mathcal{F}_t$，则可以得到

$$\tau_{t+1}^k = \left(1 - \frac{a_{t+1}}{a_t} \frac{v(\theta_t)}{E_t[v(\theta_{t+1})]}\right) \tag{8.120}$$

由于 $v(\theta_t)$ 关于 θ_t 是单调增的，因此在大多数情形下，τ_{t+1}^k 关于 θ_t 是单调减的，这意味着政策制定者会有很强的动机鼓励高能力劳动者进行积累。如果令 $v(\theta_t) = \theta_t^2$，$\theta_{t+1} = \theta_t + \varepsilon_{t+1}$，其中 $\{\varepsilon_t\}$ 是 $i.i.d$ 的白噪声序列且方差为 σ^2，则

$$\tau_{t+1}^k = \left(1 - \frac{a_{t+1}}{a_t} \frac{\theta_t^2}{\theta_t^2 + \sigma^2}\right),$$

关于 θ_t 是单调减的，如图 8.4 所示。在大多数情形下，随机过程 $\left\{\dfrac{v(\theta_t)}{a_t}\right\}$ 构成了一个下半鞅，即

$$E\left[\frac{v(\theta_{t+1})}{a_{t+1}}\right] > \frac{v(\theta_t)}{a_t}$$

这保证了 $\tau_{t+1}^k > 0$ 的概率为正。除此之外，如果 $\left\{\dfrac{v(\theta_t)}{a_t}\right\}$ 构成了一个上半鞅，则 τ_{t+1}^k 可能为负，其与劳动能力 θ_t 的关系如图 8.4 所示，资本收入税率随劳动能力增加而递减。

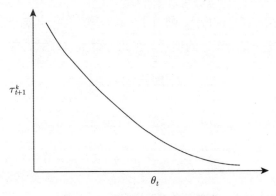

图 8-4 递减的资本收入税率

在上述两个例子中,我们假定即期效用函数与时间无关,从而得到了局部严格最优或常数解。这两个例子只是保证了定理 8.3 中的 (1) 和 (3) 成立,却忽略了 (2)。接下来我们考虑即期效用函数与演化路径相关的情形。简化起见,除了第 t 期,$0 \leqslant t \leqslant T$,假定所有的即期效用函数都采用 $u(c,y,\theta) = u^1(c) - v^1(y,\theta)$ 的形式;在第 t 期,效用函数形式为 $u(c,y,\theta) = u(c,y)v(\theta)$,且这个例子对应了定理 8.3 中的 (2)。

例 8.9 假定在 $i \neq t$ 期,$u(c,y,\theta) = u^1(c) - v^1(y,\theta)$,在第 t 期,$u(c,y,\theta) = u(c,y)v(\theta)$,则有如下结论。

(1) $x_i(\theta) = (c_i(\theta), y_i(\theta)), i \neq t$ 与 θ_t 不相关。

由于 $x_i(\theta) \in \mathcal{F}_i$,对于 $i < t$,$x_i(\theta)$ 显然与 θ_t 不相关。我们只需考虑 $i > t$ 的情形。回忆 (8.41) 式:

$$\frac{\partial x_i(\theta)}{\partial \theta_j} \frac{\partial u_\theta(x_i(\theta), \theta_j)}{\partial x_i} = 0$$

因为 $u(x_i(\theta), \theta_i) = u^1(c_i) - v^1(y_i, \theta_i)$,我们可以将上式重写为

$$\frac{\partial y_i(\theta)}{\partial \theta_t} \frac{\partial^2 v^1(y_i, \theta_i)}{\partial y_i \partial \theta_i} = 0$$

由于 $\frac{\partial^2 v^1(y_i, \theta_i)}{\partial y_i \partial \theta_i} \neq 0$,可以得到 $\frac{\partial y_i(\theta)}{\partial \theta_t} = 0$。考虑一阶条件 (8.100) 式和 (8.101) 式,从 (8.101) 式可知,

$$\frac{\partial E_i[1 + \lambda_1(\theta)]}{\partial \theta_t} = 0$$

这意味着

$$\frac{\partial x_i(\theta)}{\partial \theta_t} = \left(\frac{\partial y_i(\theta)}{\partial \theta_t}, \frac{\partial c_i(\theta)}{\partial \theta_t}\right) = 0$$

且 $x_i(\theta), i \neq t$ 与 θ_t 无关。

(2) 令 $x_t(\theta) = (c_t(\theta), y_t(\theta))$，则对于 $i \neq t$，有 $\dfrac{\partial x_t(\theta)}{\partial \theta_i} \nabla_{(c_t,y_t)} u(c_t, y_t) = 0$。同理，我们仅需考虑 $i < t$ 的情形。在此考察 (8.41) 式，有

$$\frac{\partial x_t(\theta)}{\partial \theta_i} \frac{\partial u_\theta(x_t(\theta), \theta_t)}{\partial x_t} = 0$$

由于 $u(c_t, y_t, \theta_t) = u(c_t, y_t) v(\theta_t)$，上述方程意味着

$$\frac{\partial x_t(\theta)}{\partial \theta_i} \nabla_{(c_t,y_t)} u(c_t, y_t) v'(\theta_t) = 0$$

由于 $v'(\theta_t) \neq 0$，因此

$$\frac{\partial x_t(\theta)}{\partial \theta_i} \nabla_{(c_t,y_t)} u(c_t, y_t) = 0$$

(3) P_1 可以分解。

如前定义 $P_1(t)$ 和 $P_1(-t)$，令

$$X_{-t}(\theta) = (x_0(\theta), \cdots, x_{t-1}(\theta), x_{t+1}(\theta), \cdots, x_T(\theta))$$

由于 $x_i(\theta) = (c_i(\theta), y_i(\theta))$ $i \neq t$ 与 θ_t 无关，可知 $X_{-t}(\theta)$ 是 θ_{-t} 的函数，可以将其记为 $X_{-t}(\theta_{-t})$。定义

$$v_{-t}(\theta_{-t}) = v(\theta) - u(c_t, y_t, \theta_t)$$

以及

$$W(\theta_{-t}, \theta'_{-t}) = \sum_{i=0, i \neq t}^{T} \beta^i u(c_i(\theta'_{-t}), y_i(\theta'_{-t}), \theta_i) = W(\theta, \theta') - \beta^t u(c_t, y_t, \theta_t)$$

则对于任意 θ_i，$i \neq t$，有

$$\left.\frac{\partial}{\partial \theta'_i} W(\theta_{-t}, \theta'_{-t})\right|_{\theta'_{-t} = \theta_{-t}} = \left.\frac{\partial}{\partial \theta'_i} W(\theta, \theta')\right|_{\theta' = \theta} - \beta^t \frac{\partial x_t(\theta)}{\partial \theta_i} \nabla_{(c_t,y_t)} u(c_t, y_t) v(\theta_t) \tag{8.121}$$

(8.121) 式右边的两项等于 0，因此得到

$$\left.\frac{\partial}{\partial \theta'_i} W(\theta_{-t}, \theta'_{-t})\right|_{\theta'_{-t} = \theta_{-t}} = 0 \tag{8.122}$$

这意味着 $(v_{-t}(\theta_{-t}), X_{-t}(\theta_{-t}))$ 为 $P_1(-t)$ 的可行解。如果定义

$$v_t(\theta_t) = \beta^t u(c_t, y_t, \theta_t)$$

则显然 $(v_t(\theta_t), x_t(\theta_t))$ 是 $P_1(t)$ 的可行解。

接下来令 $V(t)$ 和 $V(-t)$ 分别为问题 $P_1(t)$ 和 $P_1(-t)$ 的值函数, 且定义 V 为 P_1 的值函数, 令

$$V_1 = E\left[\sum_{i=0, i\neq t}^{T} \beta^i u\left(c_i(\theta), y_i(\theta), \theta_i\right)\right], \quad V_2 = E\left[\beta^t u(c_t, y_t, \theta_t)\right]$$

有

$$V = V_1 + V_2$$

根据上述讨论可知

$$V_1 \leqslant V(-t), \quad V_2 \leqslant V(t)$$

由此可得

$$V \leqslant V(-t) + V(t)$$

而 $P_1(t)$ 的每个可行集, 以及 $P_1(-t)$ 的每个可行集, 都将构成 P_1 的一个可行集, 这意味着

$$V(-t) + V(t) \leqslant V$$

综上, 我们有

$$V = V(-t) + V(t) \tag{8.123}$$

且 P_1 可分解为 $P_1(t)$ 和 $P_1(-t)$。

由于 $P_1(t)$ 的最优解是常数, 我们知道在此情形下, 第 t 期的解为常数, 且其他期的解与例 8.9 中的解相同。

(4) 拓展和一般性结论。

上述讨论很容易拓展至时期 $t_1, \cdots, t_k$, $u(c, y, \theta)$, 其形式为 $u_{t_i}(c, y) v(\theta)$, $i = 1, \cdots, k$。我们依然可以发现 P_1 可分解为 $P_1(t_1, \cdots, t_k)$ 和 $P_1(-t_1, \cdots, -t_k)$, 且时期 $t_1, \cdots, t_k$ 的常数解也存在。

如果考察上述 P_1 的分解, 我们可以发现对于 $i \neq t$, 有 $\dfrac{\partial x_t(\theta)}{\partial \theta_i} \nabla_{(c_t, y_t)} u(c_t, y_t) = 0$, 且这一结论不依赖于 t 期外的效用函数的形式。我们可以构造 $P_1(-t)$ 的一个新的可行解, 如

$$X^*_{-t}(\theta_{-t}) = E\left[X_{-t}(\theta)|\mathcal{F}_{-t}\right],$$

$$v^*_{-t}(\theta_{-t}) = E\left[v(\theta) - u(c_t, y_t, \theta_t)|\mathcal{F}_{-t}\right],$$

其中 $\mathcal{F}_{-t} = \sigma(\theta_{-t})$, 且定义

$$W^*\left(\theta_{-t}, \theta'_{-t}\right) = \sum_{i=0, i\neq t}^{T} \beta^i u\left(x_i^*\left(\theta'_{-t}\right), \theta_i\right)$$

由于 u 关于 x 是严格凹的，因此

$$v_{-t}^*(\theta_{-t}) \leqslant \sum_{i=0, i \neq t}^{T} \beta^i u\left(x_i^*\left(\theta_{-t}'\right), \theta_i\right) = W^*\left(\theta_{-t}, \theta_{-t}'\right)$$

即 $(v_{-t}(\theta_{-t}), X_{-t}(\theta_{-t}))$ 是 $P_1(-t)$ 的可行解，并进一步推得

$$V_1 \leqslant E\left[W^*\left(\theta_{-t}, \theta_{-t}'\right)\right] \leqslant V(-t) \tag{8.124}$$

另一方面，由于

$$0 = \left.\frac{\partial}{\partial \theta_i'} W(\theta, \theta')\right|_{\theta'=\theta} = \sum_{i=t}^{T} \frac{\partial x_i(\theta)}{\partial \theta_t} \frac{\partial u(x_i(\theta), \theta_i)}{\partial x_i} \tag{8.125}$$

根据 (8.41) 式，如果 $i > t$，则有

$$\frac{\partial x_i(\theta)}{\partial \theta_t} \frac{\partial u_\theta(x_i(\theta), \theta_i)}{\partial x_i} = 0 \tag{8.126}$$

根据 (8.126) 式，如果我们能够推断

$$\frac{\partial x_i(\theta)}{\partial \theta_t} \frac{\partial u_\theta(x_i(\theta), \theta_i)}{\partial x_i} \leqslant 0 \tag{8.127}$$

将之代回 (8.122) 式，可以得到

$$\frac{\partial x_t(\theta)}{\partial \theta_t} \frac{\partial u(x_t(\theta), \theta_t)}{\partial x_t} \geqslant 0 \tag{8.128}$$

如果定义 $v_t(\theta_t) = \beta^t u(c_t, y_t, \theta_t)$，(8.125) 式意味着

$$\frac{\partial v_t(\theta_t)}{\partial \theta_t} \geqslant \beta^t u_\theta(c_t, y_t, \theta_t) \tag{8.129}$$

也就是说，$(v_t(\theta_t), x_t(\theta_t))$ 是 $P_1(t)$ 的可行解，因此

$$V_2 \leqslant V(t) \tag{8.130}$$

结合 (8.121) 式和 (8.127) 式可以得到

$$V = V_1 + V_2 \leqslant V(t) + V(-t)$$

与结论 8.3 中的原因类似，可知

$$V(t) + V(-t) \leqslant V$$

故 P_1 可分解为 $P_1(t)$ 和 $P_1(-t)$。

一般而言，如果代理人的效用函数形如 $u(c,y,\theta) = u(c,y)v(\theta)$，则无论其之前的偏好如何，只要未来的偏好满足如下条件：若 (8.123) 式成立，则 (8.124) 式正确；并且代理人在这一时点上的最优消费和有效劳动就是常数。此外，P_1 可分解为 $P_1(t)$ 和 $P_1(-t)$。

条件"若 (8.123) 式成立，则 (8.124) 式正确"是否满足取决于未来效用函数的形式。它包含了至少两类效用：$u(c,y,\theta) = u(c,y)v(\theta)$ 和 $u(c,y,\theta) = u(c)-v(y,\theta)$。除此之外，也可以探寻新的效用函数形式以满足这一条件。

8.6 本 章 小 结

本章研究了存在连续不对称信息的经济中的最优税收规则。本章开发了一套一阶方法并引入了两类新的约束以取代 KGT 模型中的 IC 约束。与 Rogerson (1985a, 1985b), Golosov et al. (2003) 和 Golosov and Tsyvinski (2006) 的方法不同，本章提出的一阶方法可以用来处理比 Golosov et al. (2003) 中的偏好形式更为复杂的偏好。此外，这种方法同时给出了任意偏好形式下的最优劳动收入税和最优资本收入税。本章的解法与 Mirrlees (1971) 和 Guesnerie and Laffont (1984) 的亦不同。Mirrlees (1971) 直接用一阶条件替代 IC 约束，Guesnerie and Laffont (1984) 用一阶和二阶条件替代 IC 约束。但他们都没有证明原问题和新问题间的等价性，并忽略了 KGT 模型解的唯一性的问题。

本章应用一阶方法证明了原问题和新问题的等价。借助中间值函数，本章引入了下界和上梯度界约束，在一些关于代理人偏好的常规假设下，首次证明了 KGT 模型的解的唯一性，然后进一步证明了等价性。在证明等价性的过程中，发现 KGT 模型解的结构，并将之总结在定理 8.2 中。此外，本章还探讨了 KGT 模型的解的诸多重要性质。总而言之，本章对新动态公共财政理论的贡献如下：

(1) 用函数空间中的微分拓扑法扩展了函数空间中的 Kuhn-Tucker 定理，修正了 Kuhn-Tucker 定理，并将其用于求解与原 KGT 模型等价的新的最优化问题的最优解。本章提出的这种变分法，是一种处理 KGT 模型的强大的工具。此外，还利用 Frechet 导数展示了函数空间中的包络性质，这与离散情形下的性质类似，却更加优美。

(2) 本章还介绍了 KGT 模型的解的性质，根据定理 8.2，有三种情形：第一种是常数解，且所有的 IC 约束为紧；第二种并非每期都是常数解，且几乎所有 IC 约束都是松的；第三种是在某些期为常数解，在余下期为非常数解，且几乎所有 IC 约束都为松。此外，第三种情形可以被分解为第一种和第二种的混合情形。

(3) KGT 模型的最优解都落在最低能力者的无差异表面上。这意味着信息不对称损害了社会福利，且所有其他劳动者的最优选择都是伪装成最低能力者，由此可以进一步识别存在信息不对称时的社会福利损失。

(4) 本章最有趣的发现是 IC 约束几乎处处为松。一般而言，如果 KGT 模型的最优解不恒为常数，则 IC 约束几乎处处为松。在离散情形下这一结论很令人惊讶，因为在求解最优解时松的约束往往都被忽略了。如果忽略 KGT 模型中的所有松 IC 约束，由此得到的最优解与 P_0 的最优解将不一致，而会是仅在资源约束 (8.1) 式下的最优解，且这种解在绝大多数情形下都会违背 IC 约束。事实上如果状态是连续的，松的 IC 约束意味着 $W(\theta,\theta)$ 是 $W(\theta,\theta')$ 的严格最优值，且 $X(\theta') \in \Gamma$，从而可以给出连续情形下的一阶条件，而这些约束在离散情形下则会被忽略。

(5) 本章给出了最优税收规则的显示解。对于能力最低的劳动者，其消费和劳动的替代关系不存在扭曲，因此这类人的最优的劳动收入税应为 0。而资本收入却应该以正的概率征税，因为信息不对称全部移到资本收入上去了。此外，推测当上梯度界的乘子一致趋向于 0 时，劳动收入税趋于 0，因而长期均衡中资本收入税必然是非负的。

(6) 本章再次考察了 Golosov et al.(2003) 提出的偏好、发现最优解是时间一致的，且动态框架可以被分解为若干静态最优化问题 (所有静态问题与 Mirrlees(1971) 描述的类似)，进而得到 KGT 模型的最优劳动收入税与 Mirrlees(1971) 中的类似的结论。此外，本章引入了信息可分偏好，即 $u(c,y,\theta) = u(c,y)v(\theta)$，最终推导出 KGT 模型的最优常数解。得出如下结论：劳动和消费的替代间不存在楔子，且最优劳动收入税应该为 0。

未来的研究方向之一是考察最优税收规则的长期行为，上梯度约束的乘子是否一致趋向于 0 呢？这其实是一个很有意思的问题，根据 (8.21) 式，

$$\lambda_1(\theta) = \sum_{t=0}^{T} \left[\frac{\partial \lambda_2^t(\theta)}{\partial \theta_t} + \lambda_2^t(\theta)\frac{\partial g(\theta)}{\partial \theta_t}\frac{1}{g(\theta)}\right]$$

当 $T \to \infty$ 时，上式变为

$$\lambda_1(\theta) = \sum_{t=0}^{\infty} \left[\frac{\partial \lambda_2^t(\theta)}{\partial \theta_t} + \lambda_2^t(\theta)\frac{\partial g(\theta^t)}{\partial \theta_t}\frac{1}{g(\theta)}\right]$$

其中 $\theta^t = (\theta_1,\cdots,\theta_t)$ 且 $g(\theta^t)$ 为 $\theta_1,\cdots,\theta_t$ 的概率密度函数。如果可以识别出 $\int \lambda_1(\theta)\mathrm{d}\mu < \infty$，则可以认为 $\lambda_2^t(\theta)$ 一致趋向于 0。

因此，这个猜测可能是正确的，但证明细节要比本章的有限情形复杂得多。无论如何，这都是一个值得努力的方向。

第 9 章　稳态下的极限财政政策

本章探讨了信息不对称条件下的长期税收规则。遵循 Golosov et al. (2003) 提出的框架，我们将该模型推广到无限期，并假设其为连续信息状态。在长期均衡中，由于劳动收入信息不对称导致的扭曲将消失，这在长期内将导致零劳动收入税收规则，因此激励相容 (I.C.) 约束的效果将转移到资本收入侧。笔者发现，最优长期资本所得税应该是正的，与 Golosov et al.(2003) 的结论类似。但本章中的效用函数比 Golosov et al (2003) 定义的消费和劳动可分离效用函数条件更宽松。

9.1　引　言

关于是否对生产要素 (如资本和劳动力) 的收入征税，以及以何种税率征税，税收政策学界存在相当大的争论。主张零税收的理由往往基于这种税对资源跨期分配的抑制作用。Chamley(1986) 首先表明，在次优的框架下，从长期均衡来看，最优所得税应该为 0。Mirrlees(1971) 将不对称信息引入计划经济中，推导出最优劳动税收与劳动能力 (私人信息) 之间的逻辑关系。Golosov et al.(2003) 使用 Rogerson (1985a, 1985b) 开发的方法研究动态环境下最优间接税，其中行为人的技能是私有信息，遵循任意随机过程。他们的工作将著名的 Mirrlees(1971) 框架推广到动态框架中，并认为正的资本税是帕累托最优选择。

Golosov et al.(2003) 在动态框架中研究了对称信息，其应用 Rogerson (1985a, 1985b) 开发的对偶方法来研究最优消费的跨期替代并推导出著名的"逆欧拉方程"，证明最优间接社会楔子中存在信息不对称。Mirrlees(1971) 以静态框架下的劳动所得税为研究对象，采用一阶条件，提出最优劳动所得税规则。以上两位作者只关心一种所得税，在另一篇论文中，笔者致力于将两位先驱者在动态经济中的工作与不对称信息相结合，其设置更为一般。本章的大部分结论都是那篇论文的自然延伸，所以笔者省略了相关介绍，更多背景介绍可以参考我们的工作论文 Zhao et al.(2014)。

本章进一步研究了信息不对称的长期效应。Zhao et al.(2014) 提出了一种新的一阶方法，通过中间值函数将 I.C. 约束替换为两种约束，第一种是下界约束，它解释了信息不对称的水平效应；另一种是上梯度约束，定义为信息不对称的替代效应。笔者将非对称信息的影响分为两类：水平效应和替代效应。信息不对称造成的失真可以看作经济的两种效应。本章推导了分散经济下的最优税收规则，发现只有替代效应导致了劳动力收入的扭曲,水平效应和替代效应共同导致了资本收入的扭曲。

从长期来看,信息不对称的替代效应趋于 0,劳动所得税为 0。此外,由于不对称信息而造成的经济失真将仅转移到资本收入方面,笔者认为应在长期运行中对资本收入征税。正如 Golosov et al.(2003) 所言,长期资本所得税应该是正的,这种资本所得税来自信息不对称造成的扭曲。信息不对称的影响即使在长期来看也不会消失,信息不对称的水平效应将贯穿行为人的一生。

本章组织如下:第二部分介绍了 Golosov et al.(2003) 中的基本模型 (以下简称 KGT 模型),以及通过替换 I.C. 约束进行改进的新优化问题;第三部分扩展了函数空间中的 Kuhn-Tucker 定理,并应用它来推导第二部分中的新优化问题的一阶条件;第四部分提供了最优的税收规则,并分析了这些规则的长期运行行为;第五部分是本章小结。

9.2 基本设置

本章首先介绍了在无限期经济中的 KGT 模型。在此基础上,进一步引入了改进的优化问题,即替换 I.C. 约束,对偏好和技术进行了一般假设,得出了新的优化问题具有唯一解的结论。

在 Golosov et al.(2003) 中,考虑如下的社会计划者问题:

$$P_0: \max_{c_t,y_t,k_t} E\left[\sum_{t=0}^{\infty}\beta^t u(c_t,y_t,\theta_t)\right]$$

资源约束为

$$k_{t+1}-k_t \leqslant f(k_t,\int y_t \mathrm{d}\mu) - \int c_t \mathrm{d}\mu,\ t=0,1,\cdots \tag{9.1}$$

I.C. 约束为

$$W(\theta,\theta) \geqslant W(\theta,\theta'), \forall \theta,\theta' \in \Theta^{\infty} \tag{9.2}$$

可行性条件为

$$c_t \geqslant 0, y_t \geqslant 0, k_t \geqslant 0, k_0\ 给定 \tag{9.3}$$

其中,u 和 f 分别为效用函数和生产函数,θ_t 是行为人在 t 时期的经济中的私人信息,$\theta_t \in \Theta, \theta=(\theta_1,\cdots\theta_t,\cdots) \in \Theta^{\infty}$ 是行为人在其一生中的私人信息的实现序列,(c_t,y_t) 是 t 时期的消费和有效劳动,它们是私人信息的函数,即 $c_t(\theta)$ 和 $y_t(\theta)$。同时定义了事后的折现效用

$$W(\theta,\theta') = \sum_{t=0}^{\infty}\beta^t u\left(c_t(\theta'),y_t(\theta'),\theta_t\right)$$

信息结构：在经济开始时，对于行为人来说未来的私人信息是未知的，所以 θ_t 在其实现前是随机的。令 $\mathcal{F}_t = \sigma(\theta_1, \cdots \theta_t)$ 为直到 t 时期的信息。一个自然而然的假设是 $c_t, y_t \in \mathcal{F}_t, \mu$ 是对 $\mathcal{F}_\infty = \sigma(\theta_1, \cdots \theta_t)$ 的概率的衡量。为使 P_0 有解，需要对效用函数和生产函数进行一些假设。

假设 9.1　u 和 f 相对于它们的参数是连续的。u 在 c 上严格递增，在 y 上严格递减，f 在 k 和 $\int y_t \mathrm{d}\mu$ 上是递增的，u 包含在两个严格递增的、连续的无界函数 ϕ 和 ψ 之间，即

$$\phi(c) \leqslant u(c, y, \theta_t) \leqslant \psi(c), 对所有的 y \in Y 和 \theta_t \in \Theta 都成立。$$

对于 $T = \infty$ 的情况，需要更严格的假设。

假设 9.2　给定假设 9.1，令 $F(k)$ 为 $f(k, y)$ 在 $y \in Y$ 的最大值，β 是折现因子，需要：

$$\sum_{t=0}^{\infty} \beta^t \psi(k_t + F(k_t)) < \infty, 且 k_{t+1} = k_t + F(k_t)$$

并且 ψ 是凹函数，进而有 $p > 1$，

$$\phi(c) \leqslant p\phi(c) 对于所有的 c > 0 成立。$$

现在进一步考察 I.C. 约束 (9.2) 式，如果令 Ω 为状态空间 $(c(\theta), y(\theta)) = ((c_0(\theta), y_0(\theta)), \cdots, (c_t(\theta), y_t(\theta)), \cdots)$，定义

$$C(\Theta^\infty, \Omega) = \{g : \Theta^\infty \to \Omega 是连续的\}$$

与范数 $|(c, y)|_1 = \sum_{t=0}^{\infty} \beta^t \psi(c_t) + \max_{y_t \in Y} |y_t|$ 进行比较，$C(\Theta^\infty, \Omega)$ 是包含了所有 P_0 的可行解 $(c(\theta), y(\theta))$ 的函数空间。令

$$F_1 = \{(c(\theta), y(\theta)) \in C(\Theta^\infty, \Omega) 满足 (9.1) 式至 (9.3) 式\}$$

进而 F_1 是 P_0 的可行集，可以证明 P_0 在 F_1 上具有最优解。下面进一步提供最优解决方案应该符合的条件。在连续信息状态下修改 I.C. 约束 (9.2) 式，形如 P_1.

$$P_1: \max_{c_t, y_t, k_t} E\left[\sum_{t=0}^{\infty} \beta^t u(c_t, y_t, \theta_t)\right]$$

资源约束为

$$k_{t+1} - k_t \leqslant f\left(k_t, \int y_t \mathrm{d}\mu\right) - \int c_t \mathrm{d}\mu, t = 0, 1, \cdots \tag{9.4}$$

下界约束为
$$v(\theta) \leqslant \sum_{t=0}^{\infty} \beta^t u(c_t(\theta), y_t(\theta), \theta_t) \tag{9.5}$$

上界约束为
$$\frac{\partial v(\theta)}{\partial \theta_t} \geqslant \beta^t u\theta_t(c_t(\theta), y_t(\theta), \theta_t) \tag{9.6}$$

对于任何微分函数 v，当 (9.5) 式和 (9.6) 式结合时，称 v 为中值函数，此外，如果令

$$U(X(\theta), \theta) = \sum_{t=0}^{\infty} \beta^t u(c_t(\theta), y_t(\theta), \theta_t)$$

$$X(\theta) = (c_0(\theta), y_o(\theta), \cdots c_t(\theta), y_t(\theta), \cdots)$$

然后对 (9.5) 式、(9.6) 式中的 θ 进行微分，可以得到

$$\nabla_\theta X \nabla_X U = 0 \tag{9.7}$$

其中，∇_θ 是对 θ 的梯度算子，(9.7) 式是 I.C. 约束 (9.2) 式的必要条件。zhao et al.(2014) 证明了问题 P_1 在某些条件下与 P_0 是相同的。下面我们证明 P_1 的解是唯一的，我们需要以下的假设。

假设 9.3 效用函数 $u(c, y, \theta)$ 关于 c 和 y 是严格凹的，并且 $u_\theta(c, y, \theta)$ 关于 c 和 y 是凹的，生产函数 $f(k, y)$ 关于 k 和 y 是凹的。

命题 9.1 在假设 9.3 下，P_1 的最优解唯一。

因此，如果证明 P_1 和 P_0 相同，那么就证明了 P_0 解的唯一性。此外，通过替换 I.C. 约束，可以区分信息不对称对经济的影响。实际上，将 I.C. 约束 (9.2) 式替换为 P_1 中中值函数的最优选择，下界约束 (9.5) 式和上界梯度约束 (9.6) 式反映了信息不对称的两种效应。将约束 (9.5) 式的效应定义为水平效应，(9.6) 式的效应定义为替代效应，这两个效应对应着著名的"财富效应"和"替代效应"。直觉上，(9.5) 式的水平效应来自于对中值函数的直接选择，这导致了经济的彻底扭曲，其被称为"水平效应"。(9.6) 式的"替代效应"只是来自行为人的报告策略，如果在 t 时期说谎，可以改变代理人的事后效用，使中值函数不变，这相当于改变行为人的劳动能力，因此在这个意义上，说谎是替代能力的改变，因此这种效应被称为"替代效应"。

9.3 最优性条件

本节首先在函数空间 $C(\Theta^\infty, \Omega)$ 扩展 Kuhn-Tucker 定理，然后应用它去寻找 P_1 的最优性条件。数学上的初步分析，读者参考 zhao et al.(2014)，并可以在

Conway(1990)、Luenberger(1969)、Milnor(1965) 和 Rockafellar(1997) 中发现类似的详细证明。

9.3.1 函数空间的 Kuhn-Tucker 定理

现在讨论修正的 Kuhn-Tucker 定理。首先，将优化问题表述为：假定 $x \in M^\infty$，$\Lambda: M^\infty \to \mathbb{R}$ 至少是二阶可微映射，$f_1(x,\theta)$ 是从 $\mathbb{R}^\infty \times \Theta$ 到 $\mathbb{R}$ 的可微函数，f 可积分到可测空间 (θ, F, μ)。$f_2(x,\theta)$ 是另一个从 $\mathbb{R}^\infty \times \Theta$ 到 $\mathbb{R}$ 的可微函数，$g(\theta)$ 是从 Θ 到 $\mathbb{R}$ 的连续函数，令 $\Theta \in \mathbb{R}^\infty$，$F(x,\theta)$ 是从 $\mathbb{R}^\infty \times \Theta$ 到 $\mathbb{R}^\infty$ 的可微函数，$G(\theta)$ 是从 Θ 到 $\mathbb{R}^\infty$ 的连续函数，$c \in \mathbb{R}$ 是一个标量，考虑如下的最优化问题：

$$P^*: \max \Lambda(x)$$

使得

$$\int f_1(x,\theta) \mathrm{d}\mu \geqslant c, \tag{9.8}$$

$$f_2(x,\theta) \geqslant g(\theta), \forall \theta \in \Theta \tag{9.9}$$

以及

$$\nabla_\theta x \geqslant F(x,\theta) + G(\theta), \forall \theta \in \Theta \tag{9.10}$$

定理 9.1 (Kuhn-Tucker 定理) 假设 x^* 是问题 P^* 的最优解，有

(1) (一阶条件) 存在 $\lambda \in \mathbb{R}$，$\lambda_1(\theta) \in M^1$ 和 $\lambda_2(\theta) \in M^\infty$，$\lambda, \lambda_1(\theta), \lambda_2(\theta) \geqslant 0$ 使得

$$\delta_{x^*}\Lambda(h) = \lambda \int \nabla_x f_1(x,\theta) \cdot h(\theta) \mathrm{d}\mu + \int \lambda_1(\theta) \nabla_x f_2(x,\theta) \cdot h(\theta) \mathrm{d}\mu +$$

$$\int \lambda_2(\theta) \cdot (\nabla_\theta h - h \nabla_x F(x,\theta)) \mathrm{d}\mu$$

对所有的 $h \in M^\infty$ 都成立。

(2) (松弛条件)

$$\lambda \geqslant 0, \int f_1(x,\theta) \mathrm{d}\mu \geqslant c,$$

$$\lambda \left(\int f_1(x,\theta) \mathrm{d}\mu - c \right) = 0,$$

$$\lambda_1(\theta) \geqslant 0, \ f_2(x,\theta) \geqslant g(\theta), \ \lambda_1(\theta)(f_2(x,\theta) - g(\theta)) = 0,$$

以及

$$\lambda_2 \geqslant 0,$$
$$\nabla_\theta x \geqslant F(x,\theta) + G(\theta),$$
$$\lambda_2(\theta)(\nabla_\theta x - F(x,\theta) - G(\theta)) = 0$$

(3) (二阶条件) 对所有的 $\lambda_1(\theta) > 0$, $\lambda_2(\theta) > 0$ 和 $\lambda > 0$, 将约束结合, 令 M 是这些结合的约束, M 是 M^∞ 的一个流形, 如果 (1) 成立并且 $\delta_{x^*}^2 \Lambda$ 在 $T_{x^*}M$ 是负定的, 那么 x^* 是问题 P^* 的局部最优解.

(4) (包络性质) 令 $V(c, g, G)$ 是 P^* 的值函数, 而 V 是关于 c, g 和 G 是连续可微的, 并且

$$\frac{\partial V}{\partial c} = \lambda,$$

$$\delta_g V(h) = \int \lambda_1(\theta) h(\theta) \, d\mu \text{ 对所有的 } h(\theta) \in M^1 \text{ 都成立},$$

$$\delta_G V(h) = \int \lambda_2(\theta) \cdot h(\theta) \, d\mu \text{ 对所有的 } h(\theta) \in M^T \text{ 都成立}$$

上述定理中的关键概念是 Frechet 微分。Frechet 微分定义在函数空间中, 其使非线性映射近似为线性映射。流形是局部上可视为规则空间的空间, $\delta_{x^*}^2 \Lambda$ 是线性空间 $T_{x^*}M$ 上的二次形式, $T_{x^*}M$ 是 M 流形上的切空间。

9.3.2 P_1 的一阶条件

现在应用修正的 Kuhn-Tucker 定理来给出问题 P_1 的最优条件, 定义 $M^1 = C(\Theta^\infty, \Omega)$, 令 $\beta^t \lambda_t \in \mathbb{R}$ 是 (9.4) 式的乘子, $\lambda_1(\theta) \in M^1$ 是 (9.5) 式的乘子, $\lambda_2^t(\theta) \in M^1$ 是 (9.6) 式的乘子对所有 t 都成立。因为 $(c_t, y_t) \in F_t$, 可以看到 $\lambda_2^t(\theta) \in F_t$。此外, 定义 $\theta^t = (\theta_1, \cdots, \theta_t)$, $M_{t_1, \cdots, t_k} = \sigma(\theta_{t_1}, \cdots, \theta_{t_k})$, $g_t(\theta^t)$ 是 $\mu|F_t$ 的密度函数, 并且 $\text{supp}(\mu|F_t) = \Theta^t$, $g_t(\theta^t)|_{\partial \Theta^t} > 0$, 可以得到如下命题。

命题 9.2 如果 P_1 有最优解 (c_t, y_t, k_t, v), 则有

(1) 一阶条件:

$$\lambda_t = \beta(1 + f_k(t+1))\lambda_{t+1}, \tag{9.11}$$

$$E_t[1 + \lambda_1(\theta)]u_c(t) = \lambda_2^t u_{\theta c}(t)\lambda_t, \tag{9.12}$$

$$E_t[1 + \lambda_1(\theta)]u_y(t) = \lambda_2^t u_{\theta y}(t)\lambda_t - \lambda_t f_y(t), \tag{9.13}$$

$$E\left[\lambda_1(\theta)|M_{t_1,\cdots,t_k}\right] = \sum_{i=1}^{k} \frac{\partial E\left[\lambda_2^{t_i}(\theta)|M_{t_1,\cdots,t_k}\right]}{\partial \theta_{t_i}}, \text{ 对所有的 } k > 0 \text{ 都成立}, \tag{9.14}$$

其中 $\lambda_1(\theta) = \sum_{t=0}^{\infty} \left[\frac{\partial \lambda_2^t(\theta)}{\partial \theta_t} + \lambda_2^t(\theta) \frac{\partial g_t(\theta^t)}{\partial \theta_t} \frac{1}{g_t(\theta^t)}\right]$

(2) 边界条件:

$$\lambda_2^t(\theta_{-t}, \overline{\theta_t}) = 0, \tag{9.15}$$

对所有的 $\theta_{-t} \in \Theta_{-t} = \Theta_1 \times \cdots \times \Theta_{t-1} \times \Theta_{t+1} \times \cdots$ 以及 $t \leqslant T$ 都成立。

(3) 松弛条件：

$$\lambda_t \geqslant 0, \text{以及若} \lambda_t > 0, (9.4) \text{式中等式成立}。 \tag{9.16}$$

$$\lambda_1(\theta) \geqslant, \text{以及若} \lambda_1(\theta) > 0, (9.5) \text{式中等式成立}。 \tag{9.17}$$

$$\lambda_2^t(\theta) \leqslant 0, \text{以及若} \lambda_2^t(\theta) < 0, (9.6) \text{式中等式成立}。 \tag{9.18}$$

由于假设 9.3，u 的凹性使得二阶条件成立，而包络性质不需要证明 P_1 和 P_0 的等价性，于是省略定理 9.1 的后两个结论的证明。除了 (9.12) 式中额外的项 $\lambda_2^t u_{\theta c}(t) \lambda_t$，(9.13) 式中额外的项 $\lambda_2^t u_{\theta y}(t) \lambda_t$ 以外，(9.11) 式、(9.12) 式和 (9.13) 式是通常的最优条件，称 $\lambda_1(\theta)$ 为水平乘数，$\lambda_2^t(\theta)$ 为替代乘数。若 $\lambda_2^t(\theta) = 0$，用 (9.12) 式除以 (9.13) 式，得到

$$\frac{u_c(t)}{u_y(t)} = -\frac{1}{f_y(t)} \tag{9.19}$$

这就是说，消费和劳动之间的边际替代没有扭曲，这就导致了在分散经济下的零劳动所得税。从边界条件 (9.15) 式可知，在每个时期，劳动能力最低和最高的行为人都将享受零劳动所得税。因为 (9.12) 式与 (9.13) 式中有相同的 $E_t[1+\lambda_1(\theta)]$，与 (9.18) 式一起，当效用函数关于 c 与 (y,θ) 分离，再次推出"逆欧拉方程"如 Golosov et al.(2003)，因此，在这种情况下，最优资本积累行为将发生扭曲。

通过边界条件 (9.15) 式，可以看到如果 $\theta_t = \overline{\theta_t}$ 并且对于所有的 $\theta_{-t} \in \Theta_{-t}$，有

$$\lambda_2^t(\theta_{-t}, \overline{\theta_t}) = 0$$

则在 (9.14) 式中对 $M_{-t} = \sigma(\theta_{-t})$ 取期望，可得

$$E\left[\lambda_1(\theta_{-t}, \overline{\theta_t}) | M_{-t}\right] = 0 \tag{9.20}$$

因为 $\lambda_1(\theta) \geqslant 0$，可以推出

$$\lambda_1(\theta_{-t}, \overline{\theta_t}) = 0 \text{对所有的} \theta_{-t} \in \Theta_{-t} \text{都成立}。 \tag{9.21}$$

重新考虑最优条件 (9.12) 式和 (9.13) 式，进一步得出结论：

$$u_c(t, \overline{\theta_t}) = \lambda_t,$$
$$u_y(t, \overline{\theta_t}) = -\lambda_t f_y(t)$$

这与没有信息约束 (9.5) 式和 (9.6) 式的解是一样的，此外，$x_t(\theta_{-t}, \overline{\theta_t})$ 与 θ_{-t} 不相关。因此，当到达边界点时，得出结论：在 $\overline{\theta_t}$ 处没有发生扭曲，无论是在劳动收入上还是在资本收入上。

9.4 最佳的税收规则和长期行为

本节首先应用上面介绍的方法来制订分散经济中的最优税收规则，然后探究这些税收规则的长期行为。

9.4.1 最优税收规则

在分散经济中，行为人的问题是

$$P_2: \max_{c_t,y_t,a_t} E\left[\sum_{t=0}^{T}\beta^t u(c_t,y_t,\theta_t)\right] \tag{9.22}$$

预算约束为

$$a_{t+1} \leqslant (1-\tau_t^k)(1+r_t)a_t + (1-\tau_t^w)w_t y_t - c_t + \chi_t + \pi_t, t = 0,\cdots,T$$

其中，c_t, y_t, a_t, π_t(行为人的利润所有权) 以及 χ_t(政府的转移支付) 应该被看作 θ 的函数。令 $\lambda_t(\theta)$ 为预算约束的乘子，P_2 的一阶条件为

$$\lambda_t(\theta) = \beta E_t\left[(1-\tau_{t+1}^k)(1+r_{t+1})\lambda_{t+1}(\theta)\right],$$

$$u_c(t) = \lambda_t(\theta),$$

$$u_y(t) = -(1-\tau_t^w)w_t\lambda_t(\theta)$$

公司希望在任何情况下都能实现利润最大化，即问题是

$$\pi_t = \max_{k_t,y_t} f\left(k_t,\int y_t d\mu\right) - r_t k_t - w_t\int y_t d\mu \tag{9.23}$$

最优条件为

$$r_t = f_k(t), w_t = f_y(t)$$

宏观均衡条件为

$$k_t = \int a_t d\mu,$$

$$\int (\tau_t^k r_t a_t + \tau_t^w w_t y_t)d\mu = \int \chi_t d\mu,$$

$$\int \pi_t d\mu = f(t) - \int (r_t a_t + w_t y_t)d\mu$$

将宏观均衡条件与上述一阶条件相结合，得到分散的一阶条件为

$$u_c(t) = \beta(1+f_k(t+1))E_t\left[(1-\tau_{t+1}^k)u_c(t+1)\right], \tag{9.24}$$

$$u_y(t) = -(1-\tau_t^w) f_y(t) u_c(t) \tag{9.25}$$

在计划者经济中,通过命题 9.2 的 (9.11) 式、(9.12) 式和 (9.13) 式,我们可以推出

$$u_c(t) = \frac{\beta(1+f_k(t+1)) E_t[u_c(t+1)]}{\frac{E_t[u_c(t+1)]}{\lambda_{t+1}} E_t\left[\frac{\lambda_2^{t+1}(\theta) u_{\theta c}(t+1)}{u_c(t+1)} - \frac{\lambda_2^t(\theta) u_{\theta c}(t)}{u_c(t)}\right] + E_t[u_c(t+1)] E_t\left[\frac{1}{u_c(t+1)}\right]} \tag{9.26}$$

$$u_y(t) = \frac{\lambda_2^t(\theta) u_{\theta y}(t) - \lambda_t f_y(t)}{\lambda_2^t(\theta) u_{\theta y}(t) + \lambda_t} u_c(t) \tag{9.27}$$

如果分散经济能够实现计划经济,则系统 (9.24) 式、(9.25) 式必须与系统 (9.26) 式、(9.27) 式相同,因此得出以下最优税收规则。

命题 9.3 如果要求 $\tau_{t+1}^k \in F_t$,那么 KGT 模型的最优税收规则为

$$\tau_{t+1}^k = \frac{1}{\frac{E_t[u_c(t+1)]}{\lambda_{t+1}} E_t\left[\frac{\lambda_2^{t+1}(\theta) u_{\theta c}(t+1)}{u_c(t+1)} - \frac{\lambda_2^t(\theta) u_{\theta c}(t)}{u_c(t)}\right] + E_t[u_c(t+1)] E_t\left[\frac{1}{u_c(t+1)}\right]} \tag{9.28}$$

$$\tau_t^w = \frac{\lambda_2^t(\theta) u_{\theta y}(t) + \lambda_2^t(\theta) u_{\theta y}(t) f_y(t)}{\lambda_2^t(\theta) u_{\theta y}(t) - \lambda_t f_y(t)} \tag{9.29}$$

上述命题看起来很简洁,因为偏好是相当任意的,而在具有任意偏好的离散情况下,不可能写出显式最优税收公式。从命题 9.2 知道

$$\lambda_2^t(\theta_{-t}, \overline{\theta_t}) = 0 \text{对所有的} \theta_{-t} \in \Theta_{-t} \text{及所有的} t \leqslant T \text{成立}。$$

更进一步从 (9.14) 式有

$$\lambda_1(\theta_{-t}, \overline{\theta_t}) = 0 \text{对所有的} \theta_{-t} \in \Theta_{-t} \text{及所有的} t \leqslant T \text{成立}。$$

将它们代入 (9.28) 式和 (9.29) 式,可以看到

$$\tau_{t+1}^k(\theta_{-t}, \overline{\theta_t})$$

$$= 1 - \frac{1}{\frac{E_t[u_c(t+1)]}{\lambda_{t+1}} E_t\left[\frac{\lambda_2^{t+1}(\theta) u_{\theta c}(t+1)}{u_c(t+1)} - \frac{\lambda_2^t(\theta) u_{\theta c}(t)}{u_c(t)}\right] + E_t[u_c(t+1)] E_t\left[\frac{1}{u_c(t+1)}\right]}$$

$$= 1 - \frac{1}{1 - E_t[u_c(t+1)] E_t\left[\frac{1}{u_c(t+1)}\right] + E_t[u_c(t+1)] E_t\left[\frac{1}{u_c(t+1)}\right]}$$

$$= 0$$

以及
$$\tau_t^w(\theta_{-t}, \overline{\theta_t}) = 0$$

也就是说，对于最高劳动能力的人来说，应该降低劳动和资本所得税，鼓励他们更加努力地工作。

由此可知信息不对称影响最优税收规则的方式，劳动所得税只能由信息不对称的"替代效应"来决定，而"水平效应"有助于资本所得税公式中 $E_t[u_c(t+1)]$ $E_t\left[\dfrac{1}{u_c(t+1)}\right]$ 的建立。此外，替代效应也会对 $E_t\left[\dfrac{\lambda_2^{t+1}(\theta)u_{\theta c}(t+1)}{u_c(t+1)} - \dfrac{\lambda_2^t(\theta)u_{\theta c}(t)}{u_c(t)}\right]$ 项的资本所得税产生影响。综上所述，信息不对称通过两种效应影响经济，"水平效应"只影响资本所得税，"替代效应"同时影响资本所得税和劳动所得税。下一节，将探索这两种效应的长期运行，我们会发现"替代效应"趋于消失，而非对称信息的效应仅仅转移到"水平效应"一侧。

9.4.2 税收规则的长期行为

在探讨长期税收规则之前，首先注意到 $\lambda_1(\theta)$ 和 $\lambda_2^t(\theta)$ 的一些性质，在命题 9.6 的证明中，应该强调

$$\int \lambda_1(\theta)\mathrm{d}\mu < \infty$$
$$\sum_{t=0}^{\infty}\int \lambda_2^t(\theta)\mathrm{d}\mu > -\infty \tag{9.30}$$

这在命题 9.2 中没有提到，但对于找到长期最优的税收规则很重要。因为 $\lambda_2^t(\theta) \leqslant 0$，现在有 $\int \lambda_2^t(\theta)\mathrm{d}\mu \to 0$，一致地。因此有以下命题。

命题 9.4 从长期来看，最佳的税收规则是

$$\lim_{t\to\infty}\tau_t^w = 0$$

并且

$$\lim_{t\to\infty}\tau_{t+1}^k = 1 - \dfrac{1}{\lim\limits_{t\to\infty} E_t[u_c(t+1)]E_t\left[\dfrac{1}{u_c(t+1)}\right]}$$

证明 只需对 (9.28) 式和 (9.29) 式求极限。 □

上述命题表明，长期来看，"替代效应"会消失，导致劳动所得税为 0。还有一个问题，那就是"水平效应"，从长期来看是消失的，如果不是，那么它就会扭曲资本收益，并对资本所得税产生影响。在接下来的命题中，我们证明了长期资本所得税应该是正的，也就是说，由于信息不对称造成的影响不会消失，它只会转移到资本收入方面。

命题 9.5 从长期来看，资本所得税应该是正的，也就是说，

$$\lim_{t\to\infty} \tau_{t+1}^k = 1 - \frac{1}{\lim_{t\to\infty} E_t[u_c(t+1)] E_t\left[\dfrac{1}{u_c(t+1)}\right]} > 0$$

证明 我们只需证明

$$\lim_{t\to\infty} E_t[u_c(t+1)] E_t\left[\frac{1}{u_c(t+1)}\right] > 1$$

根据 Jensen 不等式

$$E[X] E\left[\frac{1}{X}\right] \geqslant 1$$

取等号当且仅当 X 是常数。如果 $\lim_{t\to\infty} E_t[u_c(t+1)] E_t\left[\frac{1}{u_c(t+1)}\right] = 1$，可以得出这样一个序列 $\{t_n\}$ 使得

$$\lim_{n\to\infty} u_c(t_n) \to c \text{是常数} \tag{9.31}$$

考虑一阶条件 (9.12) 式，对方程两边同时取极限，得到

$$\lim_{n\to\infty} E_{t_n}[1 + \lambda_1(\theta)] c = \lim_{n\to\infty} \lambda_{t_n} \tag{9.32}$$

注意到 $c < \infty$，如果不是，那么 $\lim_{n\to\infty} \lambda_{t_n} \to \infty$，这意味着财富的影子价格趋于无限，没有最优的解，这是由于每一个可行的解都有一个改进，即减少当前的消费积累。因此

$$\overline{\lim_{n\to\infty}} \lambda_{t_n} < \infty$$

也可以选择一个收敛序列，不失一般性，假定 $\lim_{n\to\infty} \lambda_{t_n}$ 存在，且 $\lim_{n\to\infty} \lambda_{t_n} = \lambda$，回到 (9.32) 式，可以得到

$$1 + \lambda_1(\theta) = \lim_{n\to\infty} E_{t_n}[1 + \lambda_1(\theta)] c = \frac{\lambda}{c}$$

那也就是说，$\lambda_1(\theta) = \lambda_1$ 是常数，现在考虑 (9.14) 式，

$$\lambda_1 = E[\lambda_1(\theta)| M_t] = \frac{\partial E[\lambda_2^t(\theta)| M_t]}{\partial \theta_t}, \text{对所有} t > 0 \text{都成立}。$$

对上式取极限，同时一致地 $\lambda_2^t(\theta) \to 0$，发现 $\lambda_1 = 0$，再从 (9.14) 式得到

$$\frac{\partial E[\lambda_2^t(\theta)| M_t]}{\partial \theta_t} = 0, \text{对所有} t > 0 \text{都成立}。$$

因为 $\lambda_2^t(\theta) \leqslant 0$，我们得出 $\lambda_2^t(\theta) = 0$ 对所有的 $t > 0$ 都成立。那就是说，P_0 的最优性条件为

$$\lambda_t = \beta(1 + f_k(t+1))\lambda_{t+1},$$

$$u_c(t) = \lambda_t,$$
$$u_y(t) = -\lambda_t f_y(t)$$

这和没有信息不对称的经济是一样的，但事实并非如此。由于 $c_t, y_t \in M_t$，可以将 I.C. 约束简化为

$$u(c(\theta_t), y(\theta_t), \theta_t) \geqslant u(c(\theta'_t), y(\theta'_t), \theta_t) \text{ 对所有} \theta_t, \theta'_t \in \Theta \text{ 都成立。}$$

给定 θ_t，定义方程 $w(\theta'_t, \theta_t) = u(c(\theta'_t), y(\theta'_t), \theta_t)$，对 θ'_t 求微分并取值 $\theta'_t = \theta_t$，得到

$$\left.\frac{\mathrm{d}w}{\mathrm{d}\theta'_t}\right|_{\theta'_t=\theta_t} = u_c(t)\frac{\mathrm{d}c_t}{\mathrm{d}\theta_t} + u_y(t)\frac{\mathrm{d}y_t}{\mathrm{d}\theta_t}$$

如果 $\left.\dfrac{\mathrm{d}w}{\mathrm{d}\theta'_t}\right|_{\theta'_t=\theta_t} \neq 0$，那么存在 $\theta'_t \in \Theta$，使得

$$u(c(\theta_t), y(\theta_t), \theta_t) < u(c(\theta'_t), y(\theta'_t), \theta_t)$$

这违反了 I.C. 约束。如果 $\left.\dfrac{\mathrm{d}w}{\mathrm{d}\theta'_t}\right|_{\theta'_t=\theta_t} = 0$ 对所有的 $\theta_t \in \Theta$ 都成立，那么

$$u_c(t)\frac{\mathrm{d}c_t}{\mathrm{d}\theta_t} + u_y(t)\frac{\mathrm{d}y_t}{\mathrm{d}\theta_t} = 0 \text{对所有的} \theta_t \in \Theta \text{都成立。}$$

这可以求得

$$\frac{\mathrm{d}c_t}{\mathrm{d}y_t} = -\frac{u_y(t)}{u_c(t)} = f_y(t) \triangleq \kappa$$

因此，

$$c_t = \kappa y_t + \bar{c}$$

由于没有有效劳动投入，即 $y_t = 0$，产出也应该为 0，因此消费也为 0，进而得到 $\bar{c} = 0$，并且

$$c_t = \kappa y_t$$

改写 (9.33) 式，得到

$$\kappa u_c(\kappa y_t, y_t, \theta_t) + u_y(\kappa y_t, y_t, \theta_t) = 0 \text{对所有} \theta_t \in \Theta \text{都成立。} \tag{9.33}$$

以上的系统可以支撑 (9.34) 式吗？

假设效用函数是关于自变量的解析函数，那么有 $u(c, y, \theta)$ 的展开式

$$u(c, y, \theta) = \sum_{n=0}^{\infty} a_n c^{\alpha_n} y^{\beta_n} v_n(\theta)$$

对 u 关于 c 和 y 求微分,并代入 (9.24) 式,可以得到如下方程:

$$\sum_{n=0}^{\infty} a_n (\alpha_n + \beta_n) \kappa^{\alpha_n} y^{\alpha_n + \beta_n - 1} v_n (\theta_t) = 0 对所有 \theta_t \in \Theta 都成立。$$

这隐含着 $\alpha_n + \beta_n = 0$ 对所有的 n 都成立,现在回头考虑

$$u_c (\kappa y_t, y_t, \theta_t) = \lambda_t$$

可以得到

$$\sum_{n=0}^{\infty} a_n \alpha_n \kappa^{\alpha_n - 1} \frac{v_n (\theta_t)}{y_t} = \lambda_t 对所有 \theta_t \in \Theta 都成立。$$

就可以推出

$$v_n (\theta_t) = v (\theta_t) 对所有 n 都成立,$$
$$y_t = v (\theta_t)$$

这给出了效用函数的一个简洁的形式

$$u(c, y, \theta) = a c^{\alpha} y^{-\alpha} v(\theta), a \neq 0 \tag{9.34}$$

而根据假设 9.3,u_{cc} 必须小于 0,不失一般性,假设 $av(\theta) > 0$, $0 < \alpha < 1$ 并且

$$-1 = \operatorname{sign}(u_{cc}) = -\operatorname{sign}(u_{yy}) = 1$$

这违反了假设 9.3,效用函数 u 关于 c 和 y 是凹的,得出 (9.33) 式不能对于所有的 $\theta_t \in \Theta$ 都成立,而如果没有 I.C. 约束系统提供的解,则会违反 I.C. 约束,最后得到 $\lim\limits_{t \to \infty} E_t [u_c(t+1)] E_t \left[\frac{1}{u_c(t+1)} \right] > 1$,于是命题得证。 □

命题 9.5 对于理解不对称信息的长期影响是很重要的,它的作用就像 Golosov et al.(2003) 中所介绍的一样,但设置的效用函数比分离效用函数 $u(c, y, \theta) = u(c) - v(y, \theta)$ 更具一般性。结合命题 9.4,我们对信息不对称的长期影响有了更全面的认识。替代效应会消失,水平效应会发挥主要作用,长期资本税必须是正的,以限制资本的过度积累。

9.5 本 章 小 结

本章采取了一种以不对称信息取代经济中的 I.C. 约束的一阶方法,将非对称信息的影响分为两部分:仅影响最优资本所得税规则的"水平效应",以及支配资本收入和劳动所得税规则的"替代效应"。

本章分析了非对称信息对经济长期运行的影响,信息不对称的"替代效应"会在长期运行中消失,这将导致"水平效应"增强,并导致正的最优资本所得税。

进一步的研究可以在信息不对称的领域应用一阶方法。对信息不对称造成的影响的分离应被广泛应用于分析经济,这种分离可以与经济学中标准分析中的财富和替代效应进行比较。

第10章 结论与展望

本书在信息不对称的框架下，综合研究了各种情形下的最优财政政策。具体来说，本书分别从以下四个方面进行了深入的研究。第一，提出并应用 Lagrange 方法处理各种带有激励相容约束的动态经济学优化问题。第二，重新检验了 Mirrlees(1971) 和 Golosov et al.(2003) 的结论，并得出了一些新的结论。第三，在信息不对称的框架下，考虑带内生劳动能力演化机制下的最优财政政策设计问题，得出教育的公共投资与私人投资性质。第四，在财政分权的框架下，考虑三种类型的信息不对称，给出此时最优的财政分权框架设计。此外本书在第 3 章、第 4 章和第 5 章给出了部分数值解用以佐证提出的理论。本书的具体结论如下。

10.1 提出并应用 Lagrange 泛函方法

本书利用 Lagrange 泛函给出了不对称信息下动态最优税收问题的统一处理方法。不对称信息下的经济优化问题根本在于对激励相容约束的处理。Mirrlees(1971) 采用一阶条件来简化激励相容约束；Golosov et al.(2003) 采用 Rogerson(1985a) 所介绍的对偶方法来避开对激励相容约束的讨论，其本质上是一种"设而不求"的做法。Golosov et al.(2003) 只得到关于最优的投资–消费的跨期一阶条件，而没有得到消费–劳动的期内一阶条件，但这两个一阶条件是计算最优税收的根本。因此 Golosov et al.(2003) 采用的对偶方法无法得到最优的劳动收入税，从而没能同静态的 Mirrlees 模型进行比较。同时，Golosov et al.(2003) 采用对偶方法处理的问题受到效用函数的限制，当消费与劳动不再可分时，他的方法就不能应用。本书采用 Lagrange 泛函的方法，统一处理了激励相容约束，并给出各种情形下的一阶条件，从而将动态最优税收结果与静态的 Mirrlees 模型进行比较，得出结论：最优劳动收入税在动态和静态两种情形下是一致的。

本书根据 Lagrange 泛函方法，进一步分析激励相容约束，构建反映信息不对称程度的指标，完成对信息不对称的刻画。同时，本书指出构建的指标所具备的特点，并给出这一指标的比较静态分析。政府可以根据这些分析构建政策进而降低信息不对称指数，从而提高社会福利水平。信息不对称指数的创建，为本书研究政府教育公共投资提供了合适的工具。通过教育的公共投资，政府进一步了解经济个体的期望能力，从而降低信息不对称程度，提高社会福利。本书在研究分权问题时也考虑了中央政府如何通过转移支付政策了解和激励地方政府，从而对地方政府的期望偏好有进一步了解，降低信息不对称程度，提高整体福利。

10.2 最优的财政政策设计

本书给出了分散经济中税收政策的统一设计。动态最优税收理论在不对称信息情形下的一般逻辑是：首先利用显示原理来说明不对称信息下的经济均衡分配可以通过采用向计划者的直接汇报机制得到；其次在直接汇报机制下求解均衡分配，这一步可视为不对称信息下的计划者经济分配；最后通过在分散经济中设计税收机制，来达到直接汇报机制下的最优均衡分配。以上最后一步是动态最优税收理论的关键，通常被称为植入过程。Golosov et al.(2003,2006a)、Kocherlakota(2005a) 分别就植入过程进行了深入的研究。其基本结论认为：与传统的税收机制不同，新的税收机制关于税基变量具有非线性、依赖历史状态等特点。Kocherlakota(2005a) 给出了一个两期模型，设计了一种对资本连续、有效劳动不连续的税收机制；在同一篇文章中，Kocherlakota 针对一类特殊的最优均衡分配解给出了依赖于前一期税基变量的税收机制。以上学者的结论很好地解释了税收政策的复杂性，比较好地拟合了美国的税收政策。本书不同于以上学者的植入方法，本书是在较弱的假设下，得出一种最少税基的关于税基变量连续可微的税收机制，并且此种税收机制不依赖于税基变量的历史状态。因此本书的植入方法更为简洁，在实际操作中有一定的应用价值。

10.3 信息不对称框架下的拓展研究

本书在第 4 章和第 5 章拓展了信息不对称框架下的最优财政政策研究。第 4 章给出内生能力演化机制下的最优税收。当前关于动态 Mirrlees 模型的研究还没有将私有信息引入内生演化机制，本书引入内生能力演化机制，研究了如何通过公共投资与税收的激励作用，来提高社会平均工作能力，从而达到社会福利的更大化。本书的内生能力指经济个体的劳动能力，它是私有信息，可以通过私人投资与公共投资共同来增加，从而增加产出。此时的税收政策有两方面的考虑：一是税收的激励作用，产生类似 Mirrlees 的倒 S 形曲线的边际劳动收入税；二是考虑到公共投资对劳动能力的提升功用，税收收入也会相应增加。在这一部分，本书提出教育公共投资与劳动能力的反 Logistic 曲线，得到递进式教育公共投资的方式。同时指出社会能力分布的极限状态，并通过数值模拟给出了社会能力分布的动态演化过程。

本书在第 5 章中给出在分权体制下的最优税收。采用 Gordon(1983)、Persson and Tabellini(1996) 和 Gong and Zou(2003) 的关于财政分权的模型，在不对称信息下，本书给出最优的均衡分配，然后在分权的框架下考虑最优税收问题。在最优税收的设计中本书考虑了中央税收和地方税收两种机制、中央政府对地方政府的转移支付等，效用函数建立在个体消费、地方政府花费和劳动的基础上，得出最优的国税和地税税率、最优的转移支付。在分权制实现目标分配时，就地方政府是否进行生产考察了两种类型的地方政府优化问题，并且比较了两种情形下的最优财政分权结构。当地方政府不具备生产能力时，中央和地方同时征收各类税种。当地方政府具备生产能力，此时中央政府不再征收资本收入税。两种情形下劳动收入税和中央政府对地方政府公共开支转移支付比率形式一样，它们与私有信息之间的关系复杂，是多重 IC 约束关系的综合。

10.4 个体偏好对财政政策的影响研究

本书的第 6 章和第 7 章分别考虑了不同效用函数对最优财政政策的影响。考虑了两个类型的偏好结构，第一类被称为具有财富关注的偏好结构，这在很多经济学者的文献中，也被称为具备"资本主义精神"的偏好。这部分内容在第 6 章中介绍。根据新公共财政理论，信息不对称会导致整个社会的资本过度积累，因此需要征收正的资本收入税。当社会的财富积累给居民的效用带来正向影响时，那么此时的资本积累未必是过度的，有可能还会出现不足。因而导致此时的最优资本收入税可能为正，也可能为 0，更有可能为负。第二类偏好是一类特殊的偏好，我们称之为信息分离的偏好。这部分内容在第 7 章介绍。当居民的偏好具备信息分离特征时，可以得到此时的最优劳动收入税税率为 0。也即在传统的 Mirrlees 框架下，只要居民的偏好具备信息分离，那么信息不对称对劳动收入税的扭曲是不存在的。而在动态框架下，信息不对称对经济的扭曲就全部转嫁到资本收入税一方。

10.5 连续信息下的财政政策研究

本书的第 8 章和第 9 章采用一阶方法来处理具有连续的不对称信息模型。与传统的一阶方法不同，本书通过构建中间值函数的方式，采用中间值函数的下界控制和梯度上界控制的方式构建新的约束，从而改进和修正了原有的优化问题。第 8 章证明了修正过的优化问题和原有优化问题的一致性。在证明过程中，本书得到了一系列内容丰富的结论。通过几个关键例子的展示，证明了不对称信息框架下，动态经济学优化问题的关键在于解决静态的优化问题，同时给出了不对称信息下，经济最优分配解的结构性特征，指出了当消费和劳动可进行分离时，解的结构具备 Markov 特征，可构建基于当前状态的税收政策，这将进一步简化税收政策的实施。

第 9 章进一步考察当时间趋向于无穷大时的极限财政政策。根据第 8 章提供的方法，第 9 章将信息不对称对经济的影响成功分离两块，第一块是对经济的水平影响，第二块是对经济的激励影响，这是根据第 8 章修正后最优化问题的两个约束 Lagrange 乘子而设定的。在信息不对称结构下，我们发现，当时间趋向于无穷时，劳动收入税将逐渐趋于 0，而信息不对称对经济的扭曲作用，完全转嫁到资本收入税一方。在极限时，资本收入税将始终为正，并且对任意的效用函数，极限的资本收入税税率，和 Golosov et al.(2013) 的结论一样，同样具备"逆欧拉方程"性质。这个结论同当前关于资本收入税和劳动收入税的研究结论不太一样，具有一定的理论价值。

10.6 不足之处和若干可继续研究的方向

由于笔者学识浅薄，对于书中提到的多种论点缺乏深入研究，其中提出的观点不免偏颇。总体来说，本书的不足体现在以下方面：首先，本书给出的例子不多，还不足以体现 Lagrange 泛函方法在处理附加约束动态经济学中的强大功能。书中多处已经提到，笔者正在整理相关方面的内容，期望 Lagrange 泛函方法可以获得更大范围的应用。其次，本书部分假设是建立在最优解基础上的，这是沿用 Kocherlakota(2005a) 的方式进行研究的。但是笔者认为命题的假设应该更加基础，它应该是对模型参数或基本函数的假设，然后通过这些假设得出最优解具有如何的性质。本书在几处直接假设最优解具有某种性质，虽然通过数值模拟检验了部分假设，但这种假设始终不能让人特别信服。最后本书在内生能力演化机制和财政分权框架下的研究并没有做到很深入，这将是笔者未来工作的重点。

由本书的行文结构可得如下若干可继续研究的方向：第一，进一步深化 Lagrange 泛函方法的应用。本书提出的模型都是离散的模型，在连续的情形下 Lagrange 泛函方法是否还有效？它得到的结论是否与离散时间情形一致？这两个问题可延伸若干的应用数学问题。第二，在本书提出的内生能力演化机制和财政分权框架下，还可以继续讨论信息混同指标的特点，尤其在财政分权框架下，信息混同指标的意义将更加丰富。第三，在财政分权框架下可继续讨论当经济无限期时的极限财政分权结构以及财政分权结构的动态演化过程。第四，在财政政策的研究中，可以引入更多的消费者偏好，甚至引入具备动态递归结构的消费者偏好。第五，可以深入研究当信息为连续时的财政政策。本书的第 9 章和第 10 章已经表明，当信息为连续时，可以将信息不对称对经济的影响分成两部分：一部分是水平影响，另一部分是激励影响。通过这种划分，可以在多种模型中清晰地看出信息不对称对经济的结构性影响分为哪两类，从而给出不同经济情境下的财政政策。

参 考 文 献

[1] [英]阿尔弗雷德·马歇尔,《经济学原理》. 商务印书馆, 1983.
[2] [美]加里·贝克尔,《人力资本》. 北京大学出版社, 1986.
[3] 陈抗, 希尔曼与顾清扬, "财政集权与地方政府行为变化: 从援助之手到攫取之手",《经济学 (季刊)》, 2002, 2(001): 第 111 − 130 页.
[4] 邓力平, "优化税制理论与西方税制改革新动向",《税务研究》, 1998: 第 9 − 12 页.
[5] 冯子标,《人力资本运营论》. 经济科学出版社, 2000.
[6] 郭庆旺,《税收与经济发展》. 中国财政经济出版社, 1995.
[7] 侯风云,《中国人力资本形成及现状》. 经济科学出版社, 1999.
[8] 胡静林,《人力资本与企业制度创新》. 经济科学出版社, 2001.
[9] 何承金,《人力资本管理》. 四川大学出版社, 2000.
[10] 李宝元,《人力资本运营: 新经济时代企业经营战略与致胜方略》. 企业管理出版社, 2001.
[11] 刘仲文,《人力资源会计》. 首都经贸大学出版社, 1997.
[12] 李忠民,《人力资本: 一个理论框架及其对中国一些问题的解释》. 经济科学出版社, 1999.
[13] [英]马克·布劳格,《经济学方法论》. 北京大学出版社, 1990.
[14] 钱敏平, 龚光鲁,《随机过程论》. 北京大学出版社, 1997.
[15] [美]西奥多·舒尔茨,《论人力资本投资》. 北京经济学院出版社, 1990.
[16] [美]汤姆·科普兰蒂姆, 科勒杰克·默森,《价值评估: 公司价值的衡量与管理》. 中国大百科全书出版社, 1997.
[17] 魏杰,《企业前沿问题: 现代企业管理方案》. 中国发展出版社, 2001.
[18] [英]威廉·配第,《配第经济著作选集》. 商务印书馆, 1981.
[19] [美]沃尔什,《人力资本论》. 经济科学出版社, 1992.
[20] 吴文武等,《中国人力资源开发系统论》. 中国建材工业出版社, 1996.
[21] 王金营,《人力资本与经济增长: 理论与实证》. 中国财政经济出版社, 2001.
[22] 王雍君,《税制优化原理》. 中国财政经济出版社, 1995.
[23] [美]西奥多·舒尔茨,《人力资本投资: 教育和研究的作用》. 商务印书馆, 1990.
[24] [英]亚当·斯密,《国民财富的性质和原因的研究》. 商务印书馆, 1979.
[25] 张晏, 龚六堂, "分税制改革, 财政分权与中国经济增长",《经济学》(季刊), 2005, 5(1): 第 75 − 108 页.
[26] 张恒龙, 陈宪, "当代西方财政分权理论述要",《国外社会科学》, 2007, 3: 第 19 − 24 页.
[27] 张文贤,《管理入股: 人力资本定价》. 立信会计出版社, 2001.
[28] 钟开莱,《概率论教程》. 上海科学技术出版社, 1989.
[29] Aaberge, R. and A. Langergen, "Fiscal and Spending Behavior of Local Governments: Identification of Price Effects When Prices Are Not Observed", *Public Choice*, 2003, 117(1/2): 125-161.

[30] Adger, W. N., "Social Capital, Collective Action, and Adaptation to Climate Change", *Economic Geography*, 2003, 79(4): 387-404.

[31] Atkinson, A. and R. E. Lucas, "On Efficient Distribution with Private Information", *Review of Economic Studies*, 1992, 59:427-53.

[32] Atkinson, A. and R. E. Lucas, "Efficiency and Equality in a Simple Model of Efficient Unemployment Insurance", *Journal of Economic Theory*, 1995, 66:64-88.

[33] Atkinson, A. and J. E. Stiglitz, "The Design of Tax Structure: Direct Versus Indirect Taxation", *Journal of Public Economics*, 1976, 6:55-75.

[34] Atkinson, A. and J. E. Stiglitz, *Lectures on Public Economics*. McGraw-Hill, 1980.

[35] Azarnert, L.V., "Child Mortality, Fertility, and Human Capital Accumulation", *Journal of Population Economics*, 2006, 19(2): 285-297.

[36] Bakshi, G.S. and Zhiwu Chen, "The Spirit of Capitalism and Stock-market Prices," *American Economic Review*, 1996 86: 133-157.

[37] Bardhan, P., "Decentralization of Governance and Development", *The Journal of Economic Perspectives*, 2002, 16(4): 185-205.

[38] Batjargal, B. and M.M. Liu, "Entrepreneurs' Access to Private Equity in China: The Role of Social Capital", *Organization Science*, 2004, 15(2): 159-172.

[39] Beetsma, R.M.W.J. and A.L. Bovenberg, "Structural Distortions and Decentralized Fiscal Policies in EMU", *Journal of Money, Credit and Banking*, 2005, 37(6): 1001-1018.

[40] Buchanan, J.M., "Federalism and Fiscal Equity", *The American Economic Review*, 1950, 40(4): 583-599.

[41] Bellman, R.E., Glicksberg, I. and O.A. Gross, "On the 'Bang-Bang' Control Problem", *Quarterly of the Applied Mathematics.*, 1956, 14:11-18.

[42] Bellman, R.E., Glicksberg, I. and O.A. Gross, *Some Aspects of the Mathematical Theory of Control Process*. the RAND Corporation, 1958.

[43] Billingsley, P., *Probability and Measure*. New York: John Wiley and Sons, 1995.

[44] Bisin, A. and A.A. Rampini, "Markets as Beneficial Constraints on the Government", *Journal of Public Economics*, 2006, 90: 601-629.

[45] Bismut, M., "Growth and Optimal Intertemporal Alloacation of Risks", *Journal of Economic Theory*, 1975, 10:239-257.

[46] Bourguignon, F., "A Particular Class of Continuous Time Stochastic Growth Models", *Journal of Economic Theory*, 1993, 9:141-158.

[47] Brock, W.A. and L.J. Mirman, "Optimal Economic Growth and Uncertainty", *Journal of Economic Theory*, 1972, 72,:479-513.

[48] Cass, D., "Optimum Growth in an Aggregate Model of Capital Accumulation", *Review of Economic Studies*, 1965, 32(3): 233-240.

[49] Cass, D., "Optimum growth in an Aggregative Model of Capital Accumulation: A

Turnpike Theorem", *Econometrica*, 1966, 34(4): 833-850.

[50] Chamley, C. "Optimal Taxation of Capital Income in General Equilibrium with Infinite Lives", *Econometrica*, 1986, 54:607-622.

[51] Calvo, G.A. and M. Obstfeld, "Optimal Time-Consistent Fiscal Policy with Finite Lifetimes", *Econometrica*, 1988, 56(2): 411-432.

[52] Campbell, R.J., "Leviathan and Fiscal Illusion in Local Government Overlapping Jurisdictions", *Public Choice*, 2004, 120(3): 301-329.

[53] Chen, P., et al., "Human Capital, Asset Allocation, and Life Insurance", *Financial Analysts Journal*, 2006, 62(1): 97-109.

[54] Chari, V.V. and P. Kehoe, "Optimal Fiscal and Monetary Policy", in *Handbook of Macroeconomics*, ed. Taylor, J. and Woodford, M., Elsevier New York, NY, 1999.

[55] Civitanic, J. and I. Karatzas, "Convex Duality in Constraint Portfolio Optimization", *The Annals of Applied Probability*, 1994, 3:767-818.

[56] Conway, J.B., *A Course in Functional Analysis*. Springer, New York, 1990.

[57] Cremer, H., Pestieau, P. and J.C. Rochet, "Direct Versus Indirect Taxation: The Design of the Tax Structure Revisited", *International Economic Review* , 2001, 42: 781-799.

[58] Cuoco, D., "Optimal Consumption and Equilibrium Prices with Portfolio Constraints and Stochastic Income", *Journal of Economic Theory*, 1997, 72:33-73.

[59] Cuoco, D. and J. Civitanic, "Optimal consumption choices for a "large" investor", *Journal of Economic Dynamics and Control*, 1998, 22:401-436.

[60] Dacosta, C. and I. Werning, "On the Optimality of the Friedman Rule with Heterogeneous Agents and Non-Linear Income Taxation", University of Chicago Manuscript, 2005.

[61] Diamond, P. and J.A. Mirrlees, "A Model of Social Insurance with Variable Retirement", *Journal of Public Economics*, 1978, 10:295-336.

[62] Diamond, Juan Carlos, 1998, "Optimal Income Taxation: An Example with a U-Shaped Pattern of Optimal Marginal Tax Rates" , *American Economic Review*, 1998 88: 83-95.

[63] Diamond, P. and J.A. Mirrlees, "Payroll-Tax Financed Social Insurance with Variable Retirement", *Scandinavian Journal of Economics*, 1986, 17:25-50.

[64] Dasgupta, P., "Decentralization and Rights", *Economica*, 1980, 47(6): 107-123.

[65] Dika, S.L. and K. Singh, "Applications of Social Capital in Educational Literature: A Critical Synthesis", *Review of Educational Research*, 2002, 72(1): 31-60.

[66] Dubin, R., "Commuting Patterns and Firm Decentralization", *Land Economics*, 1991, 67(1): 15-29.

[67] Dustmann, C., "Temporary Migration, Human Capital, and Language Fluency of Migrants", *The Scandinavian Journal of Economics*, 1999, 101(2): 297-314.

[68] Eusepi, G., "Contractual Fiscal Equivalence versus Geographical Fiscal Equivalence", *Public Choice*, 2000, 104(3): 309-317.

[69] Farr, J., "Social Capital: A Conceptual History", *Political Theory*, 2004, 32(1): 6-33.

[70] Florida, R. and D.F. Smith, "Venture Capital Formation, Investment, and Regional Industrialization", *Annals of the Association of American Geographers*, 1993, 83(3): 434-451.

[71] Galunic, D.C. and E. Anderson, "From Security to Mobility: Generalized Investments in Human Capital and Agent Commitment", *Organization Science*, 2000, 11(1): 1-20.

[72] Gavin, M. and R. Perotti, "Fiscal Policy in Latin America", *NBER Macroeconomics Annual*, 1997, 12: 11-61.

[73] Grossman, P.J., "Fiscal Decentralization and Government Size: An Extension", *Public Choice*, 1989, 62(1): 63-69.

[74] Grossman, P.J. and E.G. West, "Federalism and the Growth of Government Revisited", *Public Choice*, 1994, 79(1): 19-32.

[75] Golosov, M., Kocherlakota, N, and O. Tsyvinski, "Optimal Indirect and Capital Taxation", *Review of Economic studies*, 2003, 70: 569-587.

[76] Golosov, M., Tsyvinski, A. and I. Werning, "New Dynamic Public Finance: A User's Guide", *NBER Macroeconomics Annual*, 2006a, 21: 317-363.

[77] Golosov, M. and A. Tsyvinski, "Designing Optimal Disability Insurance", *Journal of Political Economy*, 2006b, 114: 257-279.

[78] Golosov, M. and R.E. Lucas, "Menu Costs and Phillips Curves", *Journal of Political Economy*, 2007, 115: 171-199.

[79] Golosov, M., Lorenzoni, G, and A. Tsyvinski, "Decentralized Trading with Private Information", NBER, 2009, Working Paper.

[80] Gordon, R.H., "An Optimal Taxation Approach to Fiscal Federalism", *The Quarterly Journal of Economics*, 1983, 98(4): 567-586.

[81] Gong, L.T., X. Zhao, H. Yang, and H. Zou, "Stochastic Growth with the Social-Status Concern: The Existence of a Unique Stable Distribution", 2009. *Journal of Mathematic Economics*, forthcoming.

[82] Gong, L.T. and H.F. Zou, "Fiscal Federalism, Public Capital Formation, and Endogenous Growth", *Annals of Economics and Finance*, 2003(4): 471-490.

[83] Green, E., "Lending and the Smoothing of Uninsurable Income", in *Contractual Arrangements for Intertemporal Trade*, ed. E. Prescott and N. Wallace, Minneapolis: Universityof Minnesota Press, 1987: 3-25.

[84] Guesnerie, R. and J.-J. Laffont, "A Complete Solution to A Class of Principal-Agent Problems with an Application to the Control of a Self-managed Firm," *Journal of Public Economics*, 1984, 25: 329-369.

[85] Hatch, N.W. and J.H. Dyer, "Human Capital and Learning as a Source of Sustainable

Competitive Advantage", *Strategic Management Journal*, 2004, 25(12): 1155-1178.

[86] Heins, A.J., "State and Local Response to Fiscal Decentralization", *The American Economic Review*, 1971, 61(2): 449-455.

[87] Hettich, W. and S. Winer, "Vertical Imbalance in the Fiscal Systems of Federal States", *The Canadian Journal of Economics*, 1986, 19(4): 745-765.

[88] Huang, T., Orazem, P.F., and D. Wohlgemuth, "Rural Population Growth, 1950-1990: The Roles of Human Capital, Industry Structure, and Government Policy", *American Journal of Agricultural Economics*, 2002, 84(3): 615-627.

[89] James, E.H., "Race-Related Differences in Promotions and Support: Underlying Effects of Human and Social Capital", *Organization Science*, 2000, 11(5): 493-508.

[90] Judd, K., "Redistributive Taxation in a Simple Perfect Foresight Model", *Journal of Public Economics*, 1985, 28:59-83.

[91] Karatzas, I. and E. Shreve, "*Brownian Motion*. John Wiley and sons, 1989.

[92] Khan, A.and B. Ravikumar, "Growth and Risk-Sharing with Private In- formation", *Journal of Monetary Economics*, 2001, 152: 499-521.

[93] Kocherlakota, N., "The Effects of Moral Hazard on Asset Prices When Financial Markets Are Complete", *Journal of Monetary Economics*, 1998, 41:39-56.

[94] Kocherlakota, N., "Advances in Dynamic Optimal Taxation", 2005a, Working paper.

[95] Kocherlakota, N., "Zero Expected Wealth Taxes: A Mirrlees Approach to Dynamic Optimal Taxation", *Econometrica*, 2005b, 73: 1587-1621.

[96] Kocherlakota, N., "Wedges and Taxes", *The American Economic Review*, 2004, 94, 109-113.

[97] Kocherlakota, Narayana R., *The New Dynamic Public Finance*. Princeton University Press, 2010.

[98] Koopmans, T.C.,"On the Concept of Optimal Growth", *The Econometric Approach to Development Planning*, 1965: 225-287.

[99] Kurz M., "Optimal Economic Growth and Wealth Effect", *International Economic Review*, 1968, 9: 348-357.

[100] Laffont, J.-J. and J. Tirole, *A Theory of Incentives in Procurement and Regulation*. MIT Press, 1994.

[101] LaSalle, J.P., *The Time Optimal Control Problem, Contributions to the Theory of Nonlinear Oscillations*. V. Princeton, 1959.

[102] Lee E.B. and L. Markus, "Optimal Control for Nonlinear Process", *Archive for Rational Mechanics and Analysis*, 1961, 8: 36-58.

[103] Levhari, D. and T.N. Srinivasan, "Optimal Savings under Uncertainty", *Review of Economic Studies*, 1969, 36: 153-163.

[104] Luenberger, D., *Optimization by Vector Space Methods*. John Wiley and Sons, 1969.

[105] Uhlig, H., "A Law of Large Numbers for Large Economies", *Economic Theory*, 1996,

8: 41-50.

[106] Liebeskind, J.P., "Internal Capital Markets: Benefits, Costs, and Organizational Arrangements", *Organization Science*, 2000, 11(1): 58-76.

[107] Lin, J.Y. and Z. Liu, "Fiscal Decentralization and Economic Growth in China", *Economic Development and Cultural Change*, 2000, 49(1): 1-21.

[108] Lindaman, K. and K. Thurmaier, "Beyond Efficiency and Economy: An Examination of Basic Needs and Fiscal Decentralization", *Economic Development and Cultural Change*, 2002, 50(4): 915-934.

[109] Lonsdale, R.E., "Manufacturing Decentralization: The Discouraging Record in Australia", *Land Economics*, 1972, 48(4): 321-328.

[110] Lucas, R.E., "On the Mechanics of Economic Development", *Journal of Monetary Economics*, 1988, 22(1): 3-42.

[111] Lucas, R.E., "Principles of Fiscal and Monetary Policy", *Journal of Monetary Economics*, 1986, 17(1): 117-134.

[112] Lucas, R.E.B., "The Supply-of-immigrants Function and Taxation of Immigrant's Incomes : An Econometric Analysis", *Journal of Development Economics*, 1975, 2(3): 289-308.

[113] Mcshane, E.J., "On Multipliers for Lagrange Problems", *The American Journal of Mathematics.*, 1939, 61: 809-819.

[114] Merton, R., "An Asymptotic Theory of Growth under Uncertainty", *Review of Economic Studies*, 1975, 42: 375-393.

[115] Milnor, J.M., *Topology from the Differentiable Viewpoint*. The University Press of Virginia, 1965.

[116] Mirrlees, J., "An Exploration in the Theory of Optimum Income Taxation", *Review of Economic Studies*, 1971, 38: 175-208.

[117] Mirrlees, J., "Optimal Tax Theory: A Synthesis", *Journal of Public Economics*, 1976, 6:327-58.

[118] Mulligan, C. and X. Sala-I-Martin, "Social Security in Theory and in Practice (II): Efficiency Theories, Narrative Theories, and Implications for Reform", NBER Working Paper 7119, 1999.

[119] Obsftfeld, M., "Risk-taking, Global Diversification and Growth", *The American Economic Review*, 1994, 84:1310-1329.

[120] Oates, W.E., "Searching for Leviathan: A Reply and Some Further Reflections", *The American Economic Review*, 1989, 79(3): 578-583.

[121] Oates, W.E., "Searching for Leviathan: An Empirical Study", *The American Economic Review*, 1985, 75(4): 748-757.

[122] Oates, W.E., "The Theory of Public Finance in a Federal System", *The Canadian Journal of Economics*, 1968, 1(1): 37-54.

参考文献

[123] Persson, T. and G. Tabellini, "Federal Fiscal Constitutions: Risk Sharing and Redistribution", *Journal of Political Economy*, 1996, 104(5): 979-1009.

[124] Persson, T. and G. Tabellini, "Federal Fiscal Constitutions: Risk Sharing and Moral Hazard", *Econometrica*, 1996, 64(3): 623-646.

[125] Pollard, D., *Convergence of Stochastic Process*. Springer Press, 1984.

[126] Phelan, C. and R. Townsend, "Comparing Multi-Period Information Constrained Optima", *Review of Economic Studies*, 1991, 58: 853-881.

[127] Phelan, C., "Incentives and Aggregate Shocks", *Review of Economic Studies*, 1994, 61:681-700.

[128] Pontryagin, L.S., "The Mathematical Theory of Optimal Processes", *Interscience*, 1962.

[129] Prescott, E.C. and R. Townsend, "Pareto Optima and Competitive Equilibria with Adverse Selection and Moral Hazard", *Econometrica*, 1984, 52: 21-45.

[130] Ramsey, F.P., "A Mathematical Theory of Saving", *The Economic Journal*, 1928, 38: 543-559.

[131] Ramsey, F.P., "A Contribution to the Theory of Taxation", *The Economic Journal*, 1927, 37: 47-61.

[132] Ramsey, F.P., "Truth and Probability", *Histoy of Economic Thought Chapters*, 1926, 2: 156-198.

[133] Roche, H., "Stochastic Growth: a Duality Approach", *Journal of Economic Theory*, 2003, 113: 131-143.

[134] Roberts, K., "The Theoretical Limits of Redistribution", *Review of Economic Studies*, 1984, 51: 177-195.

[135] Rockafellar, R.T., "Conjugate Duality and Optimization", SIAM Philadelphia. 1974.

[136] Rockafellar, R.T., *Convex Analysis*. Princeton University Press, 1997.

[137] Rogerson, W., "The First-Order Approach to Principal-Agent Problems", *Econometrica*, 1985a, 53: 1357-1367.

[138] Rogerson, W., "Repeated Moral Hazard", *Econometrica*,1985b, Vol 53: 69-76.

[139] Romer, P.M., "Increasing Returns and Long-run Growth", *Journal of Political Economy*, 1986, 94(5): 1002-1037.

[140] Romer, P., "New Goods, Old Theory, and the Welfare Costs of Trade Restrictions", *Journal of Development Economics*, 1994, 43(1): 5-38.

[141] Romer, P.M., "Human Capital and Growth: Theory and Evidence", *Carnegie-Rochester Conference Series on Public Policy*, 1990, 32: 251-286.

[142] Romer, T., "Individual Welfare, Majority Voting, and the Properties of a Linear Income Tax", *Journal of Public Economics*, 1975, 4(2): 163-185.

[143] Rudin, W., *Functional Analysis, International Series in Pure and Applied Mathematics*. McGraw-Hill, 1991.

[144] Saez, Emmanuel, "Using Elasticities to Derive Optimal Income Tax Rates", *Review of Economic Studies* 2001, 68: 205-229.

[145] Seitz, H., "Fiscal Policy, Deficits and Politics of Subnational Governments: The Case of the German Laender", *Public Choice*, 2000, 102(3): 183-218.

[146] Sleet, C.M. and S. Yeltekin, "Credible Social Insurance", 2004, Working paper.

[147] Stokey, N.L., Lucas, R.E., and E.C. Prescott, *Recursive Methods in Economic Dynamics*. Harvard University Press, 1989.

[148] Storesletten, K., Telmer C., and A. Yaron, "How Important are Idiosyncratic Shocks? Evidence from Labor Supply", *American Economic Review Papers and Proceedings*, 2001, 91: 413-417.

[149] Stigler, G.J., *Chicago Studies in Political Economy*. University Of Chicago Press, 1988.

[150] Schmitt-Grohe, S. and M. Uribe, "Solving Dynamic General Equilibrium Models Using a Second-Order Approximation to the Policy Function", *Journal of Economic Dynamics and Control*, 2004, 28(4): 755-775.

[151] Thomas, J. and T. Worrall, "Income Fluctuation and Asymmetric Information: An Example of a Repeated Principal-Agent Problem", *Journal of Economic Theory*, 1990, 51: 367-390.

[152] Teachman, J.D., Paasch, K. and K. Carver, "Social Capital and Dropping Out of School Early", *Journal of Marriage and Family*, 1996, 58(3): 773-783.

[153] Tiebout, C.M., "Exports and Regional Economic Growth", *Journal of Political Economy*, 1956, 64(2): 160-164.

[154] Tiebout, C.M., "Regional and Interregional Input-Output Models: An Appraisal", *Southern Economic Journal*, 1957, 24(2): 140-147.

[155] Tiebout, C.M., "Economies of Scale and Metropolitan Governments", *The Review of Economics and Statistics*, 1960, 42(4): 442-444.

[156] Tiebout, C.M., "The Urban Economic Base Reconsidered", *Land Economics*, 1956, 32(1): 95-99.

[157] Tiebout, C.M., "A Pure Theory of Local Expenditures", *Journal of Political Economy*, 1956, 64(5): 416-424.

[158] Torres, R., "Stochastic Dominance", *Discussion Paper* 905, 1990, Center for Mathematical Studies in Economics and Management Science, Northwestern University.

[159] Wilson, J.D., "Theories of Tax Competition", *National Tax Journal*, 1999, 52: 269-304.

[160] Werning, I., "Optimal Dynamic Taxation", University of Chicago manuscript. 2001.

[161] Zhang, Q., "Human Capital, Weak Identification, and Asset Pricing", *Journal of Money, Credit and Banking*, 2006, 38(4): 873-899.

[162] Zhao, X.J. and L.T. Gong, "A Generalization of Duality Approach in Stochastic

Growth", Working Paper Peking University, 2007.

[163] Zhao, X.J. and L.T. Gong, "The First-Order Conditions of Dynamical Optimal Problems with Incentive Compatible Constraints", Working Paper Peking University, 2009.

[164] Zhao, X.J. and L.T. Gong, "The Time Inconsistent Policy and the Resolutions", Working Paper Peking University, 2010a.

[165] Zhao, X.J. and L.T. Gong, "The Optimal Taxation Theory with Labor Ability Evolution Mechanism", Working Paper Peking University, 2010b.

[166] Zhao, X.J. and L.T. Gong, "The Optimal Fiscal Policy in the Fiscal Decentralized Econmy with Asymmetric Information", Working Paper Peking University, 2010c.

[167] Zhao, X.J. and L.T. Gong, "The Theory of Information Mixing Index", Working Paper Peking University, 2010d.

[168] Zhao, X.J. and L.T. Gong, "Some Applications for Duality Approach in Macroeconomics", Working Paper Peking University 2010e.

[169] Zhao X.J. "Optimal Income Taxations with Information Asymmetry: The Lagrange Multiplier Approach", *Annals of Economics and Fiance*, 2015, 16: 199-229.

[170] Zhu, X.D., "Optimal Fiscal Policy in a Stochastic Growth Model", *Journal of Economic Theory*, 1992, 58(2): 250-289.

[171] Zou, Heng-fu, "The Cpirit of Capitalism and Long-run Growth", *European Journal of Political Economy* 1994, 10: 279-293.

[172] Zou, H.F. "The Spirit of Capitalism and Savings Behavior", *Journal of Economic Behavior & Organization* 1995, 28: 131-143.